Jacob Berger

SECHSMAL BEFREIT

SECHSMAL BEFREIT

EPISODEN AUS EINEM UNGEWÖHNLICHEN LEBEN

von
Jacob Berger

SDL
Verlag & Druck

1. Auflage

Printed in Germany 2000
Umschlagillustration: Anatol Brusilowski
Umschlaggestaltung, Druck und Bindung:
SDL Verlag & Druck, Berlin

ISBN 3 9807474-0-9

SECHSMAL BEFREIT

Episoden aus einem ungewöhnlichen Leben
von Jacob Berger

Unseren Rettern Frau Victoria, Herrn Vladislau und ihrem Sohn Vladek Wybieratzki, meinem Vater Berel-Dov, meinem Bruder Schmuel-Schmulik und meiner Mutter Miriam-Mania Berger, geborene Ravitsch gewidmet.

Meiner Frau Kenda und meinen Kindern Rivka, Dov und Schlomit schulde ich Dank für die liebevolle und uneingeschränkte Unterstützung in manchen schweren Stunden.

STAATLICHES RUSSISCHES MUSEUM ST. PETERSBURG
ГОСУДАРСТВЕННЫЙ РУССКИЙ МУЗЕЙ САНКТ-ПЕТЕРБУРГ

Sehr geehrter Herr Bar-Gera,

die Mitarbeiter des Staatlichen Russischen Museums gratulieren Ihnen herzlichst zu Ihrem Jubiläum und wünschen Ihnen alles Beste.
Wir sind Ihnen dankbar, daß Sie dieses wichtige Ereignis in Rußland feiern, in dem Land, das Sie so innig lieben und für welches Sie so viel getan haben. In schwierigen Zeiten haben viele russische Künstler in Ihnen einen wahren Freund und Kunstkenner gefunden und von Ihnen Hilfe und Unterstützung erhalten.
Ihre Sammlung widerspiegelt alle Tendenzen der inoffiziellen Kunst vollständig, niveauvoll und ehrlich, sie veranschaulicht ihren Problemkreis und ihre Entwicklung. Die Ausstellung Ihrer Sammlung in Rußland ist von großer kultureller Bedeutung. Sie können es besser als jemand anderer verstehen, daß die inoffizielle Kunst von unseren Museen nicht gesammelt werden konnte und daß der Nonkonformismus heute in staatlichen Sammlungen nicht adäquat widerspiegelt ist.
Ihre Sammlung und Ihre Ausstellung, die Sie an Ihrem Geburtstag der Stadt Petersburg vorstellen, gibt uns unsere Geschichte zurück. Wenn es solche Enthusiasten, wie Sie es sind, nicht gäbe, könnte sie, diese Geschichte, unwiederbringlich verschwinden.

PROLOG

"Ein Mensch ist so alt, wie er sich fühlt." Diese Redensart galt für mich bis zu meinem 70. Geburtstag. Bis dahin hatte ich mich wie 50 gefühlt. 70 ist jedoch eine magische Zahl. Nicht, daß ich mich einen Tag nach meinem siebzigsten Geburtstag auf einmal wie 70 gefühlt hätte, nein, aber die magische Zahl stimmte mich nachdenklich. Ich dachte zum erstenmal in meinem Leben nicht nur über meine Gegenwart und Zukunft nach, sondern plötzlich fing meine Vergangenheit an, mich zu beschäftigen. Dies geschah unerwartet, von heute auf morgen.

In den vergangenen zwei Jahren hatte ich mich schrittweise von meinen Tätigkeiten zurückgezogen und mich vermehrt unserer privaten Kunstsammlung gewidmet, ein Thema, das meine Frau und mich 30 Jahre lang im Stillen beschäftigt hat.

Am 3. Juni 1996 wurde die Ausstellung "Die Nonkonformisten – Zweite Russische Avantgarde" im Marmorpalast des Russischen Museums St. Petersburg eröffnet. Das war für mich ein doppeltes Fest, denn dort, wo normalerweise Ausstellungen und Staatsempfänge stattfanden, feierten wir gleichzeitig meinen 70. Geburtstag. Das Publikum von St. Petersburg, die Medien, Kunstkritiker und Museumsleute waren von der Ausstellung begeistert. Zeitungen, Fernsehen und Radio berichteten darüber und sahen in ihr ein außergewöhnliches Ereignis. In vielen Medien, die eigene Mitarbeiter nach St. Petersburg entsandt hatten, wurde die Sammlung wochenlang besprochen. In der russischen Kulturszene wurde die Ausstellung zu einem kulturpolitischen Ereignis ersten Ranges erhoben.

Im Anschluß an St. Petersburg ging die Ausstellung nach Moskau in die Tretjakov Galerie. Hier wurde sie mit noch größerer Begeisterung aufgenommen als in St. Petersburg. Der Hessische Rundfunk, 3sat, die „Frankfurter Allgemeine Zeitung", die „Art" und viele andere Zeitungen und Zeitschriften berichteten über die Ausstellung und besonders über die Tatsache, daß diese Sammlung in Deutschland, in Köln, enstanden und dort 30 Jahre im stillen gewachsen war. In Köln ignorierte man sie und verschwieg ihre Existenz. Ich suchte nach den Gründen. Auf einmal schweiften meine Gedanken von der Gegenwart in die Vergangenheit.

NACH DEUTSCHLAND VERWEHT

1963 kam ich mit meiner Frau und meinen drei Kindern im Zuge meiner Arbeit für Israel nach Deutschland. Lange Debatten waren vorausgegangen, bevor wir uns entschlossen hatten, den Vorschlag, nach Deutschland zu gehen, anzunehmen. Ausschlaggebend war der Gesundheitszustand eines unserer Kinder gewesen, der es erforderlich machte, das subtropische Klima Israels für einige Jahre zu verlassen.

Dies überzeugte auch meine Frau. Sie gab ihren Widerstand gegen Deutschland auf und war bereit, mit mir und den Kindern für eine begrenzte Zeit nach Deutschland zu gehen.

Ich kam zunächst alleine. Meine Familie sollte zwei Monate später folgen. Ich wohnte am Anfang in einem der Gästezimmer im Haus der israelischen Delegation in Köln. Obwohl ich bis dahin schon mehrfach in Deutschland gewesen und eigentlich keine besonderen psychischen Belastungen dadurch erfahren hatte, stellte sich schnell heraus, daß dies wahrscheinlich nur für Kurzbesuche galt.

Schon in den ersten Wochen wurde mir klar, daß das Verhältnis der Mehrheit der Deutschen zu Israel und zu mir positiv war. Schwieriger aber war das Verhältnis zu Juden. Bei vielen Deutschen spürte ich ein tiefes Unbehagen in ihrem Umgang mit Juden. Das war auch verständlich. Mich erstaunte aber der Weg, den viele Deutsche gefunden hatten, um ihr Unbehagen zu bewältigen.

Es stellte sich schnell heraus, daß meine “private” Aussöhnung eine Sache sei, eine langfristige, tiefgreifende Versöhnung aber eine ganz andere Sache. Das erinnerte mich an folgenden Witz: Ein Mann kommt in den Himmel und meldet sich bei Petrus. Petrus schaut im dicken Register nach und stellt fest: “Tut mir leid, mein Herr, hier liegt ein Irrtum vor. Sie wurden versehentlich gerufen. Sie können wieder gehen, bitte gehen Sie.” Der Mann überlegt einen Moment und fragt Petrus, ob er sich den Himmel wenigstens einmal ansehen dürfe. Darauf Petrus: “Was möchten Sie lieber sehen, das Paradies oder die Hölle?” “Die Hölle”, antwortet der Mann. Petrus begleitet ihn in die Hölle. Er sieht beleuchtete, elegante Salons, halbnackte Mädchen, gedeckte Tische und hört dezente Musik. Petrus fragt: “Haben Sie genug gesehen?” “Ja”, sagt der Mann, “danke schön”, und kehrt zur Erde zurück.

Nach einiger Zeit, als der Mann wirklich in den Himmel muß, steht er erneut vor Petrus: “Wohin soll ich Sie schicken? Ins Paradies oder in die Hölle?” “In die Hölle”, sagt der Gefragte, ohne zu überlegen, und wird in die Hölle geführt. Dort ist es finster, feucht und kalt. Ringsum hört man das Schluchzen und Weinen. Da wendet er sich an Petrus: “Als ich vor einiger Zeit hier war, sah die Hölle ganz anders aus. Was soll das?” “Ja, damals waren Sie als Tourist hier”, antwortet Petrus, “heute kommen Sie als Einwanderer.” Ja, ich war jetzt ein “Einwanderer” und mußte die Dinge aus dieser Sicht betrachten.

Etwa vier Wochen, nachdem ich in Deutschland angekommen war, reiste ich dienstlich für einige Tage nach Frankfurt. Dort wohnte ich im Hotel Excelsior. Eines Abends saß ich im Restaurant des Hotels mit dessen Eigentümer Herrn Schulz zusammen, mit dem ich seit langem befreundet war. Im Laufe des Abends kamen zwei Geschäftsfreunde von Herrn Schulz an unseren Tisch. Während des Gesprächs stellte einer der beiden fest, daß in Frankfurt die meisten Bars Juden gehörten oder von ihnen betrieben wurden. Die Feststellung klang anklagend. Ich fühlte, wie mir das Blut zu Kopf stieg, ich zählte bis 20, um mich zu beherrschen.

Ich wartete ab, bis Herr Schulz seinen Standpunkt zu diesem Thema geäußert hatte, und fragte den Mann, ob er denn einen oder einige dieser Barbetreiber kannte. Der Angesprochene bejahte dies. Ich fragte, wie alt diese Leute seien. Er meinte, daß sie zwischen 25 und 35 Jahre alt sein mußten.

Ich fragte weiter, was seiner Meinung nach diese Leute anderes hätten tun können. Der Mann schaute mich verwundert an, ich glaube, er wollte feststellen, ob ich nur spaße oder es tatsächlich ernst meine, und dann sagte er: “Sie wissen doch so gut wie ich, die Juden, ein fähiges Volk, das sind doch die besten Ärzte, Rechtsanwälte, Gelehrten, Kaufleute und so weiter. Kneipen, Bars, das paßt nicht ins Bild, das ist unverständlich.”

Ich sah mich in der Runde um und fragte die Anwesenden, ob sie die Realitäten nicht sahen und verstanden, oder ob sie nur so taten. “Wir schreiben das Jahr 1963. Vor 15 oder mehr Jahren kamen diese Leute nach Frankfurt, sie waren zwischen 17 und 20 Jahre alt. Heimatlos, ohne Familie und Anhang, mittellos und ohne jegliche Ausbildung, aufgewachsen in den Konzentrationslagern von Auschwitz, Treblinka und Dachau. Bestenfalls ausgebildet durch die Träger der deutschen Kultur dieser Zeit, in den Ghettos und Zwangsarbeitslagern. Den Söhnen von Ärzten, Rechtsanwälten, Gelehrten und Kaufleuten, wie Sie es formulierten, wurden die Väter genommen, ermordet. Sie wurden nicht auf Schulen, Gymnasien oder Universitäten geschickt, sondern ihnen wurde beigebracht, wie man ein Stück Brot oder eine Kartoffel klaut, wie man Gräber aushebt, Menschen verbrennt, wie man lügt, betrügt, denunziert, um noch eine Weile am Leben zu bleiben.

Die wenigen Überlebenden kehrten zurück – wohin zurück? Sie hatten weder Eltern noch Großeltern, die sie in ihren Betrieben aufnehmen oder ihnen etwas vererben konnten. Diese gehören heute deutschen "Erben". Nur aus diesem Grund sind diese Leute Barbesitzer und nicht Ärzte, Rechtsanwälte, Gelehrte oder Kaufleute geworden. Für mich grenzt es an ein Wunder, daß diese Leute, darunter auch ich selbst, keine Mörder, Verbrecher oder Racheengel geworden sind."

Als ich meine Familie in Frankfurt am Flughafen abholte, fuhren wir mit dem Auto am Rhein entlang nach Köln. Die Kinder waren beeindruckt von der Größe des Flusses, von dem vielen Wasser, von dem Schiffsverkehr und allem, was sie aus Israel nicht kannten. Wasser gibt es in Israel nicht gerade im Überfluß, und Flüsse schon gar nicht.

Meine Frau war die ganze Fahrt über sehr angespannt und schweigsam. Ich hatte im Zentrum von Köln eine Etagenwohnung gemietet. Unser Etagennachbar war zufällig ein Schweizer. Das ermöglichte meiner Frau ohne Scheu, den ersten Kontakt anzuknüpfen. In den ersten Wochen ging meine Frau nie alleine auf die Straße. Die erste Zeit bestand unser gesellschaftliches Leben nur aus Spaziergängen oder Zusammenkünften mit israelischen Familien, die sich ebenfalls dienstlich in Köln aufhielten. An einem heißen Sommertag besuchten wir mit einer Kölner Bekannten eine Kneipe am Ring. Der Kellner nahm die Bestellung an und sagte zu unserer Begleiterin: "Ja, jut". Meine Frau wurde blaß und fragte mich mit zitternder Stimme: "Wieso weiß der, daß wir Juden sind?" Ich erklärte ihr, daß "jut" Dialekt sei. Es dauerte eine Weile, bis sie sich beruhigte. Unsere Begleiterin begriff erst nach einiger Zeit, was vorgefallen war. Sie meinte: "Mein Gott, jetzt begreife ich erst Ihre Gefühle. Es ist nicht leicht für eine Deutsche, mit der jüngsten Vergangenheit zu leben, aber für Sie muß das die Hölle sein."

Die völlige Ablehnung Deutschlands von seiten meiner Frau war für mich sehr verständlich. Ihre Erlebnisse zwischen 1939 und 1945 führten zwangsläufig zu fast unvermeidbaren emotionalen Reaktionen. Als 12jähriges Mädchen, Tochter einer gutsituierten, orthodoxen jüdischen Familie in der Stadt Lodz, die zu einem Drittel jüdisch war, erlebte sie die deutsche Besatzung in all ihrer Grausamkeit. Das bedeutete Ghetto, Arbeitslager und schließlich Auschwitz, und für sie wieder Arbeitslager. Von ihrer Mutter, ihrem Vater, zwei Brüdern und allen anderen Mitgliedern ihrer großen Familie überlebte sie als einzige. Während der besten Jahre ihrer Jugend war sie der "Erziehung" der Gestapo ausgeliefert. Sechs Jahre Erziehung durch die "Kulturträger" des Dritten Reichs. Sechs Jahre Hunger, Demütigungen, Todesangst, bis sie die Rote Armee im Mai 1945 befreite.
Diese seelische Hypothek trug sie mit sich, als wir 1963 nach Deutschland kamen.
Unsere älteste Tochter Rivka war damals elf Jahre alt und hatte in Israel gerade die sechste Schulklasse beendet. Unser Sohn Dov war acht und die jüngste Tochter Schlomit zweieinhalb. Unsere Kinder waren zwar seelisch nicht belastet, kamen sich aber ziemlich verloren vor. Für sie bedeutete Deutschland eine andere Welt, andere Menschen, andere Kinder, die eine fremde Sprache sprachen. Insofern war meine Frau nicht alleine mit ihren Schwierigkeiten, auch die Kinder hatten ihre Probleme.
Am Anfang wurden sie, wie andere Kinder ausländischer Diplomaten auch, auf die belgischen Schulen in Köln und Rösrath geschickt. Ich mußte Kontakte knüpfen, Bekanntschaften schließen, und meine Arbeit verlangte meinen vollen Einsatz.
Die ersten Bekanntschaften mit den wenigen Personen mit antifaschistischer Vergangenheit, oder wenigstens mit sauberer Weste, führten zu weiteren Kontakten dieser Art. Wir schlossen relativ schnell einige wirkliche Freundschaften, von denen einige bis heute bestehen. Als Holocaust-Überlebende war es für mich und meine Frau nicht einfach, freundschaftliche Kontakte zu Deutschen herzustellen. Ich mußte Detektiv spielen, wenn ich vermeiden wollte, mit Naziregime-Treuen oder sogar solchen mit aktiver Nazi-Vergangenheit in Berührung zu kommen. Derartiges zu vermeiden war einfach zu dieser Zeit unmöglich. Daß wir trotz allem relativ schnell einige Beziehungen, sogar einige Freundschaften, schließen

konnten, lag vor allem in unserer grundsätzlichen Überzeugung, daß es keine volkskollektive Schuld geben kann. Es gibt aber eine volkskollektive Verantwortung, die nie verjährt.
Im Herbst 1963 fuhr ich mit dem Zug zu einer Konferenz nach Paris. Ich ging in den Speisewagen und setzte mich an einen Zweiertisch, an dem noch ein Platz frei war. Mir gegenüber saß ein Mann, der etwas älter als ich war. Wir kamen ins Gespräch. Ein harmloses Gespräch, mit den üblichen Fragen: "Woher kommen Sie? Wohin fahren Sie?" Der Herr bestellte einen Whisky und fragte mich, ob ich auch einen wolle. Ich zögerte. Um jedoch nicht unhöflich zu erscheinen, akzeptierte ich. Ich hatte an meinem Anzug ein kleines goldenes Abzeichen der israelischen Luftwaffe, das mein Gegenüber wahr scheinlich mit dem Fallschirmjäger-Abzeichen der deutschen Wehrmacht verwechselte. Er fragte mich: "Bataillon 101?" "Nein", antwortete ich. Daraufhin sagte er: "Darf ich mich vorstellen: Hauptmann Elscher, Bataillon 46, Waffen-SS." Ich ließ die Hand sinken. In diesem Moment kam der Kellner mit zwei Whiskys. Ich stand auf und fragte den Kellner, ob er mir das Essen im Abteil servieren könne, und ohne ein weiteres Wort zu verlieren, verließ ich den Speisewagen.
Auf solche Begegnungen mußte man in den 60er Jahren gefaßt sein, obwohl zu der Zeit nur einer von tausend seine Vergangenheit zugab. Was für ein Glück, daß meine Frau nicht Zeugin dieses Gesprächs gewesen war. Sie hätte wahrscheinlich darauf bestanden, Deutschland sofort wieder zu verlassen. Ich persönlich nahm diese Dinge etwas gelassener und versuchte, mit ihnen fertig zu werden.
Weihnachten 1963 waren wir zu Gast bei einer deutschen Familie in Bensberg. Meine Frau hatte diese Einladung angenommen. Es war das erstemal, daß ich mit meiner Familie eine deutsche Familie besuchte. Herr K., eine führende Persönlichkeit in der Kommunalpolitik, seine Frau und ihr kleiner Sohn zählten schon damals zu unserem Bekanntenkreis. Die Könemanns waren über jeden Verdacht erhaben, sie waren keine Nazis und gehörten zu einer kleinen Gruppe der Unbelasteten. Sie waren unsere ersten Freunde in Köln. Eine etwas größere Gruppe waren die Deutschen, die dem Faschismus zumindest in den letzten Jahren des Krieges den Rücken zugewandt hatten. Diejenigen, die den Mut hatten, zuzugeben, daß sie über das Schicksal der Juden Bescheid wußten, wie ein Berliner Rechtsanwalt

und CDU-Mann einmal sagte: “Meine Eltern und Großeltern waren Nazis, passive Nazis, jedoch begeisterte Hitler-Verehrer. Die Wahrheit über das Schicksal der Juden kannten sie wahrscheinlich, wenn auch nicht im Detail. Sie lebten mit diesem Wissen unbeschwert.” Diese beiden Gruppen, die wenigen Antifaschisten und die passiven Nazis, waren die eigentliche Grundlage, auf der die deutsche Demokratie aufgebaut werden sollte. Als wir nach Deutschland kamen, waren die meisten Deutschen schon “Demokraten”. Die Parteimitglieder und Mitmacher, die begeisterten Sympathisanten, die “Ja-Sager”, die Mitläufer – sie alle wurden schon 1963 zu “Demokraten”. Dann gab es noch die Unbelehrbaren, und die waren 1963 noch zahlreich. In diesen Leuten sah ich eigentlich nicht das Problem. Ich glaubte auch nicht, daß irgendeine Erziehung dieses Problem lösen konnte. Ich war überzeugt, daß nur die Natur, nur die Biologie dieses Problem würde lösen können. Gewiß, es war nicht gerade angenehm, diese Leute zu treffen. Es war nicht angenehm zu hören, was sie alles nicht getan hatten, wen sie nicht gemordet hatten, in welchen Lagern sie nicht waren und von welchen Greueltaten sie nichts wußten.

Mira Avrech, eine bekannte israelische Journalistin, beschreibt diese Zeit treffend in ihrem Buch “Die kleine Welt der großen Politiker”. Darin berichtet sie von ihrem ersten Besuch 1976 in ihrer Geburtsstadt Kiel, die sie mit ihrer Familie im Alter von sechs Jahren verlassen mußte.

“Ich sah Menschen, die eiligen Schrittes den Bahnhof verließen. ‚Wie alt ist dieser Mann?‘ fragte ich mich. ‚Und dieser, und der?‘ fragte ich mich immer wieder. Ich betrachtete scharf jeden Mann, der wie 50 oder älter aussah. Wo waren sie während des Krieges? Bei der Gestapo? Oder vielleicht bei der SS? Ich zuckte zusammen, als ich zwei Bundeswehrsoldaten vorübergehen sah. Bis jetzt beeilte sich jeder Deutsche, der mich traf, mich zu überzeugen, daß er nicht einer von denen war. Oder einer von denen ist. Daß er an all dem nicht beteiligt war. Und wußte selbstverständlich von nichts. Eigentlich war er Mitglied der antifaschistischen Bewegung. Die Ausreden und Entschuldigungen dauerten fast immer eine halbe Stunde. Und erst danach ging es zur Sache. Ich war verblüfft und skeptisch, ich schrieb meinem Bruder nach Israel einen Brief. Ich schrieb folgendes: ‚Ich wünschte, ich könnte diese Leute eine halbe Stunde später treffen, und dann erzählte mir fast jeder, aber nur im Vertrauen, daß er sogar einem Juden das Leben gerettet hatte. Ich erinnerte mich dann, daß die Deutschen 60 Millionen zählten und suchte nach den 60 Millionen geretteten Juden.'"

Ich setzte meine Hoffnung in die Jugend. Sie war meist nicht bereit, einen Schlußstrich unter die Vergangenheit zu ziehen. Sie verlangte von ihren Eltern und Großeltern, die volle Wahrheit zu erfahren, und weigerte sich, ohne weiteres zur Tagesordnung überzugehen. Diese unbelastete Jugend spürte instinktiv eine moralische Schuld. Um dieser Schuld zu begegnen, erwartete sie eine offene und ehrliche Auseinandersetzung mit der Vergangenheit. Da diese nicht in ihrer Familie stattfand, erhoffte sie eine solche Auseinandersetzung von der Politik, vor allem von der Schule, vom Geschichtsunterricht, vom Staatskundeunterricht. Sie rechnete sogar mit Sonderstunden über die Vergangenheit, über die Verbrechen des Naziregimes. Diese Jugend glaubte nicht an die "Gnade der späten Geburt".

Leider wurden die Erwartungen dieser Jugendlichen nicht erfüllt. Sie wurden von der Politik enttäuscht, um die Wahrheit betrogen. Diese deutsche Politik der Verweigerung der historischen Wahrheit führte in den 60er und 70er Jahren dazu, daß ein Teil der deutschen Jugend für linke Propaganda anfällig war. Dies wurde jedoch nie zu einer ernsthaften Bedrohung. Die tatsächliche Gefahr, der man entgegentreten muß, ist im rechten Spektrum zu sehen. Eine mysteriöse, unsichtbare Hand schien den Abschied von den Traditionen des alten Deutschlands hinauszuzögern und zu verweigern.

Es war unverständlich, warum hielt Bundeskanzler Adenauer krampfhaft an dem alten Nazi Globke fest und war trotz aller Proteste im In- und Ausland nicht bereit, sich von diesem Altnazi-Symbol zu trennen? Adenauer hatte keine nationalsozialistische Vergangenheit. Er hatte nichts zu verbergen, anders als beispielsweise Präsident Mitterand, der den Franzosen seine Kollaboration mit den Deutschen verschwiegen hatte. Er mußte Kollaborateure schützen und war deswegen erpreßbar. War Adenauer auch erpreßbar? Aus diesem Grunde gewiß nicht. So stellt sich doch die Frage: Warum die Nabelbindung zu einem Altnazi? Aber nicht nur ich, auch viele Deutsche, mit denen ich sprach, und auch die Medien hatten keine Antwort auf diese Frage.

Es gab aber einen Unterschied zwischen mir und den anderen. Die meisten Deutschen hatten sich mit dieser Situation abgefunden. Ich konnte mich nicht an sie gewöhnen und sie ignorieren, mich stimmten die Ereignisse nachdenklich. Ich blieb ein skeptischer Beobachter.

MIT GOLDENEM LÖFFEL IM MUND

Am 3. Juni 1939 wurde ich 13 Jahre alt. Die Bar-Mizwa-Feier fiel mit der Feier meiner Aufnahme ins Gymnasium zusammen. Bar-Mizwa bedeutet für die Juden den Übergang von der Kindheit zur Jugend. Für mich, und das wußte ich zu dieser Zeit noch nicht, war es ein Übergang, der durch die Hölle führen sollte. 13 Jahre lang wuchs ich mit dem "goldenen Löffel" im Mund auf, zusammen mit meinem drei Jahre jüngeren Bruder, in einer jüdischen, reichen Familie. Mein Vater war Ingenieur und Großkaufmann. Er hatte in einigen seiner Firmen polnische Grafen als Partner. Ein Verhältnis, das bei den russischen und polnischen Adligen schon aus antisemitischen Gründen unzulässig war.

Unsere Familie lebte in einer Kleinstadt, in einem für Polen und die Westukraine des 19. und 20. Jahrhunderts typischen "Schtetl". Die Bevölkerung war kosmopolitisch, aber das Gros der Einwohner war jüdisch, ukrainisch und polnisch. Kleine Minderheiten waren Russen und Deutsche. Von den vier Ärzten der Stadt war einer Ukrainer, einer Russe und zwei Juden. Die beiden Notare waren Polen, weil damals ein Notar eine Amtsperson war. Von den vier Rechtsanwälten waren zwei Polen, einer Jude und einer Armenier. Die sogenannten Deutschen waren eigentlich auch Juden, die zum Teil in den 30er Jahren aus Deutschland nach Polen vertrieben worden waren. Hinter unserer Villa stand eine langgestreckte Scheune, in der zwei Karossen, zwei Schlittenkarossen, zwei Pferdegespanne und unser Auto parkte, damals eine Seltenheit in der Stadt. Auch meine Reitstute "Niza" domizilierte in dieser Scheune.

Unser Haus stand etwas außerhalb des Stadtzentrums. Die Straße begann an der Hauptstraße und führte geradlinig bis zum Stadtrand hinaus. Am Anfang der Straße stand eine katholische Kirche. Ihr hoher Turm war durch zwei kleinere Türme flankiert. Es war eine sehr schöne und große Kirche, sie hatte etwas von einer Kathedrale. Für unsere Stadt war sie zu groß. Die Kirche stand mitten in einem schönen Park mit alten Kastanienbäumen. Diese schöne Kirche wurde Ende der 40er Jahre verbrannt und abgerissen. Es ist mir bis heute nicht klar, ob das auf Befehl der Sowjetmacht oder eigenmächtig durch die nationalistische ukrainische Bewegung geschah. Entlang der Straße verlief eine breite Holzkonstruktion aus Trägern und dicken Brettern. Das war der Bürgersteig, der sich über eine Länge von anderthalb bis zwei Kilometern erstreckte. Er wirkte wie ein schlanker, unendlich in die Länge gezogener Podest. Einen solchen sah ich nur noch einmal in meinem Leben, an der Promenade am Strand von Miami Beach. Auf beiden Seiten der unbefestigten Straße in ziemlich großen Abständen standen Einfamilienhäuser inmitten von baumbewachsenen Gärten. Ab und zu war dort auch ein Bauernhof zu sehen.

Unsere weiße Villa war ein langgezogenes, einstöckiges Haus. Von der Mitte des Hauses ragte eine Holztreppe hervor, die zum Haupteingang führte. Die Treppe teilte den Vorgarten, der insgesamt etwa 30 Meter lang war. Auf dieser Länge standen alte Akazien, deren weiße und rosafarbene Blüten im Frühling weithin ihren berauschenden Duft verbreiteten. Der Vorgarten wurde von einem Gärtner gepflegt und kunstvoll gestaltet. Die Vielfalt der Blumen und Farben wirkte vor der weißen Fassade wie ein Regenbogen. Auf der Rückseite des Hauses erstreckte sich ein riesengroßer, unbepflanzter Platz, der zwischen den bepflanzten Nachbargrundstücken hervorstach. Im Winter sah der schneebedeckte Platz wie eine unendliche sibirische Landschaft aus. Von den Fenstern unseres Hauses sah man nur diesen unendlichen weißen Teppich, umrahmt von den dunklen Schatten der nackten Bäume. Rechts von dieser "weißen Taiga" befand sich ein Brunnen, der mit einem langen eisernen Pumpenschwengel wie aus einem surrealistischen Bild zu stammen schien.

In einem Teil des Hauses, in einer Fünfzimmerwohnung, wohnte mein Großvater väterlicherseits. Er war ein sehr religiöser Jude mit einem weißen Bart, der trotz seiner strengen Religiösität sehr liberal und tolerant war. So schaute mein Großvater beispielsweise jeden Freitag, bevor er zu uns herüberkam, um uns seine Sabbat-Wünsche zu überbringen, nach, ob das Auto meines Vaters schon in der Scheune stand. So stellte er fest, ob sein Sohn schon von seiner Reise zurückgekommen war. Er wollte vermeiden, daß sich mein Vater bei ihm für seine späte Heimkehr nach Eintreten des Sabbats entschuldigen mußte. Mein Großvater selbst kehrte jeden Donnerstagabend von seinem Landsitz Holatyn-Bergeruvka zurück. Er fuhr jeden Montag in der Früh mit einer schwarzen Karosse, gezogen von einem besonders schönen Pferdegespann, los und blieb dort bis Donnerstagabend. Sein alter Kutscher Iwanko diente ihm, solange mein Gedächtnis reicht. Mein Vater hatte vier Brüder und eine Schwester, die alle in anderen Städten lebten. Einer der Brüder arbeitete mit

unserem Großvater zusammen und verwaltete seinen Besitz, der einen großen Teil des Dorfes Holatyn-Bergeruvka umfaßte.
Der Name Bergeruvka entsprach dem Familiennamen meines Großvaters, der Berger war. Zu seinem Besitz gehörte eine Getreidemühle, ein Abschnitt des fischreichen Flusses Lipa, einige Getreidesilos, eine Karpfen- und eine Bienenzucht, Obstgärten und große Feld- und Waldflächen. Nach dem Tode meines Großvaters kaufte mein Vater alle Anteile der anderen Erben und wurde Alleineigentümer des Großbesitzes.
In einem großen Wohn- und Geschäftshaus im Zentrum der Stadt wohnte die Großfamilie meiner Großeltern mütterlicherseits. Im Innenhof des Hauses produzierte eine kleine chemische Fabrik Anilinfarbenprodukte. Sie wurde von zwei Brüdern meiner Mutter geleitet, die Chemiker waren und bis zum Boykott deutscher Firmen eine feste Geschäftsverbindung zu IG Farben unterhielten.
Der Großvater mütterlicherseits war ebenfalls sehr religiös, er war ein hochgewachsener Mann mit langem, wunderschönen weißem Bart. Ich kann mich nicht erinnern, ihn je anders als sitzend gesehen zu haben. Er war asthmakrank und saß immer in einem großen, tiefen Sessel, der wie ein Thron aussah. Dieser Sessel stand an der Stirnseite eines riesigen Tisches. Ich schätze, daß der Tisch vier bis fünf Meter lang und mindestens zwei Meter breit war. In Reichweite hatte mein Großvater immer eine große Tabakdose mit Schnupftabak sowie ein paar große alte Bücher: das Alte Testament und der Talmud. Jeden Samstagabend besuchten meine Mutter, mein Vater und ich unsere Großeltern. An dem erwähnten Tisch saßen meistens 12 bis 14 Familienangehörige beim Abendessen. Es wurde über Geschäfte, Politik und Kultur diskutiert. Bei diesen Gesprächen wurde öfters Deutsch gesprochen. Darum war das Jiddisch von uns Kindern eher Deutsch als Jiddisch. Erst nachdem mein Großvater das Gebet gesprochen hatte, das den Sabbat beendete, verließen einige den Tisch.
Ich besuchte meine Großeltern täglich, weil sich meine Schule auf der gegenüberliegenden Straßenseite befand. Während der großen Pausen mußte ich mein zweites Frühstück bei den Großeltern einnehmen. Besonders gerne ging ich immer donnerstags zu ihnen, dann herrschte Großbetrieb in der Küche. Es wurde Brot und Kuchen gebacken, jede Art von Süßspeisen sowie Fleisch im Ofen zubereitet. Dieser Besuch am Donnerstag lohnte sich immer. Einige tausend

Meter weiter, am anderen Ende der Hauptstraße, befand sich das Hauptpolizeikommissariat. Das neuartige Gebäude bestand aus einem dreigeschossigen Mittelbau mit zwei langgezogenen zweigeschossigen Seitenflügeln. Dieser Bau gehörte meinem Vater; er hatte ihn an das Polizeikommissariat vermietet.
In diesem schicksalhaften Jahr beendete ich die hebräische Volksschule "Tarbut", wo das neue Hebräisch als Unterrichtssprache dominierte. Mein Vater, aktiver Zionist und hochgebildeter Hebraist, war vertraut mit der alten und der modernen hebräischen Sprache, zwar nicht besonders religiös, aber Kenner des Alten Testaments und des Talmuds. Er hatte ein Theologie-Studium abgeschlossen und war zum Tragen des Rabbinertitels berechtigt. Er war von liberaler Gesinnung und ein Freund des großen zionistischen Anführers, Publizisten und Schriftstellers Zeew Jabotinski. Vater war eine der führenden Persönlichkeiten, die für die hebräische Bildungsidee "Tarbut" eintraten.
Auf Wunsch meines Vaters gehörten mein Bruder und ich der Jugendorganisation "BETAR" an, die einen zionistischen, aber gleichzeitig einen paramilitärischen Charakter hatte. Ich beteiligte mich an allen Aktivitäten, sowohl an den erzieherischen als auch an den praktischen Übungen. Das wichtigste Ziel dieser Erziehung war, der jüdischen Jugend Ängste zu nehmen und ein Gefühl des Selbstvertrauens und Widerstands gegen die moralische und physische Gewalt gegen Juden, die zu dieser Zeit herrschte, zu geben.
Das hebräische Wort "Hadar", zu deutsch: Pracht, Hochachtung, und im weiteren Sinne: Gerechtigkeit, Gleichheit, Ehrlichkeit; dieses Wort war das Motto jedes "BETAR"-Mitglieds.
Zweimal im Monat praktizierten wir Übungen im Freien. Meist in dem nahe liegenden Wald, ab und zu auf dem Friedhof. 1939 war ich schon seit drei Jahren "BETAR"-Mitglied. Mein Bruder Schmulik war das zweite Jahr dabei.
Heute bin ich der festen Überzeugung, daß meine diesbezügliche Erziehung eine entscheidende Rolle im "Prozeß" meines Überlebens spielte. Diese Erziehung war nicht nur eine mental-psychologische Abweichung von dem zu dieser Zeit bei den Juden herrschenden Unterwerfungszwang, sondern auch ein "Wegweiser" für praktischen Widerstand.
Im Frühjahr 1939 war unsere "BETAR"-Gruppe, ungefähr fünfzehn Jungen im Alter von zwölf bis sechzehn Jahren, auf dem Heimweg

von einer Abendübung. Unser “Madrich”-Ausbilder war ein junger Student im Alter von ca. 20 Jahren. Bevor wir aus dem Wald herauskamen, überfielen uns zehn oder zwölf mit Stöcken “bewaffnete” junge Leute. Der Überfall kam ganz überraschend aus zwei Richtungen. Sie beschimpften uns und schlugen sofort zu. Wir liefen auseinander, viele von uns bekamen die Schläge zu spüren. Unser Begleiter bekam einen der Angreifer zu fassen, riß ihm den Stock aus den Händen und schlug den jungen Angreifer zu Boden, der panisch nach Hilfe schrie – seine Mitangreifer liefen davon. Nach einiger Zeit fragte unser Ausbilder, ob wir bereit seien, unsere Übungen abends im Wald fortzuführen – wir bejahten.
Aus der Erfahrung belehrt, übten wir Verhalten und Reaktion, wie wir in ähnlichen Situationen reagieren sollten. Einige Wochen vergingen, ohne daß irgendetwas geschah. Eines Sonntag abends, wir waren im Walde auf dem Heimweg von einer Übung, jeder von uns hatte einen Stock zur Verteidigung, erweckten verdächtige Geräusche unsere Vorsicht. Wir wurden wachsam – ein schriller Pfiff peitschte durch die Waldstille – das war das Signal. Der Angriff kam auch diesmal aus zwei Richtungen, es war klar, die Angreifer waren in Überzahl. Wie vorher geübt, verließen wir blitzschnell den Fußweg, und jeder suchte Deckung unter einem Baum. Die Angreifer liefen auf den menschenleeren Fußweg zu, wir schlugen sofort aus der Deckung zu. Die Schreie kamen diesmal aus den Reihen der Angreifer, sie waren von der Überraschung wie gelähmt; panisch liefen sie auseinander und ergriffen die Flucht. Wir waren stolz auf unsere Tat.
Wir brachen den Mythos des ängstlichen und sich immer unterwerfenden Juden.
Charakteristisch für diese Zeit ist folgende Anekdote: Ein junger Mann verließ in den 20er Jahren seine Familie im “Schtetl” Ostpolens und emigrierte nach Amerika. Er hatte es dort nicht leicht. Er schuftete, wusch nachts Teller, verteilte Zeitungen, wurde Textilarbeiter, dann Textilhändler. Nach einigen Jahren wurde er reich. Er heiratete eine Amerikanerin, lebte in einem schönen Haus mit Garten und Schwimmbad. Seine drei Kinder lernten in den besten Schulen, und er war Mitglied in einem exklusiven Club. Auf Anraten seiner Frau schickte er seinem Vater ein Schiffs-Ticket und lud ihn zu einem Besuch ein.

Eine Woche lang beobachtete der alte Vater seinen Sohn und seine Familie. Die Frau war keine Jüdin, die Kinder sprachen nur Englisch. Der Sohn ging nicht zur Synagoge, und er feierte keine jüdischen Feiertage. Traurig, traurig, dachte der Vater. "Mein Sohn", sagte eines Tages der Alte, "was ist mit dir passiert, dir ist nichts von deiner ‚Jüdischkeit', von deinem Judensein, verblieben." "Mein Papa", erwiderte der Sohn, "es sieht nur scheinbar so aus, mir ist noch vieles von zu Hause und von meiner ‚Jüdischkeit' verblieben." "Was denn?" fragte der Vater. "Och, weißt du Papa, ich fürchte mich noch immer vor Hunden."
Das Engagement meiner Eltern galt nicht nur jüdischen und zionistischen, sondern auch allgemeinen, lokalen und überregionalen Anliegen. Mein Vater war bekannt als aktiver Kämpfer gegen den Antisemitismus. Er lehnte es stets ab, mit öffentlich bekannten Antisemiten in geschäftliche Verbindungen zu treten. Er scheute sich nicht, bei antisemitischen Exzessen auch Gewalt gegen Hooligans anzuwenden – eine "schlechte Sitte", die sein 15jähriger Enkelsohn Dov, der seinen Namen trägt, aber leider seinen Großvater nie kennengelernt hat, 30 Jahre später in Deutschland während einer antisemitischen Auseinandersetzung nachahmte.
Das jüdische Leben, besonders in Osteuropa, verlief wie nach einem ungeschriebenen Kodex, nach einem durch das Leben erzwungenen Ritual. Man lebte in Großfamilien in eng besiedelten Stadtvierteln. Das öffentliche und kulturelle Leben spielte sich im Rahmen religiöser oder volksbezogener Tätigkeiten ab. Das Zusammenleben mit anderen Völkergruppen war meist auf das täglich Notwendigste reduziert. Aus dieser Sicht gesehen, lebte unsere Familie ein unkonventionelles, vielleicht sogar im übertragenen Sinne ein schizophrenes Leben. Eine reiche, intellektuelle und nicht besonders religiöse Familie lebt in christlicher Umgebung, verweigert jedoch jede Assimilation, die damals in diesen Kreisen Mode war. Wir dagegen waren aktiv im öffentlichen Leben und gleichzeitig stolze Juden, Zionisten, sprachen zu Hause Hebräisch, was außerhalb Palästinas ein Unikum war. Wir hatten einerseits polnische Grafen als Geschäftspartner, unterstützten andererseits jüdische und zionistische Bestrebungen, kämpften gegen den Antisemitismus, zugleich gegen die Assimilation, unterstützten mit großen Summen den Hof des Rabbis von Ger, und das nicht aus religiösen Gründen, sondern aus der Überzeugung, die jüdische Tradition pflegen zu müssen. Die Gefahr

der Assimilation war in unserer Familie schon deswegen groß, weil sie alle Merkmale des jüdischen Lebens im „Schtetl“ verloren hatte und sich zwangsläufig der christlichen Lebensart näherte. Der Vater prägte seinen Söhnen zwei fast gegensätzliche Philosophien ein: “Wir benehmen uns und leben teilweise wie die Christen, bleiben aber ganz Juden.” Und: “Juden sind nicht so übel, wie Christen sie gerne darstellen, und Christen sind nicht so liebenswürdig, wie sie sich selbst darstellen. Menschen sind gleich gut und gleich schlecht. Es kommt auf den einzelnen an.”

Der Luxus, den wir in unserer Kindheit erfuhren: Reiten auf eigenem Pferd, Schlittschuhlaufen, Skilaufen, Kajak fahren, Jagd in den Wäldern meines Vaters waren äußere Merkmale einer jüdischen assimilierten Familie. Von erzieherischen Maßnahmen, wie Erlernen der hebräischen Sprache, jüdischer Geschichte, nationalen Bewußtseins und Opferbereitschaft, erhoffte sich unser Vater, der Gefahr der Assimilation zu begegnen. Schon mit zehn Jahren trat ich in die paramilitärische, zionistische, revisionistische Jugendorganisation “BETAR” ein. Zeew Jabotinski war der Gründer der Revisionistischen Partei, die die Erringung eines jüdischen Staates allein in der direkten Konfrontation mit den Briten sah. Schon in den 30er Jahren rief Jabotinski die Juden auf, besonders die Juden Europas, Europa zu verlassen und nach Palästina auszuwandern. Er warnte vor einer Katastrophe. Diese prophetische Warnung veranlaßte die politischen Gegner Jabotinskis, ihn als Panikmacher und rechten Nationalisten zu bezeichnen. “BETAR” war die Jugendorganisation, die als militärische Zukunftskraft den Konflikt mit den Briten austragen würde.

In dieser Umgebung und Atmosphäre wuchs ich auf. Die Sommerferien 1939 waren ein Meilenstein in meinem Leben. Bar-Mizwa, der Übergang von der Volksschule ins Gymnasium, die Aufnahme in die “BETAR”-Jugendgruppe, und, das kam noch hinzu – ich verliebte mich in ein Mädchen. Sie kam in den Sommerferien aus Lemberg zu ihrem Onkel, dem Justitiar meines Vaters. Sie war älter als ich, sehr schön, mit großen braunen Augen und langen schwarzen Haaren. Wir unterhielten uns einen ganzen Abend lang. Als wir uns verabschiedeten, brachte ich meine Hoffnung auf ein baldiges Wiedersehen zum Ausdruck. Von dem Tag an tat ich alles, um ihr über den Weg zu laufen. Leider schenkte sie mir nur wenig Aufmerksamkeit. Das ärgerte mich zwar ein bißchen, bereitete mir aber kein großes Kopfzerbrechen. Ich war trotz meiner guten Erziehung bereit, alles zu tun, um ihre Aufmerksamkeit auf mich zu lenken. Ich ging mit einer anderen Mitschülerin. Dieses “Verhältnis” war jedoch etwas kompliziert, da sie eine Zwillingsschwester hatte. Beide waren in meiner Klasse, beide waren sie sehr hübsch, aber schwer auseinanderzuhalten. Beide waren in mich “verliebt”, aber ich liebte nur eine. Leider wußte ich nicht immer, welche. Die neue “Liebe” sollte dieses Problem lösen. Fast wäre es mir gelungen, doch leider zerschlug der Krieg meine Jugendträume.

In den Sommerferien lud ich zwei Schulkameraden ein, mit mir ein paar Tage auf unserem Landsitz zu verbringen. Es war ein sonniger Sommer, und wir verbrachten eine wunderschöne Zeit auf dem Gut. Reiten, Kajak fahren und Fischfang beschäftigten uns von früh bis spät. Nach unserer Rückkehr in die Stadt fuhr ich erneut für weitere drei Wochen weg. Es war angebracht, nach der Bar-Mizwa meine Verwandtschaft in drei verschiedenen Städten zu besuchen. Ich durfte das erste Mal ohne Begleitung verreisen. Trotz der Kriegsahnungen, die damals schon die Gemüter beherrschten, trat ich die Reise an. Die immer schwärzer werdenden Wolken über Europa veranlaßten mich, Anfang August 1939 meine Ferien zu unterbrechen und nach Hause zurückzukehren. Meine Tante, die einige Wochen zuvor aus Palästina gekommen war, um ihre Familie in Europa zu sehen, unterbrach ihren Aufenthalt vorzeitig und fuhr nach Triest, um dort mit dem Schiff nach Palästina heimzukehren, bevor es zu spät war.

Die bedrückenden Nachrichten aus den europäischen Hauptstädten und die unvermeidlichen Kriegsvorbereitungen schufen eine gespannte Atmosphäre, die sich auf uns Jugendliche besonders auswirkte, wir fühlten uns unbeholfen. Zu Hause wurde von Tag zu Tag vieles verändert. Vaters Geschäftsreisen wurden eingestellt. Ständige Beratungen traten an ihre Stelle. Das Telefon klingelte daheim ununterbrochen. Krisenstäbe, denen Vater angehörte, traten zusammen. Im Gegensatz zu einigen optimistischeren Einschätzungen war mein Vater überzeugt, daß der Krieg unvermeidlich war.

Er nannte Hitler einen pathologischen Lügner und Täuscher. Seine häufigen und regelmäßigen Besuche in Danzig in den 30er Jahren – dort hatte die Firma meines Vaters eine Filiale – führten zu seiner realistischen Einschätzung.

MUTTER UND VATER 1928

IN „BETAR“-UNIFORM

MEIN BRUDER MIT DEM DIREKTOR
DER „TARBUT“-SCHULE

MEIN VATER (LINKS) MIT SEINEN ZWEI BRÜDERN IN KARLSBAD

BESUCH MEINER TANTE AUS PALÄSTINA 1939

EINE „BETAR"-GRUPPE UNSERER STADT 1936

MEINE FRAU UND DIE KINDER
N DEN ERSTEN MONATEN IN KÖLN

DR. ERNST VON STUDNITZ (BOTSCHAFTER DER BUNDESREPUBLIK IN MOSKAU), FRAU VON STUDNITZ UND KENDA BAR-GERA BEI DER ERÖFFNUNG DER AUSSTELLUNG „NONKONFORMISTEN-SAMMLUNG BAR-GERA“ IN DER TRETJAKOV-GALERIE, MOSKAU, 23. JULI 1996

von links: SCHANDYBIN, KALININ, CHUIKOW, KENDA BAR-GERA, VALENTIN RODIONOV (GENERALDIREKTOR DER TRETJAKOV-GALERIE), WLADIMIR NEMUCHIN, JACOB BAR-GERA, u. a., 1996

von links: KENDA BAR-GERA, HANS-JÜRGEN MOHR (VORSTANDSMITGLIED DER BAYER AG), ILSE BRUSIS (MINISTERIN FÜR KULTUR IN NRW), JACOB BAR-GERA, NICOLAS KERKENRATH (LEITER DER ABTEILUNG KULTUR DER BAYER AG), DR. SUSANNE ANNA (DIREKTORIN DES MUSEUMS SCHLOSS MOISBROICH), WLADISLAV TRECHOV (BOTSCHAFTER DER RUSSISCHEN FÖDERATION), DR. WALTER MENDE (OB VON LEVERKUSEN), 1997

ERÖFFNUNG DER AUSSTELLUNG „NONKONFORMISTEN“ IM
MUSEUM, SAMARA AN DER WOLGA, 22. MAI 1998I

ERÖFFNUNG DER AUSSTELLUNG „NONKONFORMISTEN“ IM
JOSEF ALBERS MUSEUM, BOTTROP, 23. JUNI 1997
VON LINKS: FRAU WEDEVER, FRAU BECKER, DR. SCHUMACHER,
DR. WEDEVER, FRAU BAR-GERA

ZWISCHEN FRIEDEN UND KRIEG

Noch lebte unsere kleine Stadt, trotz der Vorkriegshektik, in einem geordneten Rhythmus. Es war ein sehr altes Städtchen, das schon 1450, während der Herrschaft von König Kasimir Jagelonski, existiert und im 18. Jahrhundert eine Renaissance erlebt hatte. Die Stadt mitsamt ihren Juden wurde dem Fürsten Strojnowski-Tarnowski geschenkt, der damals eine wichtige wirtschaftliche Rolle spielte. Die ersten Juden kamen um 1600 in unsere Stadt.

Die politischen Ereignisse im Sommer 1939 waren eine Wiederholung von 1938. Der große Betrug des Regisseurs Adolf Hitler und das traurige Finale vom 29./30. September 1938 in München wiederholten sich. Die Tschechoslowakei wurde mit Zustimmung von Chamberlain und Daladier verraten und verkauft, Hitler der Weg zum Zweiten Weltkrieg geöffnet. Zur gleichen Zeit spielte sich für die Juden ein anderes politisches Drama ab. In diesem Fall avancierte Chamberlain zum Regisseur. Welche Auswirkungen diese beiden Ereignisse auf Leben und Tod der Juden haben würden, wußten wir noch nicht. Das eine war das Versagen von München; es spielte sich hauptsächlich in Deutschland ab. Das andere war das "München von Erez-Israel", wie es Arthur Kästler nannte, und spielte sich in London ab.

Dieses "München von Erez-Israel" fand wenig Beachtung in der Weltöffentlichkeit und auch nicht genug bei den Juden. Im Mai 1939 veröffentlichte die Regierung Chamberlain das sogenannte "Weißbuch für Palästina". Kerngedanke dieses "Weißbuchs" war: Erstens, zwischen den Jahren 1939 und 1944 durften nur 75.000 Juden nach Palästina einreisen, danach nur noch mit Zustimmung der Araber. Mit anderen Worten: nach 1944 keine Emigration von Juden nach Palästina. Zweitens durften Juden keinen Boden in Palästina mehr kaufen, in Ausnahmefällen nur mit Zustimmung der hohen britischen Gouverneure von Palästina. Und drittens war die britische Regierung bestrebt, innerhalb von zehn Jahren einen arabischen Staat auszurufen, in dem Juden nicht mehr als ein Drittel der Bevölkerung ausmachen sollten. Die im "Weißbuch" vorgesehenen britischen Maßnahmen standen im krassen Gegensatz zu dem Mandatsauftrag des Völkerbundes von 1917 und der Balfour-Deklaration. Ein schicksalhaftes gleichzeitiges Vorgehen gegen die Juden.

Hitler verfolgte und begann mit den Vorbereitungen zur Ausrottung der Juden, und England sperrte die Rettungstore von Palästina. Spielte das “Weißbuch” bei Hitler eine Rolle während seiner mörderischen Überlegungen? Wie auch immer, Winston Churchill nannte die Vorgehensweise Chamberlains “Verrat an den Juden”, und Minister Morisson nannte sie “hinterlistigen Verrat”.

Der bevorstehende Krieg wurde von Tag zu Tag spürbarer. Polnische Truppeneinheiten rasteten innerhalb und außerhalb der Stadt. Meistens war es Kavallerie, ab und zu zog leichte Artillerie vorbei. Flugzeuge überflogen die Stadt in alle Richtungen. Spionagehysterie erfaßte die Bevölkerung, angeblich wurden Fallschirmjäger gesichtet. Die Zeitungen und das Radio brachten vorübergehenden Optimismus durch die Verbreitung der Erklärungen von der “Entschlossenheit der polnischen Regierung, den Deutschen Widerstand zu leisten”. Diese Beruhigungsversuche wirkten nur kurzfristig. Es gab keinen Grund, an sie zu glauben. Die Bevölkerung wurde spürbar nervös. Hamsterkäufe führten zu Engpässen. Zucker, Salz, Öl und Mehl wurden Mangelware. Da die Polen Deutschland nicht durch eine Generalmobilmachung provozieren wollten, sah man in der Stadt nur Grüppchen junger Leute, die einberufen wurden.

Die politischen Vorgänge waren der breiten Masse nur begrenzt bekannt, sie wurden aber in der Bevölkerung heftig diskutiert und kommentiert. Eines Abends besuchten uns zwei befreundete Ehepaare, wir Kinder waren Klassenkameraden. In meinem Kinderzimmer sitzend, besprachen und diskutierten wir die Lage und besonders die Frage: Kommt Krieg, und wenn ja, wie weit betrifft er unsere Familien? Wir gingen ins Zimmer, wo unsere Eltern sich befanden. Wir hörten zu. Mein Vater sagte gerade, daß die englisch-französischen Bemühungen, durch Druck auf Polen den Frieden zu retten, vergebens waren; er befürchtete, daß der Krieg unvermeidlich sei. Leider hatte mein Vater recht. Der Frieden war schon 1938 verloren. Hätten die Polen Chamberlains Druck nachgegeben und Danzig und dem von Hitler verlangten Korridor zugestimmt, hätte dies, wie sich später herausstellte, den Frieden auch nicht gerettet, nicht einmal hinausgeschoben. Wahrscheinlich wäre das Schicksal der Welt anders verlaufen, wenn England und Frankreich dem Wunsch Stalins nachgegeben hätten, polnisches Territorium zu überqueren, um dann dem deutschen Angriff auf polnischem Boden zu begegnen. Dies jedoch scheiterte am Widerstand Polens.

Am 20. Mai 1939 war Ribbentrop überzeugt, daß ein Abkommen zwischen Rußland, England und Frankreich bevorstand. Am 21. Mai 1939, nachdem Hitler den 1. September als den Angriffstag auf Polen festgelegt hatte, blieb nur noch wenig Zeit für politische Schachzüge. Ribbentrop telegrafierte Weisungen an den Botschafter von der Schulenburg in Moskau. Dieser sollte unverzüglich ein Treffen mit Molotow vereinbaren und ihm die "neue Linie Berlins" darlegen: "Es ist an der Zeit, die deutsch-sowjetischen Beziehungen zu normalisieren ... Es bestehen keine wesentlichen Interessengegensätze in der Außenpolitik Deutschlands und der Sowjetunion ... Sollte es gegen unseren Willen zu einem Konflikt mit Polen kommen, sind wir überzeugt, daß dies keineswegs zu einem Interessenkonflikt mit der Sowjetunion führen wird. Wir können sogar so weit gehen und sagen, daß nach der Lösung des deutsch-polnischen Problems und ohne Rücksicht, in welcher Weise dieses Problem gelöst wird, wir die sowjetischen Interessen so weit wie möglich berücksichtigen werden."

Aus bis heute nicht geklärten Gründen befahl Hitler im letzten Moment, dieses Dokument nicht an Molotow weiterzuleiten, sondern es auf Eis zu legen. Am 31. Juli verlangte Berlin in einem dringenden und geheimen Telegramm vom Botschafter von der Schulenburg, die Gespräche mit Molotow so schnell wie möglich aufzunehmen. Von der Schulenburg wurde angewiesen, bei Molotow folgende Formulierung zu gebrauchen:

"Es gibt kein Problem vom Baltikum bis zum Schwarzen Meer, das nicht im Einverständnis geregelt werden kann, besonders die territorialen Probleme in Osteuropa, auch die des Baltikums und Polens."

Hitler hatte es auf einmal eilig und drängte Ribbentrop zu einem schnellen Übereinkommen mit der Sowjetunion. Am 17. August, um 20 Uhr, traf von der Schulenburg Molotow und informierte ihn über die deutschen Vorstellungen zu einem deutsch-sowjetischen Nichtangriffspakt und zur Aufteilung Osteuropas. Am 20. August schrieb Hitler "einen Liebesbrief" an Stalin, und am 21. August antwortete Stalin entsprechend liebenswürdig – zwei blutdürstige Diktatoren hatten sich verbündet.

Was Hitler damals wahrscheinlich nicht wußte, war die Tatsache, daß Stalin schon im März 1939 auf dem 18. Parteitag angedeutet hatte, daß es keine Gründe für einen Konflikt zwischen der UdSSR und Deutschland gab.

Am 3. Mai 1939 entließ Stalin seinen Außenminister Litwinow, der Jude war, und setzte Wjatscheslaw Molotow an dessen Stelle. Schon damals hatte Stalin Verhandlungen mit Hitler im Hinterkopf und wollte nicht, daß ein Jude sie führte. Hitler war sich dieser Tatsache wahrscheinlich nicht bewußt; er glaubte, Litwinows Entlassung sei wegen dessen Neigung für eine westliche Allianz erfolgt. Wie auch immer, der Weg zum Zweiten Weltkrieg und zur Aufteilung Europas war frei. So wie der Blitzkrieg, so auch die Blitzdiplomatie. Hitler erreichte sein Ziel. Es gelang ihm, Stalin zu überlisten und auf seine Seite zu ziehen.

Am 20. August legte Marschall Woroschilow, Vorsitzender der russischen Delegation, bei den Verhandlungen mit England und Frankreich Stalin ein Schreiben von Admiral Drax, dem Chef der britischen Delegation, vor. Wörtlich heißt es in diesem Dokument: "Lieber Marschall Woroschilow, es tut mir leid, Ihnen mitteilen zu müssen, daß weder die britische noch die französische Delegation bis zum heutigen Tag eine Antwort auf die politische Frage, die sie unseren Regierungen gestellt haben, bekommen hat. Unter der Berücksichtigung der Tatsache, daß ich den Vorsitz der nächsten Sitzung zu übernehmen habe, schlage ich vor, daß wir erst am 23. August um 10 Uhr, möglicherweise früher, sollten wir tatsächlich früher die Antworten unserer Regierungen erhalten, zusammenkommen. Mit freundlichen Grüßen, Drax, Admiral, Chef der britischen Delegation."

Diese erneute Verschiebung irritierte Stalin. Er vermerkte auf dem Brief von Admiral Drax: "Das Spiel ist zu Ende!" Nun wußte Stalin damals nicht, daß an dem von den Briten vorgeschlagenen neuen Termin tatsächlich ein Treffen von Verhandlungsdelegationen ganz anderer Art stattfinden sollte. Anstelle der englisch-französischen war es eine von Hitler entsandte Delegation, die russische Seite bei diesen Verhandlungen wurde von Stalin selbst angeführt. In dieser Situation einer besonders feindlichen Stimmung dem Westen gegenüber kam Molotow zu Stalin mit den spezifizierten deutschen Vorschlägen zur Unterzeichnung eines Nichtangriffspaktes zwischen Deutschland und Rußland und dem Vorschlag, Osteuropa zwischen Deutschland und Rußland aufzuteilen.

Stalin, der eine tiefe Abneigung gegenüber dem Faschismus hatte, spürte in seinem Herzen auf unverständliche Weise Sympathien für Hitler. Der Vorschlag eines Nichtangriffspaktes kam Stalin sehr ge-

legen. Er wußte, daß die Rote Armee als Folge der grausamen Säuberungen ihre wichtigste Führungsspitze verloren hatte. Er brauchte einige Jahre Frieden, andererseits – abgesehen davon, daß ein Pakt mit dem Faschismus ihm zuwider war – befürchtete Stalin, daß ein Abkommen mit Deutschland zu unübersehbaren Komplikationen mit der Komintern führen würde. Er befahl, ihm umgehend alles verfügbare Material über Hitler, die NSDAP, "Mein Kampf" und alle Berichte der Geheimdienste und anderer Agenten der letzten zwei Jahre vorzulegen. Stalin blieb danach einen ganzen Tag und eine ganze Nacht in seinem Kabinett im Kreml und studierte das Material.
Er fand unter anderem den Bericht eines russischen Agenten aus Berlin von 1939. Darin heißt es unter anderem: "Die deutschen Truppen zählen 3,7 Millionen Soldaten, haben über 3.000 Panzer und 26.000 Geschütze." Der Agent unterstrich, daß über 60 Prozent der Wehrmacht motorisiert war. "Die deutsche Luftwaffe verfügt über mehr als 4.000 Flugzeuge und ein Personal von etwa 400.000 Mann. Die Marine hat über 107 große und größere Einheiten." Aus anderen Berichten entnahm Stalin, daß viele tausend Antifaschisten umgebracht worden waren und über eine Million sogenannter Kommunisten sich in den verschiedenen Lagern und Gefängnissen befanden. (Stalin mußte wahrscheinlich grinsen und sich dabei gedacht haben: "Kein Vergleich zu meinen Zahlen.")
Unter diesen Umständen mußte er sich entscheiden. Drei Möglichkeiten standen ihm zur Wahl: Die Verhandlungen mit England und Frankreich zu einem positiven Abschluß zu bringen, einen Vertrag mit Hitler abzuschließen oder das seiner Meinung nach größte Übel zu riskieren, und in eine komplette Isolation zu geraten. Die Briten und Franzosen zeigten keine große Begeisterung und verzögerten die Verhandlungen ins Unendliche. Dagegen entwickelte Berlin gleichzeitig, also im August 1939, eine gut organisierte psychologische Friedensoffensive, Expansions-Versprechungen und übte dadurch einen verführerischen Druck auf Moskau aus. Molotow, ein Funktionär ohne jegliche Eigeninitiative, war geneigt, die deutschen Vorschläge aufzugreifen. Am 21. August 1939, nach langem Überlegen und Zögern, beschloß Stalin endgültig, einen Pakt mit Hitler einzugehen. Wie schwer Stalin dieser Beschluß in den folgenden Jahren "im Magen" lag, läßt sich durch folgende Episode demonstrieren.

Stalin, der Zeit seines Lebens alle Erfolge nur sich selbst zuschrieb und Mißerfolge anderen in die Schuhe schob, hatte eisernes Schweigen über das Ribbentrop-Molotow-Abkommen bewahrt. Die einzige und bis heute unverständliche Abweichung von seinem Prinzip leistete er sich am 24. Juni 1945. Bei einem Empfang zu Ehren der Führung der Roten Armee hielt Stalin eine Rede und sagte unter anderem:
"Unsere Regierung machte nicht wenige Fehler. Diese Fehler wurden nicht nur während des Krieges gemacht, einige wurden, noch bevor der Krieg anfing, gemacht. Aber der größte, kardinale, prinzipielle Fehler war die Unterzeichnung des deutsch-sowjetischen Freundschafts-Abkommens und die Festlegung der Grenzen zwischen Rußland und Deutschland, ich meine den Vertrag vom 28. September 1939." (Politische Porträts – Ver. Novosti, Bd. 2, Moskau)

DIE RUSSEN KOMMEN

Am 1. September, noch bevor wir die Nachrichten über den deutschen Überfall auf Polen hörten, wurden wir von Flugzeugen geweckt. Kurz danach klingelte das Telefon. Vater erhielt Nachricht, daß Deutschland Polen überfallen hatte, er wurde zu einer Krisensitzung beim Regierungspräsidenten gerufen. Die ersten Nachrichten waren widersprüchlich. Der Vormarsch der Deutschen wurde bestätigt und Minuten später dementiert. Bomben fielen auch im Umkreis unserer Stadt. Eine Generalmobilmachung wurde ausgerufen. Die ersten zwei, drei Tage hörten wir ab und zu Meldungen über den angeblich starken Widerstand der Polen und über große Verluste der Deutschen. Am vierten Kriegstag kamen Flüchtlinge in unsere Stadt. Andere zogen vorbei Richtung Süden, um Rumänien oder Ungarn zu erreichen. Unter ihnen waren viele aus Deutschland verjagte Juden, die aus Erfahrung wußten, was sie erwartete. Aber auch viele andere, die mit der deutschen "Kultur" keine Bekanntschaft machen wollten.
Das Städtchen war überfüllt, die Straßen von Flüchtlingskolonnen verstopft. Sie kamen zu Fuß und auf Pferdegespannen, mit Hunderten von Autos jeder Art, die am Straßenrand liegengeblieben waren und ohne Benzin nicht weiter konnten. Für ein Pferd und einen Wagen war das teuerste Auto zu haben. Von den Flüchtlingen erfuhren wir von der großen Übermacht der deutschen Panzer und der Luftwaffe, über die gnadenlosen Bombardierungen der Großstädte. Am 3. September drang die Nachricht zu uns durch, daß England und Frankreich Deutschland den Krieg erklärt hatten. Diese Nachricht schürte kurzfristigen Optimismus, der aber schwand mit den täglichen Nachrichten über die vorrückenden deutschen Panzer. Damals erfuhren wir, daß die Stadt Vladimir schon am ersten Kriegstag bombardiert wurde. Die erste Bombe traf eine Mühle, die für den Export arbeitete. Sie wurde komplett zerstört. Diese Mühle gehörte zur Hälfte meinem Vater und zur Hälfte der Gräfin Sofia Lidochovska.
Der Flüchtlingsstrom brach nicht ab. Polnische Aristokraten, Offiziersfamilien, Politiker und viele andere zogen Richtung Süden. Jetzt kamen unter den Flüchtlingen auch viele Soldaten, welche ihre Einheiten verloren hatten und sich auf dem Rückmarsch befanden.

Um ein gefährliches Sicherheitsvakuum zu vermeiden, nachdem die Verwaltung zerfallen war, schlug mein Vater vor, eine freiwillige Miliz von etwa 300 jungen Freiwilligen zu gründen. Diese Miliz sollte auf paritätischer Basis entstehen, je 100 Polen, 100 Juden und 100 Ukrainer. Der Starosta verfügte die Übergabe von Waffen und Munition durch die Polizei an die neu gegründete Miliz.

Langsam näherten sich die deutschen Truppen unserer Stadt. Es sah so aus, als ob Hitler uns in einigen Tagen von den Polen "befreien" würde. Dieser erste deutsche "Befreiungsversuch" scheiterte, Gott sei Dank. Am 16. September erfuhren wir, daß die Rote Armee die polnische Ostgrenze überschritten hatte und Richtung Westen marschierte. Wir wußten nicht, was diese Nachricht zu bedeuten hatte. Zwar war das Ribbentrop-Molotow-Abkommen, das gegenseitige Nichtangriffs-Abkommen, bekannt, die Aufteilung Polens zwischen Deutschland und der Sowjetunion jedoch nicht. Am gleichen Tag erfuhren wir von Radio London einige Details über das Abkommen. Es wurde uns klar, unser erster "Befreier" heißt Stalin. In dieser neuen Situation war jede Überlegung einer Flucht Richtung Osten überflüssig. In der Zwischenzeit beherrschte die Miliz die Lage. Plünderungen wurden vereitelt, verschiedene Versuche von Bauerngruppen, in die Stadt einzudringen, gestoppt.

Am 19. September verbreitete sich die Nachricht, daß die Rote Armee einmarschieren würde. Etliche Kommunisten und vor allem solche, die in den letzten Tagen aus polnischen Gefängnissen zurückgekehrt waren, machten sich bereit, die Russen festlich zu empfangen. Die ersten Rotarmisten kamen am 20. September, am späten Nachmittag. Durch das "Siegestor", das die örtlichen Kommunisten im Zentrum der Stadt aufgebaut hatten, fuhren klapprige und verstaubte Lastwagen. Die Soldaten sahen armselig aus. In braun-grauen Uniformen, ausgelatschten Stiefeln, Rucksäcken, grauen Decken, die mit Schnüren zusammengebunden waren, mit über die Schulter gehängten Karabinern, an deren Läufen, wie in Kutusows Zeiten, lange, spitze Bajonette gebunden waren. Das Siegestor und der "enthusiastische Empfang" schien die Soldaten wenig zu interessieren. Das war unsere erste "Befreiung". Die Russen befreiten uns von den Polen – eine "Befreiung" aus der Freiheit in die Sklaverei im 20. Jahrhundert.

Einige Tage herrschte die militärische "Befreiungsmacht", ohne sich in das Leben der Bevölkerung einzumischen. Diesmal hatte uns Stalin vor Hitler bewahrt. Die “Befreier” wurden aber zu unseren Unterdrückern. Die örtlichen Kommunisten gründeten Komitees und versuchten, die örtliche Verwaltung in den Griff zu bekommen. Die vorwiegend aus Asien stammenden Soldaten benahmen sich zurückhaltend. Sie kauften gegen Rubel alles, was es zu kaufen gab. Nach einer Woche trafen die ersten Zivilfunktionäre ein. Allen voran der Erste Bezirkssekretär der Kommunistischen Partei mit seinen Stellvertretern, Milizoffizieren und einer Milizeinheit, Führungspersonal für Bezirks- und Staatsverwaltung und selbstverständlich der NKWD. In unserem Haus wurden zwei Zimmer beschlagnahmt. Ein Major des NKWD zog bei uns ein. Er war Junggeselle. Schon bald fiel uns auf, daß er täglich zwischen 17 und 18 Uhr das Haus verließ und erst um fünf oder sechs Uhr morgens zurückkam. Tagsüber schlief er meistens.

Die Präsenz der neuen Macht wurde sichtbar und spürbar. Überdimensionale Porträts von Stalin, Lenin und anderen hingen an vielen Straßenecken. Vor allem Stalins Bild zierte alle großen Gebäude und Kreuzungen. Die Schulen wurden wieder geöffnet, die allerdings in russische umgewandelt wurden. Die Unterrichtssprache wurde Russisch, die zweite Sprache Ukrainisch. Die örtlichen Kommunisten, die sich in den ersten Tagen selbst an die Spitze der Institutionen gestellt hatten, wurden von russischen Funktionären abgelöst. Nach und nach kamen deren Familien nach. Die ungebetenen Befreier übten gleich nach Etablierung der russischen Ziviladministration ihre Macht aus. Es wurden sogenannte freie Wahlen durchgeführt, wobei selbstverständlich 98,5 Prozent der Stimmen auf die kommunistischen Kandidaten entfielen. Die Westukraine wurde offiziell annektiert, wir zu russischen Staatsbürgern erklärt. Es wurden russische Pässe ausgestellt.

Der Paß meines Vaters war mit einem besonderen Paragraphen versehen. Der bedeutete VOLKSFEIND! Wer mit einem solchen Paß ausgestattet war, hatte grundsätzlich keinen Wert. Er durfte nicht reisen, durfte nicht arbeiten und stand außerhalb des Gesetzes. Nacht für Nacht wurden unzählige Leute aus ihren Wohnungen geholt, zum NKWD gebracht, verhört und nach Sibirien verschickt. Es waren in erster Linie Polen, ehemalige Angestellte der polnischen Behörden, die polnische Intelligenz, Ärzte, Ingenieure, Ukrainer, Nationalisten oder solche, die nationalistische Neigungen zeigten, und auch Altkommunisten.

Unter diesen Umständen erwarteten wir das Unvermeidliche, unsere Deportation nach Sibirien. Mein Vater schlief fast nie zu Hause, sondern bei Verwandten und Bekannten. Tagsüber bemühte er sich um Arbeit. Jede Arbeit war ihm recht. Anfangs versuchte er es in seinem Spezialgebiet, als Holzverarbeitungsingenieur. Niemand hatte den Mut, einen Feind des Volkes einzustellen. Dann versuchte er es als Lehrer, Nachtwächter und Lagermeister. Trotz verzweifelter Suche gelang es ihm bis Mitte 1940 nicht, Arbeit zu bekommen. Die Familie lebte in panischer Angst. Wir wachten jede Nacht in Panik auf, wenn wir Schritte um unser Haus hörten. Es war ein schwer erträgliches Leben. Die Tyrannei des Stalinismus weitete sich von Tag zu Tag aus. Nicht nur wir, sondern auch die, die die sowjetische Macht zunächst als Befreiung angesehen hatten, bekamen es mit der Angst zu tun. Langsam breitete das Regime seine Schwingen über die besetzten, sogenannten befreiten Gebiete aus.
Die spärlichen Nachrichten, die aus dem Ausland zu uns kamen, waren meistens unvollständig. Trotz allem war klar: diese waren erschreckend. Es handelte sich um die Situation der Juden in den durch die Deutschen besetzten Gebieten. Alle Nachrichten gaben keinen Anlaß zu Optimismus. Ich war zu dieser Zeit vierzehneinhalb Jahre alt, ging ins Gymnasium und pflegte eine besondere Freundschaft mit zwei Klassenkameraden aus der Tarbut-Schule. Erst nach unserer Befreiung 1944 wurde mir bewußt, wie abnormal mein Leben in den Jahren 1939 bis 1941 war. Ich hatte schon während meiner Kindheit und besonders während meiner Jugend klare Vorstellungen über den Zionismus, die Notwendigkeit eines jüdischen Staates und darüber, für diesen Staat kämpfen und sogar sterben zu müssen. Ich fragte mich aber, warum ich, der schon so früh jede Art von Angst von sich wies, in der Zeit der sowjetischen Besatzung 1939 bis 1941 keinen Mut fand, irgendwelche Tätigkeit verbotener Art vorzunehmen oder mich an solchen zu beteiligen.
Warum nahm mir die Sowjetmacht oder der NKWD oder wer auch immer den Mut zum Widerstand, und sei er auch nur theoretisch, passiv, innerlich? Wieso nahm mir dieses Regime jeden Funken Mut, den ich nur ein Jahr später besaß, den mir weder die Deutschen noch die SS noch der NKWD später nehmen konnte? Ich weiß nur, daß mich eine panische Angst beherrschte, die rational nicht zu erklären war. Ich hatte die Hoffnung auf Veränderung der Lage aufgegeben.

Eine Zukunft in diesem Regime konnte ich mir nicht vorstellen, und ein Ende des Regimes auch nicht.
Mitte 1940 wurde mein Vater aufgefordert, sich bei der militärischen Bauverwaltung des Verteidigungsministeriums zu melden. Schrekken erfaßte uns, obwohl bekannt war, daß die Militärbehörde mit Arresten oder Deportationen nichts zu tun hatte. Vater kam nach einigen Stunden zurück und berichtete erleichtert, daß ihm eine Arbeit angeboten worden war. Er sollte für die militärische Bauverwaltung „Woienstroi" die Leitung der holzverarbeitenden Betriebe übernehmen. Seinem zukünftigen Chef war er an Ort und Stelle vorgestellt wor-den. Es handelte sich um einen Oberstleutnant der Roten Armee. Schon am nächsten Morgen fing mein Vater mit der Arbeit an. Der Druck, unter dem wir fast ein dreiviertel Jahr gelebt hatten, ließ nach. Ich blieb zwar nach wie vor der Sohn eines "Volksfeindes", aber ich war wenigstens nicht mehr der Sohn eines Parasiten. Ich war das erste Mal in der Lage, auf die Frage der Lehrer: "Was macht dein Vater?" zu antworten: "Er arbeitet in der Militärverwaltung."
Die Vorgesetzten meines Vaters waren von seiner Arbeit so angetan, daß sie sogar versuchten, beim NKWD die Streichung des diskriminierenden Paragraphen aus seinem Paß zu erreichen. Das war den Militärbehörden wichtig, weil mein Vater seine Aufgaben zwar innerhalb der Region erfüllen konnte, als „Volksfeind" aber keine Reisen unternehmen durfte. Mein Vater befreundete sich mit seinem Vorgesetzten, dem Oberstleutnant. Dieser besuchte uns mehrmals wöchentlich, saß ganze Abende, manchmal bis in die frühen Morgenstunden, bei uns und erzählte Geschichten aus seinem Leben. Selbstverständlich wurden bei dieser Gelegenheit mehrere Wodkagläser geleert. Einer der Betriebe, die meinem Vater unterstanden, wurde von einem Polen namens Wybieratzki geleitet. Mein Vater besuchte ihn öfters. Manchmal lud er den Leiter, Herrn Wybieratzki, zu uns nach Hause ein. Dieser war in bezug auf Alkohol nicht weniger geübt als seine russischen Kollegen, und bei seinen Besuchen bei uns wurde so manches Glas Wodka geleert. Damals wußten wir nicht, daß diese Bekanntschaft eine lebensrettende Rolle für uns spielen sollte.
Die Brutalität der sowjetischen Macht nahm kein Ende. Die ständigen nächtlichen Verhaftungen und Vertreibungen gingen ununterbrochen weiter. Lange Konvois verschleppter polnischer Siedler, Angehöriger

der früheren polnischen Administration, ehemaliger Offiziere und Reserveoffiziere der polnischen Armee, auch Ukrainer, die als nationalistisch bezeichnet wurden, und Großgrundbesitzer zogen vorbei. Unter den Deportierten befanden sich auch Kommunisten, die jahrelang in polnischen Gefängnissen gesessen hatten und für die sowjetische Macht nicht orthodox genug waren. Juden, die Anfang des Krieges vor Hitler flüchtend in unserer Stadt eine vorübergehende Bleibe gefunden hatten, wurden rücksichtslos verschickt. Auch Schulen wurden vom NKWD nicht verschont. Wir hatten damals eine Lehrerin für Ukrainisch, die mit uns Schülern nicht zurechtkam. Es handelte sich um 14- bis 17jährige Gymnasiasten, die ihren Unmut mit einem Sitzstreik zum Ausdruck brachten. Zwei Tage nach diesem Streik erschienen einige Beamte des NKWD in der Schule und riefen jeden einzelnen Schüler getrennt zum Verhör. Jeder mußte seine Biographie aufschreiben. Dann kam eine strenge Verwarnung, daß bei weiteren Vorfällen dieser Art strenge Maßnahmen eingeleitet würden. Einige Tage später wurden aus mehreren Klassen Schüler abgeholt. Diese Jugendlichen haben wir nie wiedergesehen.

Seit Mitte 1940 verlagerten sich die Deportationen von der Stadt in die Provinz. Grundbesitzer, aber auch kleinere Bauern wurden aus den Dörfern geholt und nach Rußland verschickt. Trotzdem hatte sich der Druck auf unsere Familie nicht gemildert, wir lebten nach wie vor in ständiger Angst. Daß die Militärverwaltung es nicht geschafft hatte, den Paragraphen "Volksfeind" auf dem Paß meines Vaters zu streichen, war für uns ein böses Signal. Wir lebten in begrenzter Freiheit auf Bewährung. Bevor unser gesamter Besitz vom Staat konfisziert worden war, hatten wir uns eine Milchkuh für die eigene Milchversorgung bringen lassen. Es dauerte eine Weile, bis meine Mutter gelernt hatte, wie man eine Kuh melkt. Mein Bruder und ich gingen täglich mit der Kuh an den Stadtrand, um sie zu weiden.

Abgesehen von den großen Anstrengungen, um das tägliche Leben zu meistern, und der ständigen Angst vor Deportation, muß ich gestehen, daß unsere Familie von den Behörden nie behelligt wurde. Wir lebten, wie übrigens alle Russen, in politischer Isolation und waren von den politischen Weltereignissen abgeschirmt. Kein Mitglied unserer Familie war am öffentlichen Leben unserer Stadt beteiligt. Durch Abhören verbotener Sendungen aus London bekamen wir jedoch einen gewissen Überblick über das Weltgeschehen. Trotz der

formellen Annexion der befreiten Gebiete der Westukraine blieben die Grenzen zwischen diesen Gebieten und dem alten russischen Reich geschlossen. Nur mit Sondergenehmigung konnte man nach Rußland reisen. Zu uns drangen immer mehr Informationen über das Leben in der Sowjetunion, leider nichts Ermutigendes.
Eines Tages bekamen wir hohen Besuch aus der Sowjetunion. Er galt dem Bruder meines Vaters, der früher Bankdirektor war, und seiner Frau, einer ehemaligen Schuldirektorin. Der hohe Besucher war ein Bruder meiner Tante, den sie 25 Jahre lang nicht gesehen hatte. Er war Arzt und General der Roten Armee. Einige Tage lebte der Besucher bei meiner Tante, redete wenig und war meistens mit der Vernichtung von zionistischen, religiösen oder hebräischen Büchern beschäftigt. Er verlangte von meiner Tante und meinem Onkel, auch jede Art von Korrespondenz zu vernichten und empfahl ihnen, sich wenigstens offiziell von der Vergangenheit zu distanzieren. Eines Abends, die Familie war schon kurz vor dem Schlafengehen, kam meine Tante in einem rosa Nachthemd aus dem Schlafzimmer in das Zimmer, in dem mein Onkel und sein Schwager, der General, noch plauderten. Der Bruder meiner Tante sah auf und fragte, ob sie noch auf einen Ball ginge, sie habe bisher nichts erwähnt. Er war überzeugt, daß dieses Nachthemd ein Ballkleid war – warum muß eigentlich ein Doktor, noch dazu ein General, wissen, wie ein dekadentes kapitalistisches Ballkleid aussieht!
Die Russifizierung der westlichen Ukraine ging in schnellem Tempo vor sich, immer mehr Russen siedelten aus Rußland in die Ukraine über. Auch in unsere Stadt kamen immer mehr. Die meisten wichtigen Stellen des öffentlichen Lebens wurden von Russen besetzt. Alle durch die Deportationen freigewordenen Wohnungen hatte man den russischen Familien zur Verfügung gestellt. Die Läden der Stadt hatten nach und nach geschlossen, die Waren schnell an die russischen Familien verkauft, die alles aufkauften, Lebensmittel, Spielwaren, Gebrauchsgegenstände, Textilien, alles. Da kein Nachschub kam, mußten die Geschäfte schließen. Mitte 1940 waren keine privaten Geschäfte mehr da, und die neu entstandenen staatlichen Läden waren meistens leer. Zum Ausgleich entwickelte sich ein Schwarzmarkt und in gewissen Bereichen ein sogenannter Graumarkt. Diese Märkte, formell verboten, praktisch jedoch toleriert, wurden von den Russen "Toltschok" genannt. Sie waren meist auf Gebrauchtwaren ausgerich-

tet. Die Lebensmittel kamen meist aus den umliegenden Dörfern. Die praktikable Handelsform war der Tausch von Waren. Nur in kleinerem Umfang wurde gegen Rubel verkauft.
Der Schwarzmarkt, der trotz formalen Verbotes florierte, und die Zahl der Schwarzhändler wuchsen von Tag zu Tag.
Die Schwarzhändler reisten in die Großstädte, um von dort Waren zu schmuggeln. Huren, Wodka und Hefe waren bevorzugte Schmuggelwaren. Schwarzhändler mußten, wenn sie erwischt wurden, mit langjährigen Freiheitsstrafen rechnen. In vielen Fällen einigten sich die Schmuggler aber mit ihren Häschern, überließen ihnen die Ware und kamen mit einem blauen Auge davon. Ein Witz, der charakteristisch war für diese Zeit, den man jedoch nur leise erzählen durfte, lautete: "Ein Mann wurde im Zug mit Schmuggelware erwischt, von der Miliz vom Zug heruntergeholt und einem strengen Verhör unterzogen. Ihm wurde Schwarzmarkthandel vorgeworfen, als Strafe dafür drohte ihm 10 Jahre Zwangsarbeit, das hieß Sibirien. Der Mann behauptete, vom Schwarzmarkt nichts zu wissen, gab aber zu, ein Einbrecher zu sein. Er übergab die Beute den Polizisten. Besser, sich selbst als Einbrecher zu bezichtigen und viel milder verurteilt zu werden, denn als Schwarzhändler abgestempelt zu werden."
1940 hatten die Sowjets ihre Macht in der Westukraine stabilisiert, und die 12 Millionen Annektierten hatten sich mit ihrem Schicksal abgefunden. Der finnisch-russische Krieg brachte einen Hoffnungsschimmer. Die riesigen Verluste der Roten Armee, die Tatsache, daß dieses kleine Finnland ihrem Angriff standhalten konnte, hatte die Optimisten beflügelt. Dieser Optimismus schwand jedoch bald, nachdem Schweden den Briten und Franzosen verweigerte, den Finnen über schwedisches Territorium zu Hilfe zu kommen. Da verstanden wir, daß keine westliche Intervention gegen die Sowjetunion zu erwarten sei. Die Annexion von Litauen und Lettland einerseits und von der Bukowina und Bessarabien anderseits hatten mich endgültig überzeugt, daß die sowjetische "Befreiung" zwar keine endgültige, aber mindestens eine langfristige Sache war.
Anfang 1941 gelangte mein Vater zu der Überzeugung, daß die Absprache zwischen Hitler und Stalin nicht für immer, nicht einmal für lange Zeit gelten würde. Die militärische Baubehörde, bei der mein Vater beschäftigt war, kam mehr und mehr unter Druck. Es sollten schneller stärkere Befestigungen an der Grenze zwischen der Ukrai-

ne und dem besetzten Polen errichtet werden. Das war neu, und viele führende Offiziere äußerten die Meinung: "Wir müssen für alle Eventualitäten gerüstet sein." Für uns war das kein Grund zur Freude. Wir wußten, daß Hitler in der Zwischenzeit ganz Europa besetzte. England wurde ununterbrochen bombardiert. Die deutschen Unterseeboote hatten Teile der britischen Zivilflotte und Teile der Kriegsmarine versenkt.

Der größte Teil Europas war von den Deutschen besetzt, und Hitlers Eroberungsdrang war unersättlich. Eine Katastrophe bahnte sich an. Das war im Frühsommer 1941. Unter diesen Umständen wurde uns klar, warum unser Vater von der militärischen Baubehörde engagiert worden war. Seine Fachkenntnisse waren wichtig für den Bau der neuen Verteidigungslinie. Riesige Wandplakate verkündeten: "Es lebe die Sowjetunion, die der Menschheit Glück und Freiheit bringt." "Es lebe der große Weltführer, der uns die wahre Demokratie bringt." und "Es lebe der Genosse Stalin." Trotz der ununterbrochenen Propaganda und des Psychoterrors gegen die 12 Millionen Einwohner der Gebiete, die an die Sowjetunion angeschlossen wurden, verstärkte sich bei uns das Gefühl einer sich nähernden Katastrophe.

Diese Gefühle wurden schon seit Mai immer stärker und stärker. Obwohl das Militär von einem bevorstehenden deutschen Angriff überzeugt war und trotz der deutlichen Hinweise, daß Hitler in Kürze die Sowjetunion überfallen würde, hatte die Führung in Moskau die Augen verschlossen und wollte nicht an diese Möglichkeit glauben. Der russische Geheimdienst wies Stalin darauf hin, daß die Deutschen ihre Streitkräfte in Polen, vor allem in Ostpolen, umfassend verstärkt hatten und sich eine Million deutsche Soldaten auf dem Balkan aufhielten. Stalin, ein realistisch denkender Mann, war jedoch der Meinung, daß, nachdem die Deutschen Jugoslawien und Griechenland besetzt und die Herrschaft in Rumänien, Bulgarien und Ungarn übernommen hatten, Hitler keinen Grund mehr sähe, sich auf einen Krieg mit Rußland einzulassen.

Etwas Surrealistisches haftete dem diplomatischen Dialog zwischen Moskau und Berlin an. Aus veröffentlichten Dokumenten ist zu ersehen, daß die Deutschen in den letzten Wochen des Frühjahrs 1941 in einer plumpen Weise versuchten, die Russen zu täuschen. Die sowjetische Führung ihrerseits war nicht in der Lage, die Wirklichkeit zu erkennen oder rechtzeitig Schritte gegen Deutschland einzuleiten. Obwohl die Sowjets gegen die deutsche Besetzung Jugoslawiens und Griechenlands wegen der Verletzung des deutsch- russischen Vertrages nachdrücklich protestiert hatten, taten sie alles, um die Deutschen bei Laune zu halten und Berlin zu besänftigen, um so mehr, je näher der Tag des Kriegsbeginns heranrückte.

Unterlagen des Außenministeriums ist zu entnehmen, daß der deutsche Botschafter in Moskau, von der Schulenburg, am 30. April 1941 eine Nachricht nach Berlin schickte. Er erwähnte in diesem Telegramm, daß Stalin bei der Verabschiedung des japanischen Außenministers Matsuka in Moskau, bei der auch eine deutsche Delegation zugegen war, dieser gegenüber eine besonders freundschaftliche Haltung entgegenbrachte.

Drei Tage später schickte der deutsche Bevollmächtigte in Moskau, Tippelskirch, ein weiteres Telegramm, worin auch er die besondere Freundschaft, die Stalin der deutschen Delegation entgegenbrachte, hervorhob. Er sehe die Haltung Stalins als wichtig an, besonders, nachdem in Moskau Nachrichten kursierten, daß in Kürze ein Konflikt zwischen den Deutschen und der Sowjetunion zu erwarten sei.

Auf deutsches Drängen hin beschleunigten die Russen ihre Transporte von strategischen Rohstoffen. Es wurden große Mengen Korn, Öl, Rohöl, Mangan und andere Metalle nach Deutschland geschickt. Bemerkenswert ist die Tatsache, daß die deutschen Gegenleistungen in Maschinen schon seit Monaten, wenn nicht ganz gestoppt, so zumindest auf das Minimum reduziert worden waren. Die Russen waren ihren Verpflichtungen aber vollständig nachgekommen und hatten sogar noch in den letzten Tagen vor dem Krieg einige Züge mit Gummi und Rohkautschuk nach Deutschland geliefert.

Gleichzeitig war Hitler damit beschäftigt, seine Generäle davon zu überzeugen, daß das “Unternehmen Barbarossa” nicht weiter hinausgeschoben werden könne, da sonst ein russischer Überfall auf Deutschland zu erwarten sei. Die Generäle wußten, daß diese Behauptung nicht stimmte. Die Abwehr unter General Canaris hatte ausdrücklich darauf hingewiesen, daß es keine Anzeichen für eine russische Invasion gebe. Es scheint mir erwähnenswert, daß noch heute hohe Beamte des Auswärtigen Amtes und des Verteidigungsministeriums an diese verlogene Hitlersche Legende glauben oder so tun, als glaubten sie daran.

Am 28. April kam Botschafter von der Schulenburg nach Berlin. Er versuchte, Ribbentrop und Hitler zu überzeugen, daß die sowjetischen Absichten gegenüber Deutschland friedlich waren. Rußland, sagte von Schulenburg, sei sehr besorgt über die Nachrichten, die einen schnellen, überraschenden Angriff Deutschlands auf die Sowjetunion voraussagten. "Ich kann das gut verstehen", sagte Schulenburg, "da ich nicht glaube, daß die Russen irgendwann Deutschland überfallen werden." Weiter meinte von der Schulenburg, daß Stalin, der sich 1939, als beide Nationen noch sehr stark waren, nicht für ein Bündnis mit Frankreich und England entscheiden konnte, gewiß jetzt keine solche sinnlose Entscheidung treffen würde, da Frankreich von den Deutschen besetzt sei und England vor dem Zusammenbruch stehe. Er sei sicher, daß Stalin heute bereit wäre, gegenüber Deutschland weitere Konzessionen zu machen.

Trotz spürbarer Kriegsatmosphäre und obwohl die Bevölkerung die sich anbahnende Katastrophe ahnte, war Moskau nicht bereit, an einen Krieg zu glauben. Das Schicksal spielte aber auch hier ein grausames Spiel. Am 14. Juni 1941 sendete der Kreml an die Weltöffentlichkeit folgende Radio-Sendung: "Die verschiedenen Nachrichten über einen zu erwartenden Überfall Deutschlands auf die Sowjetunion sind dumme und üble Nachrichten." Genau an diesem Tag, am 14. Juni 1941, berief Hitler die letzte Sitzung des "Stabes Barbarossa" vor dem Überfall am Tage X, d.h. am 22. Juni 1941, ein. Es ist fast mit Sicherheit anzunehmen, daß schon Ende April der britische Botschafter in Moskau Stalin vor dem deutschen Überfall gewarnt und ihm einen genaueren Termin genannt hatte, den 22. Juni 1941.

Ich gehe davon aus, daß im Kreml wahrscheinlich nur drei Leute darüber informiert waren: Stalin, Berija und der Chef des militärischen Geheimdienstes GRU. Auf Befehl Stalins durfte darüber nicht weiter geredet werden. Zweifellos fing Stalin nach einer kurzen Zeit von selbsterzeugtem Enthusiasmus das sowjetisch-deutsche Abkommen mit kritischen Augen zu betrachten. Spätestens im Herbst 1940 befahl er seinen Kommandeuren, sowohl strategische wie auch taktische Überlegungen hinsichtlich der Verteidigung gegen einen unerwarteten deutschen Schlag gegen die Sowjetunion anzustellen. Nach den großen Manövern der Roten Armee im Herbst 1940, in welchen General Schukow die "blauen" Truppen kommandierte, die die Rolle der deutschen Aggressoren spielten, wurde im Januar 1941 eine Zusammenfassung der Ergebnisse dieses Manövers vorgenommen. Stalin war von Schukows neuer taktischen Doktrin beeindruckt. Schukow empfahl, eine Hauptverteidigungslinie nicht wie bisher an der deutsch-russischen Grenze, sondern hundert Kilometer weiter parallel zu dieser Grenze auszubauen.

Die Tatsache, daß Schukow im Februar 1941 zum Chef des Generalstabs berufen wurde, ist eine Bestätigung, wie weit Stalin von Schukows Ideen beeinflußt war, bestätigt aber auch, daß Stalin zumindest damals einen Konflikt mit Deutschland auf kurze und mittlere Sicht ausschloß. Stalins Verhältnis zu Hitler in den Jahren 1939 bis 1941 war höchst zwiespältig. Einerseits glaubte er an Hitlers Versicherungen, ja sogar an dessen Freundschaft zu Rußland, und war außerstande, sich einen Verrat vorzustellen. Andererseits mußte Stalin Vorsichtsmaßnahmen ergreifen. Solche realistischen Überlegungen gingen ihm durch den Kopf, während er seinen Generälen zuhörte.

Im April 1941 schickte Stalin General Saporoschetz, den Chef der politischen Propaganda der Roten Armee, die Verteidigungslinien zwischen Deutschland und Rußland zu inspizieren. Dessen Bericht war verheerend. Die Kommission fand die Verteidigungslinien entlang der deutsch-russischen Grenze weitgehend unbefestigt, es fehlte an Artillerie, es fehlten die notwendigen Verbindungsnetze zu den Stäben, und vor allem, es gab kein einheitliches Verteidigungskonzept. Traurige Wahrheit kurz vor Hitlers Überfall auf die UdSSR. Das hinderte Hitler und seine Wehrmachtsgeneräle nicht, von einem "Präventivschlag" zu sprechen, um einem Überfall Rußlands auf Deutschland zuvorzukommen.

Das war die politische Situation, die am 22. Juni 1941 herrschte, als uns die ersten Bomben aus den Betten warfen. Wir hörten die Nachrichten von Zusammenstößen zwischen der Roten Armee und deutschen Einheiten, die über die Grenzlinie vorgerückt waren. Von einer Kriegserklärung war im russischen Radio keine Rede. Vater ging an diesem Morgen noch zur Arbeit. Er kam viel früher als sonst zurück und wußte schon, daß der Krieg zwischen Rußland und Deutschland ausgebrochen war und die Deutschen die Sowjetunion überfallen hatten. Schon am zweiten Tag stellten die russischen Behörden denjenigen Lastautos zur Verfügung, die bereit waren, sich evakuieren zu lassen; aber nur einige wenige, die mit dem NKWD

zusammengearbeitet hatten, waren bereit. Alle anderen beschlossen, in der Stadt zu bleiben. Leider konnte sich damals niemand auch nur in seinen schlimmsten Träumen vorstellen, was ihn unter Hitler erwartete. Nach unseren Erlebnissen unter Stalin dachten wir: "Schlimmer kann es nicht mehr werden."
Rußland war nicht darauf vorbereitet, einem deutschen Schlag zu widerstehen; sein Widerstand an den Grenzen war nicht viel mehr als symbolisch. Er diente zumeist nur dem Zweck der Sammlung und des geordneten Rückzugs der Militäreinheiten. Als die Kämpfe unsere Stadt erreichten, verbrachten wir die Nacht im Keller. Am Morgen trauten wir uns, aus dem Keller heraus und in die Wohnung zurückzukehren. Da sahen wir zwei russische Soldaten mit erhobenen Händen und ohne Helme. Ihnen kamen zwei deutsche Soldaten entgegen. Die Russen blieben stehen, wahrscheinlich auf Befehl der Deutschen, das konnten wir nicht hören. Die Deutschen gingen langsam auf die Russen zu, und aus einer Entfernung von ungefähr fünf Metern schossen sie mit den Maschinenpistolen auf die zwei Russen, die sofort tot umfielen. Wir waren schockiert. Meine Mutter fragte: "Warum wurden sie erschossen? Die hatten doch die Hände über den Köpfen – warum?" Bevor mein Vater antworten konnte, sagte Schmulik – mein kleiner Bruder: "Das sind eben die Deutschen." Wir staunten, dieser 12jährige Junge war mit seiner Antwort so schnell und überzeugend, so daß mein Vater erst nach einer langen Weile reagierte: "Ich glaube, daß der Junge recht hat." Es war unsere erste "Bekanntschaft" mit "lebendigen Deutschen".

ÜBERLEBEN UNTER DEUTSCHER BESATZUNG

Deutsche Soldaten stürmten Häuser, führten die Männer ab und brachten sie in eine Synagoge. Der größte Teil von ihnen waren keine Juden. Etwa 200 junge Leute wurden verfrachtet und abtransportiert. Die anderen mußten einen Graben am Rand der Stadt graben, dann wurden sie erschossen. Noch während die Schüsse zu hören waren, kam ein Befehl, daß alle Einwohner ihre Häuser zu verlassen hatten, Männer, Frauen und Kinder. Eine halbe Stunde dauerte das Vertreiben aus den Häusern. Dann wurden die Männer von den Frauen mit den Kindern getrennt und gruppenweise an den Rand des Stadtparks gebracht. Ich hörte Detonationen, es waren Handgranaten, mehr und mehr, immer wieder zuckten neue Flammen auf. Ein großer Teil der Stadt stand in Brand.

Nach einigen Stunden durften wir zurück in unsere Häuser; unser Haus war unbeschädigt, auch das Nachbarhaus, die Post, war unversehrt. Auf der Rückseite unseres Hauses waren jedoch fünf oder sechs Häuser vollständig ausgebrannt. Wir gingen zum Nachbargrundstück und boten ihnen an, bei uns zu wohnen. Wir stellten ihnen zwei Zimmer zur Verfügung, und die ukrainische Bauernfamilie zog bei uns ein. Nachdem wir zurückkamen, fanden wir im Nachbarhaus, der Post, eine Einheit deutscher Soldaten. Sie hatten Telefongeräte aufgestellt. Wir wußten nicht, ob diese Soldaten an der Verbrennung der Teile der Stadt teilgenommen hatten. Es war für uns keine "sympathische" Nachbarschaft. Die erste "Bekanntschaft" mit den deutschen Besatzern wurde gemacht – sie war "beeindruckend". Es war ein Vorgeschmack für alle – noch keiner, der auf die "Sonderbehandlung" der Juden hinwies.

Die von den Deutschen am ersten Tag ermordeten 200 Menschen waren zumeist Ukrainer und Polen und nur wenige Juden. Auch die abgebrannten Häuser gehörten großenteils Christen. Die Tatsache, daß gerade Christen meist die Betroffenen waren, verursachte sehr schnell einen Hass und Rachegefühle gegenüber den Juden. Eine Pogromstimmung verbreitete sich. Es fanden sich bald auch "Augenzeugen", die gesehen haben wollten, wie zwei Juden den deutschen Exekuteuren einen Fingerzeig gegeben und gesagt hätten: "Das sind Kommunisten." Die ukrainische Polizei, der die Deutschen in den ersten Besatzungstagen volle Freiheit gaben, verhaftete daraufhin zwei Juden. Zwei Wochen lang wurden beide gefoltert, daß man ihre Schreie stundenlang hören konnte.

Zwei Wochen lang herrschte die ukrainische Polizei, ohne daß man sie dabei gestört hätte. Sie hatte sich ein regelmäßiges Einkommen erarbeitet. Jeden Tag wurden acht bis zehn Juden irgendeines Vergehens beschuldigt. Selbstverständlich waren diese Juden zu einem Geständnis nicht bereit. Daraufhin wurden sie tagelang gefoltert. Durch "gutmeinende" ukrainische Vermittler und hohe Geldsummen wurden die Juden entlassen. Gleich darauf wurden andere verhaftet. So ging es einige Wochen lang. Diese Praktiken hörten auf, nachdem ein deutscher Polizeikommandant eintraf. Die Situation der Juden verbesserte sich nicht, sie wurde schlechter. Eine unendliche Serie von Schikanen begann. Die deutsche Besatzungs-Zivilmacht etablierte sich. Es kamen braun und grün uniformierte Offiziere, ein Gebietskommissar, ein Stabsoffizier, eine Gestapo-Dienststelle und andere "zivile" Behörden, die die Besatzungsmacht ausmachten.

Die deutsche Einheit, die sich in der Post etabliert hatte, wurde von einem Feldwebel kommandiert, er stammte aus Wien und war ein junger Apotheker. In diesen wenigen Tagen direkt nach der Besatzung kam er, Fred, einige Male zu uns ins Haus. Es sah sich ängstlich um, ob seine Kameraden ihn beobachteten. Bei einer Unterhaltung fragte er uns, warum wir nicht mit den Russen fortgelaufen waren. Fred versuchte, uns klarzumachen, daß das Leben der Juden unter der deutschen Okkupation nicht einfach sein werde und daß wir mit dem Schlimmsten zu rechnen hätten. Auf Details wollte er auf keinen Fall eingehen. Er sagte nur, daß er von Kollegen und Freunden Erzählungen über die Erlebnisse der Juden in Österreich wußte. Fred war ein anständiger Mensch. Er wollte uns warnen, aber er wußte nicht, wie weit er gehen sollte.

Eines Tages fragte mein Vater Fred, warum er immer versucht, unbemerkt zu uns zu kommen. Fred sagte: "Eigentlich sollen wir Deutsche keine Kontakte zu Juden unterhalten, aber das alleine ist es nicht. Ich will meinen Kameraden keinen Grund geben, mich zu verspotten."

Fred und seine Einheit waren keine SS oder Waffen-SS. Es war eine Fronteinheit der Wehrmacht. Sie wußten alle, was mit den Juden geschah. Auch wenn sie selbst zu dieser Zeit vielleicht noch keine Täter waren – Retter oder Mitleidtragende waren sie auch nicht, ausgenommen Fred.

Kurz darauf wurde seine Einheit abgezogen. Ob Fred den Krieg überlebt hat, weiß ich nicht.
Damals begann die neue Verwaltung, in unserer Stadt tätig zu werden. Eine Zeit der Erniedrigungen, des Leidens, der Folterungen und des Mordens, eine Zeit, in der Juden weniger Rechte besaßen und weniger geachtet wurden als der letzte Hund auf der Straße. Der erst vor einigen Tagen angekommene Gebietskommissar verlangte von den Juden, innerhalb von zwei Tagen einen Judenrat zu gründen. Ein Herr Zimmermann wurde von dem Gebietskommissar aufgefordert, eine Liste mit elf Namen vorzulegen, um diese zum Judenrat zu ernennen. Herr Zimmermann kam eilig zu meinem Vater, um seine Zustimmung zu erhalten und auch ihn, meinen Vater, auf diese Liste setzen zu dürfen. Mein Vater weigerte sich. Er sagte: "Du weißt, ich habe mich nie vor öffentlicher Verantwortung gedrückt. Ich habe immer akzeptiert, aber nur dann, wenn ich auf demokratischem Weg gewählt wurde. Berufung durch Obrigkeit habe ich nie akzeptiert und werde sie auch heute nicht akzeptieren."
Diese Haltung kostete meinen Vater das Leben, oder genauer gesagt, brachte ihm seinen frühen Tod.
Die erste Amtshandlung des Judenrates war die Durchführung des Befehls des Gebietskommissars, innerhalb von 48 Stunden eine Geldkontribution von 100 russischen Rubel in bar für jeden Erwachsenen und 50 Rubel für jedes Kind zu entrichten. Das war eine enorme Summe, an die bei vielen Leuten nicht zu denken war. Andere, die vermögender waren, zahlten mehr, so daß die ganze Summe innerhalb von 48 Stunden dem Gebietskommissar überbracht wurde. Einen Tag später verordnete der Gebietskommissar, daß jeder Jude ein weißes Armband mit dem blauen Davidstern zu tragen habe.
Hiobsverordnungen kamen täglich, z.B. zehn Kilogramm Gold innerhalb von vier Tagen zu überreichen. Einige Tage danach verlangten die Behörden die Übergabe von jeder Art von Pelzen. Es verging kein Tag, an dem nicht etwas Neues von den Juden verlangt wurde. Unter der Last dieser Verordnungen, die zum größten Teil auch mit Erniedrigungen, Schlägen und Quälereien verbunden waren, merkte niemand, daß einige Lastautos mit deutschen und ukrainischen Hilfspolizisten in die Stadt kamen. Das war im August 1941. Die ukrainische Ortspolizei und ukrainische Jugend begleiteten diese Einheit, und innerhalb von einer bis zwei Stunden wurden in den Straßen und

in den Häusern 300 Juden gefaßt. Unter ihnen waren auch Kinder, die kaum 14 Jahre alt waren.
Die Judenjagd wurde nicht nur von den Deutschen, sondern mit Hilfe von Ukrainern durchgeführt. Meistens waren es Ukrainer, die zu ihren Nachbarn, ihren Kollegen oder Bekannten liefen, um sie den Deutschen auszuliefern. An verschiedenen Straßenecken standen bewaffnete deutsche Soldaten in grünen Uniformen. Damals wußte ich nicht, ob das Wehrmachtssoldaten oder SS waren, später erfuhr ich es: Es war eines der berüchtigten Einsatzkommandos. Die Soldaten standen zu zweien und beobachteten die Jagd der Ukrainer auf das "Judenwild". Die ukrainische Miliz machte mit Hilfe der Bevölkerung Jagd auf die Juden. In den Straßen, in den Häusern, überall. Sie jagten die Opfer, begleitet von Schreien und Schlägen, und übergaben sie den an den Straßenecken wartenden deutschen Soldaten.
Ich stand am Fenster und schaute dem grausamen "Spiel" zu. Auf einmal hörte ich Schreie. Ich drehte mich um und sah, wie drei bewaffnete Ukrainer meinen Vater aus dem Haus zerrten. Vater versuchte, sich verzweifelt zu wehren. Ich schrie auf, lief einige Schritte bis zur Tür und blieb plötzlich wie festgewachsen stehen und schaute zu. Ich bewegte mich nicht, ich war wie gelähmt. Die Lähmung beherrschte auch mein Herz und Gehirn.
Auch andere Mitglieder unserer Familie blieben nicht verschont. Sie wurden im Hof des Polizeipräsidiums zusammengetrieben (ein Gebäude, das meinem Vater gehörte – eine böse Ironie des Schicksals), mit Schaufeln ausgestattet und zu dem nahe liegenden Wald am Stadtrand geführt. Dort mußten sich die gefangenen Opfer ihr eigenes Grab schaufeln. Sie wurden an dessen Rand gestellt und durch einen Kopfschuß in das Grab geworfen.
Diese Arbeit machten die Deutschen, hier waren die Ukrainer nicht zugelassen. Hier wurde nicht nur die wunderbare, mit deutscher Präzision ausgeführte "Kampftechnik", sondern auch die gut vorbereitete psychologische Kriegsführung und Mordideologie offenbart.
Schon am nächsten Morgen wurden Gerüchte verbreitet, daß eigentlich niemand erschossen worden sei. An dem Grab jedoch, das man gesehen hatte, seien Kriminelle und Kommunisten erschossen worden. Die Juden seien, so wurde behauptet, zur Arbeit verschleppt worden. Aber die traurigen Fakten waren nicht lange zu verbergen. Erstens kamen Nachrichten aus anderen Städten, die besagten, daß bei solchen Aktionen viel mehr Juden umgekommen waren. In Row-

no beispielsweise seien 15.000 Juden umgebracht worden. Und in Luzk wurden die Juden, Männer von 14 bis 40 Jahren, aufgefordert, sich registrieren zu lassen. Nachdem sie an der Registrierungsstelle angekommen waren, kreisten sie deutsche Polizisten, die sie dort erwartet hatten, ein und brachten sie aus der Stadt. Sie mußten sich ihr eigenes Grab ausheben und wurden erschossen. Dort wurden 2.000 Juden umgebracht.

Die Natur mit ihren eigenen Launen brachte die psychologische Kriegsführung der Deutschen in Schwierigkeiten. Drei Tage lang regnete es heftig, und die Erde in dem frischen Massengrab sackte um einen halben Meter ab. Die Maße des Grabes entsprachen mehr oder weniger der Zahl der dort verscharrten 300 Menschen, nicht den zehn Verbrechern, die angeblich erschossen wurden. Trotz des Versuches, die Fiktion aufrechtzuerhalten, sahen wir die Tatsachen, es war kein Platz für Illusionen mehr. Und doch!

Trotz klarer Beweise waren wir bereit, die Wirklichkeit zu verdrängen. Skrupellose "Freunde", in diesem Fall in Gestalt von zwei ukrainischen Frauen, die die Arbeit der Henker gleich nutzten, um Blutprofit zu ernten, kamen zwei Tage nach dem Massenmord zu einer jüdischen Familie und erzählten, daß sie aus den Gebieten des Generalgouvernements Polen zurückgekehrt seien, daß sie dort einen Transport mit Gefangenen gesehen hätten. Aus einem der überfüllten Güterwaggons habe ein Mann seinen Namen herübergeschrien, und daß er aus Hoohov sei. Er bat die Frauen, seiner Familie mitzuteilen, daß er am Leben sei und nach Lublin in ein Arbeitslager gebracht werde. Seine Familie solle sich bemühen, ihm Kleidung und Geld zu schicken. Auf genaue Details wollten die beiden Damen sich nicht einlassen. Sie konnten den Mann nicht genau beschreiben, denn er sei nur schlecht durch eine kleine Öffnung des Waggons zu sehen gewesen. Es klang alles plausibel. Die ganze Familie bedrängte die Frauen mit Fragen. Sie wollten wissen, wo und wann dieses Treffen stattgefunden habe. Die Frauen behaupteten, nicht zu wissen, wie die Bahnstation hieß, wußten aber, daß es kurz vor Lublin war. Sie waren sogar bereit, mit jemandem aus der Familie in Richtung Lublin zu fahren, denn sie waren sicher, daß sie die Bahnstation finden würden. Dieses Angebot verstärkte die Glaubwürdigkeit der beiden Frauen. Sie verabschiedeten sich von den etwas benommenen Familienmitgliedern und versprachen, in einigen Tagen wiederzukommen. Der Köder war gelegt. Die Nachricht, daß ein Lebenszeichen eines der

Opfer der “Dreihundert-Aktion” überbracht worden war, verbreitete sich wie ein Lauffeuer bei den Juden, besonders bei denen, die betroffen waren. Tagelang war dies das dominierende Thema. Einige glaubten die Geschichte nicht, aber die meisten glaubten in ihrer Verzweiflung daran.
Einige Tage später kam eine weitere Nachricht von einem Opfer der “Dreihundert-Aktion”. Diesmal handelte es sich um ein prominentes Mitglied der jüdischen Gemeinde, einem reichen Kaufmann und einer angesehenen Persönlichkeit der Stadt. Die neue Version ähnelte der vorhergegangenen, hatte aber einen viel glaubwürdigeren Charakter als die erste. Erstens wurde der Mann angeblich in einem Arbeitslager gesehen und angesprochen. Zweitens konnte die ukrainische Frau, die diese Nachricht mitbrachte, ihre Behauptungen belegen. Sie brachte eine Hälfte des Personalausweises des Mannes mit. Dieser habe ihr diese Hälfte – mit Foto – als Lebenszeichen mitgegeben, behauptete sie. Auch die Skeptiker mußten zugeben, daß die “Theorie” der Erschießung der 300 nicht ganz stimmen kann. Das Massengrab im Wald, die Aussagen der Zeugen, das alles gab es auf einmal nicht mehr. Man suchte nach neuen Erklärungen und neuen “Theorien”. Es wurde einmal wieder unter Beweis gestellt, an was alles Menschen zu glauben bereit sind, wenn sie sich an den Grenzen der Verzweiflung befinden.
Eine Woche später meldeten sich die ersten beiden Frauen bei der betroffenen Familie und behaupteten, daß sie bereit seien, wieder nach Polen zu reisen und den Mann in den Arbeitslagern um Lublin ausfindig zu machen. Sie bekamen daraufhin Bekleidung, Geld für ihre Ausgaben und für den “Häftling” wie auch Medikamente, die der Mann dringend benötigte.
Es fehlte nicht an weiteren “Lebenszeichen und Beweisen”. Die Familien zahlten, schrieben Briefe und schickten Geld, Wertsachen, Medikamente und Nachrichten. Es war eine Zeit der fast gewollten bitteren Illusionen. Niemand wagte, diese Illusionen zu zerstören, obwohl sowohl die Betroffenen wie die übrigen von Zweifeln geplagt waren. Vernünftig zu sein hieß, grausam und unbarmherzig zu sein.
Es brauchte Zeit, bis ich verstand, wie hinterhältig und zynisch die Behauptungen dieser ukrainischen Frauen waren. Um ihr Blutgeld zu bekommen, bedienten sie sich nicht nur ihrer Phantasie, sondern auch der ihnen damals schon bekannten Wahrheit über die 300 er-

schossenen Juden. Sie wußten, daß sie in einem Massengrab verscharrt worden waren, und sie wußten noch viel mehr. Sie wußten auch, daß Tausende von Juden in Viehwaggons in Vernichtungslager wie Sobibor und Majdanek gebracht wurden. Darauf bauten die Frauen ihre Geschichten auf. Vor der Erschießung wurden die Opfer beraubt und alle Dokumente an Ort und Stelle verbrannt. Einige, die aus Versehen nicht verbrannt wurden, fielen den neugierigen Besuchern des Massengrabes nach der Exekution in die Hände.

Der Druck der Deutschen wuchs von Tag zu Tag. Es wurde befohlen, daß Juden kein elektrisches Licht mehr benutzen durften. Gleichzeitig mußten alle Lampen und Leuchtkörper abgegeben werden. Diese Aktion dauerte zwei oder drei Tage. Dann der Befehl, Möbel, vor allem Pianos und andere Musikinstrumente, abzugeben. Immer wieder besuchte die Polizei jüdische Wohnungen, um nachzusehen, ob sich nicht doch noch Pelze, Möbel oder elektrische Geräte finden ließen. Bei der Gelegenheit wurde selbstverständlich wieder geschlagen, geschrien und beschimpft.

Eines Tages erschienen deutsche Uniformierte mit polnischen und ukrainischen Vermessern in der Gegend, in der sich jüdische Häuser konzentrierten, und fingen an, die Straßen und die Gassen zu vermessen. Wir verstanden, worum es ging, es sollte ein Juden-Ghetto entstehen. Im Oktober 1941 war es dann soweit. Die Juden hatten bis fünf Uhr nachmittags ihre Häuser zu verlassen und sich in der umzäunten und ausgeschilderten Region des Ghettos einzufinden.

Das Territorium des Ghettos umfaßte ein Gebiet, in dem die Ärmsten der Armen lebten, die meisten in zum Teil verfallenen und dringend renovierungsbedürftigen Häusern. An einer Seite grenzte das Ghetto an einen Fluß, an anderer an eine Hauptstraße. An einer der beiden Kopfseiten lag ein Sumpfgebiet, an der anderen ein großes, leeres Areal, auf dem normalerweise jeden Donnerstag ein Viehmarkt abgehalten wurde. In diesem beengten Gebiet mit schlechten Häusern, ohne Kanalisation oder anderen sanitären Anlagen, einem Gebiet, in dem ein paar hundert arme Familien lebten, sollten 5.000 Juden Platz finden. Den Menschen wurden nur einige Stunden Zeit gegeben, um in das Ghetto umzuziehen. Frauen und Kinder, denn viele Männer lebten schon nicht mehr, schleppten ihre armselige Habe auf dem Rücken, im Kinderwagen oder anderen improvisierten Transportmitteln. Alle strömten in Richtung Ghettogebiet.

Nur wenige wußten, wohin und zu wem sie ziehen sollten. Diejenigen, die im Ghettogebiet Verwandte oder Bekannte hatten, gingen erst einmal zu ihnen und versuchten dort, eine Bleibe zu bekommen. Die ideale Situation war, wenn eine ganze Familie ein Zimmer bekommen konnte. In vielen Fällen klappte das nicht, und sehr häufig mußten zwei bis drei Familien in einem Raum Platz finden. Meine Mutter, mein Bruder und ich zogen zu den Eltern eines Partners meines Vaters. Das Haus war noch eines der wenigen anständigen zweigeschossigen Häuser. Wir bekamen ein kleines Zimmer, fast ein Luxus. Die ukrainische Familie, die wir bei uns aufgenommen hatten, half uns, alles, was wir mitnehmen wollten oder noch besaßen, auf einen Bauernwagen zu laden und brachte uns ins Ghetto. So waren wir in der "glücklichen Lage", alles mitnehmen zu können, um ein Zimmer bewohnbar zu machen.
Obwohl wir bis dahin noch in unserer Villa gewohnt hatten, war uns zu jener Zeit schon nicht mehr viel Eigenes geblieben. Die Besatzer hatten in zwei Jahren russischer und einem viertel Jahr deutscher Herrschaft alles ausgeplündert. Noch während der sowjetischen Besatzung hatte mein Vater alle wichtigen Dokumente wie Verträge, Auszüge aus dem Grundbuch, Eigentumsurkunden, Versicherungspolicen usw. zusammen mit 30 Zwanzigdollarstücken in Gold und einigen Tausend Dollar in einer feuerbeständigen Kassette verschlossen, gegen Feuchtigkeit isoliert und im Hause meines Großvaters mütterlicherseits im abgeschlossenen und überdachten Innenhof der chemischen Fabrik vergraben.
Pünktlich um fünf Uhr umzingelte deutsche und ukrainische Polizei das Gebiet des Ghettos. Jeder, der noch unterwegs war, mußte seine Sachen an Ort und Stelle liegenlassen und wurde ins Ghetto gejagt. Binnen weniger Stunden war das Ghetto von einem Stacheldrahtzaun umgeben; an zwei Stellen gab es Tore, an denen Polizisten stationiert waren. Fünfzehneinhalb Jahre alt war ich, als wir ins Ghetto zogen, und hatte bis dahin schon sehr viel erlebt. Die zwei Jahre russischer Besatzung waren die Hölle für einen 15jährigen Jungen gewesen. Der Einmarsch der Deutschen, die brutale Vernichtung von Menschen und der Tod meines Vaters waren eine ungeheure Belastung für mich.
Trotz allem hatten die Erlebnisse des "Ghettoganges" für mich eine besondere Auswirkung. Wenn ich zurückdenke, das Vertreiben der Juden aus ihren Häusern und das Treiben ins Ghetto, das dem Vieh-

treiben ähnlich war, das Schreien, Schießen und Schlagen als Begleitung, blieben in meinem Gedächtnis als die dominierenden Ereignisse dieser Zeit. Ich persönlich mußte an diesem Tag keinen physischen Schmerz ertragen, keinen Schock wie beim Erschießen meines Vaters, und doch einen Schmerz, den ich nicht definieren kann. Einen Schmerz über die verlorene Menschenwürde und wegen der Erniedrigungen, für den die hebräische Sprache das Wort "Aschpala " kennt. Zu deutsch Erniedrigung, Demütigung. Ich verlor an diesem Tag keine einzige Träne. Ich weinte nicht. Ich fühlte mich ohnmächtig, gedemütigt. Ein Gefühl, das ich bis dahin nicht kannte. In dieser Nacht -die erste Nacht im Ghetto -gingen wir nicht zu Bett. Ich saß mit meinen drei Jahre jüngeren Bruder Schmulik auf der Treppe unserer neuen Behausung. Es war still um uns herum. Niemand der müden, geplagten und verschrockenen Juden wagte in dieser ersten Nacht im Ghetto vor die noch „unbekannte "eigene Tür zu treten. Mein Bruder und ich redeten kaum. Wir versuchten die Bedeutung der neuen Situation zu ergründen.

In meinem Kopf, vor meinen geschlossenen Augen, lief ein Kurzfilm ab – ein Horrorfilm in drei Akten.

Deutsche Truppen stürmten die Stadt, zündeten Häuser an, verschleppten zweihundert Männer, Christen und Juden, ermordeten sie und verscharrten sie in einem Graben am Rande der Stadt.

Ich wurde verschont - warum? Zufall, Versehen, Schicksal oder Glück –ich weiß es nicht.

Wochenlang danach wurden Juden aus ihren Häusern verschleppt, verhaftet, geschlagen, gedemütigt, getötet - ich war nicht unter jenen - warum? Zufall, Versehen, Schicksal oder Glück –ich weiß es nicht.

Zwei Monate später: Ein Einsatzkommando der SS mit Hilfe von Wehrmachtssoldaten und ukrainische Miliz treiben Jagd auf Juden. Aus den Häusern, auf den Straßen, geschlagen, abgeführt –ermordet. Dreihundert waren es – ich war nicht unter den Toten – warum ? Zufall, Versehen, Schicksal – wer weiß das ?– ich weiß es nicht.

In jener Nacht beschloß ich in meiner Naivität, etwas zu unternehmen, um diese Situation zu ändern. Ich schwor zu überleben, um Rache zu nehmen. Ich schwor, nie wieder Opfer zu sein, nicht wieder heimatlos zu werden, nicht wieder als wehrloser Jude gejagt zu werden. Und ich schwor nie zu vergessen.

Das Leben in den Ghettos ist schon oft von anderen beschrieben worden. Allerdings meine ich, daß, selbst wenn man noch Hunderte weiterer Bücher darüber schreiben würde, es nicht ausreichen würde und die ganze Wahrheit nie dabei herauskommen würde. Es ist auch nicht meine Absicht, in diesem Buch dies zu bewältigen. Ich werde mich deswegen nur auf einige Punkte des Ghettolebens konzentrieren. Für mich wie für Tausende Juden fing in der Mitte des 20. Jahrhunderts ein Sklavenleben an. Schon am nächsten Morgen des Ghettolebens kam die erste neue Verordnung: Die Juden im Ghetto sollten das weiße Streifenarmband mit dem blauen Davidstern gegen zwei gelbe Davidsterne austauschen, von denen sie einen vorne links, den anderen auf dem Rücken rechts tragen sollten.

Am zweiten Tag des Ghettos versuchten zwei Kinder, das eine acht, das andere neun Jahre alt, zwei Bretter von einem Nachbarhaus durch den Stacheldraht zu ziehen, um in ihrer neuen Wohnung einen Liegeplatz zu schaffen. Zu ihrem Unglück bemerkte der Gebietskommissar persönlich diesen Vorgang. Sofort wurde der Judenrat herbeizitiert und aufgefordert, die beiden Kinder auszuliefern, sonst würden innerhalb von zehn Stunden zehn Juden erschossen. In dieser Situation blieb dem Judenrat nichts weiter übrig, als die beiden auszuliefern. "Was kann zwei kleinen Kindern, die ein Brett stehlen, schon Schlimmes passieren?" Sie wurden den Deutschen übergeben. Kurze Zeit, nachdem sie ausgeliefert worden waren, wurden beide erschossen. Das muß wieder und wieder gesagt werden: Diese Kinder wurden nicht von der SS erschossen. Sie wurden von der deutschen Polizei erschossen.

Fünf Tage nach der Errichtung des Ghettos wurde ein 15 Jahre alter Junge von einer polnischen Frau bei der Polizei angezeigt. Er habe gesagt, daß die Juden an den Deutschen Rache nehmen würden, wenn die Zeit dafür gekommen sein würde. Der Junge bestritt das. Trotzdem wurde seine Familie geholt und noch in der gleichen Nacht erschossen.

Die nächste Verfügung des Gebietskommissars war, daß jede jüdische Frau zwischen 14 und 40 und jeder Mann zwischen 14 und 60 Zwangsarbeit verrichten muß. Einige Juden arbeiteten in Werkstätten oder Kleinfabriken außerhalb des Ghettos. Sie produzierten hauptsächlich für den deutschen militärischen Gebrauch. So wurden beispielsweise Gerbereien, von denen es in unserer Stadt viele gab und größtenteils jüdisch waren, auch jetzt von jüdischen Fachleuten betrieben. Alle anderen, die nicht in solchen Fachbetrieben arbeiteten, mußten sich jeden Morgen vor den Toren des Ghettos melden und wurden von dort aus mit Polizeibegleitung zu Zwangsarbeiten am Bau, für Straßenverbesserungen, Putzarbeiten und anderen Arbeiten begleitet. Ein Bruder meiner Mutter, der Chemiker war (der andere war schon nicht mehr am Leben), mußte seine chemische Fabrik in Betrieb nehmen. Diese befand sich im Haus meiner Großeltern mütterlicherseits. Da ich auch der Zwangs-arbeit unterstand, nahm mich mein Onkel als Arbeiter auf. Die Arbeiter dieser Fabriken und Werkstätten mußten das Ghetto um sieben Uhr morgens verlassen und mußten um sechs Uhr abends wieder zurückkehren. Damit man sie erkennen konnte, trugen sie eine mit Stempel versehene grüne Armbinde.

Die Abteilung der chemischen Fabrik, in der ich arbeitete, befand sich im ersten Obergeschoß. Wir produzierten an diesem Tag eine Paste zur Konservierung von Leder. Da wir ohne Masken mit Giftstoffen arbeiteten, wurde mir plötzlich schlecht. Ich ging für eine Minute auf die Terrasse hinaus, um frische Luft zu atmen. Obwohl mir schwindlig war, bemerkte ich, daß sich eine grüne Uniform in der Ferne auf der Straße bewegte. Es war ein Polizist namens Koch, er war als einer der grausamsten Mörder bekannt. Ich zog mich sofort ins Innere der Fabrik zurück, aber wahrscheinlich hatte er mich bemerkt. Er stürmte wenige Minuten später in die Halle herauf und fragte schreiend: „Welche Judensau war draußen und hat die Luft verpestet ?“ Ich sagte: “Ich war das.” Ohne zu zögern, zog er eine Pistole und schoß mir ins linke Bein. Er erklärte dabei, daß Juden drinnen zu bleiben hatten und nicht draußen herum gucken sollten. Er drehte sich um und ging weg. Mein Onkel stillte das Blut und verband mein Bein. Erst abends, als ich ins Ghetto kam, wurde ich zu einem Ghettoarzt gebracht. Ins Spital wollte ich nicht. Für Invaliden war kein Platz, sie durften sterben. Die Kugel blieb im Knochen stecken. Ich fragte mich danach, wieso hat er mich nicht erschossen ? Er tötete immer. War das wieder nur ein Zufall, ein Versehen, Schicksal oder Glück - wer weiß es ? Ich weiß es nicht.

Alle, die arbeiteten, erhielten 300 Gramm Brot täglich, wer nicht arbeitete, 150 Gramm. Das einzige Essen, das wir erhielten, war dieses Brot. Versuche, Lebensmittel bei den Polen oder Ukrainern zu

beschaffen, wurden durch drastische Maßnahmen vereitelt. Eine Frau schickte ihre beiden Kinder zu einer ehemaligen Nachbarin zum Lebensmittel-Einkauf. Auf dem Rückweg wurden die beiden von der Polizei mit Lebensmitteln in ihren Taschen festgenommen. Die Kinder wurden mitgenommen und am nächsten Tag erschossen.
Die Ratlosigkeit und die Wut wuchsen in mir von Tag zu Tag. Meine unterdrückten Gefühle riefen spontane Gedanken, abenteuerliche Ideen und absurde Entscheidungen hervor. Ich war mit ihnen allein. Jeder im Ghetto und besonders die Jugend war für sich allein. In vielen Familien waren die Väter oder die älteren Brüder nicht mehr da. Es gab keine Schulen, keine Sportclubs, keine Jugendorganisationen. Die Zwangsarbeit und der tägliche Überlebenskampf, dazu der ununterbrochene Druck der Vernichtungsmacht, schlossen fast jeglichen organisierten Widerstand aus.
Eines Tages, im Frühsommer 1942, beschloß ich zu versuchen, mit einigen früheren Schulkameraden und Kameraden aus der "BETAR"-Bewegung über unsere Situation zu sprechen. Nach einigen Vorgesprächen mit einzelnen kam es zu einem Treffen im Ghetto. Der größte Teil der Teilnehmer war früher mit mir in der Jugendorganisation gewesen. Diese Organisation hatte uns dazu erzogen, selbständig, aufrichtig und furchtlos zu sein. Ich erinnerte mich daran und stellte meinen Freunden die Frage, was wir unternehmen konnten, um in dieser Situation nicht ganz hilflos zu bleiben.
Damals erreichten uns Nachrichten, daß die Juden in einigen benachbarten Städten ganz ausgerottet worden waren. An der Wahrhaftigkeit dieser Nachrichten war nicht zu zweifeln, Details aber blieben unbekannt. Wir trafen uns einige Mal wöchentlich. Die immer diskutierte Frage war: "Was können wir tun?" Nach langen Überlegungen beschlossen wir, einen Ausbruch zu wagen. Einige von uns, darunter ich, sollten einen Plan vorbereiten. Darin sollten alle möglichen Wege, die in die Wälder der Umgebung führten, geprüft werden, günstige Ausbruchsstellen in dem Stacheldrahtzaun ausfindig gemacht und eingezeichnet werden. Andere aus der Gruppe sollten versuchen, an Waffen heranzukommen.
Es kam nicht dazu. Die Deutschen waren schneller, die Tötungsmaschine war schon im Anmarsch. Eines Tages brachte ein Bauer einen Brief von einem Mann aus der Stadt Luzk an seinen Bruder in unserem Ghetto. Der Bruder berichtete, daß in Luzk alle Juden getötet

worden waren und daß er der einzige sei, der am Leben geblieben war. Es war ihm gelungen, dem Massaker zu entkommen, da die Henker geglaubt hatten, er sei tot. Jetzt befand er sich in den Wäldern.
Dieser Brief wurde nicht allen Einwohnern des Ghettos bekannt, aber unter denen, die ihn kannten, entstand große panische Unruhe. Der Tag Null rückte näher und näher. Die Einwohner des Ghettos fingen an, in Kellern, Schränken und auf den Dachböden Verstecke zu bauen, um im entscheidenden Moment den Razzien entgehen zu können.
Ich traute den Verstecken nicht und entschied mich, meinen jüngeren Bruder und meine Mutter in meine Fluchtpläne einzuweihen. Meine Mutter zeigte sich von meiner Idee nicht überrascht und meinte nur, daß wenn uns tatsächlich nicht mehr viel Zeit blieb, wir versuchen müßten, das Ghetto so schnell wie möglich zu verlassen. Wir fragten einen uns bekannten Ingenieur, der bis zum Krieg für meinen Vater gearbeitet hatte, ob er bereit wäre, uns einen Unterschlupf für eine gewisse Zeit zu gewähren. Am nächsten Tag traf meine Mutter diesen Mann und sprach ihn an. Er sei selbstverständlich bereit, uns zu helfen, wenn es soweit wäre, und wir sollten dann zu ihm kommen und doch bitte nicht vergessen, Geld und Wertsachen, vor allem aber Gold, mitzunehmen, weil wir das später brauchen würden. Diese Äußerung machte uns nachdenklich, und wir beschlossen, dieses Angebot nicht anzunehmen.
Dann beschloß meine Mutter, einen anderen Bekannten anzusprechen. Es war ein Tischler, der während der russischen Besatzung unter der Aufsicht meines Vaters gearbeitet hatte. Dieser Mann sah ab und zu meine Mutter während ihrer Arbeit an einer Baustelle. Er begrüßte sie, was zu dieser Zeit nicht üblich war. Ab und zu wechselte er ein paar Mitgefühlsworte mit ihr, obwohl das verboten war. Noch am gleichen Nachmittag verließ ich das Ghetto, mit meiner grünen Binde durfte ich mich außerhalb des Ghettos aufhalten, und ging zum Arbeitsplatz von Herrn Wybieratzki. Wir hatten vereinbart, daß ich ihm nicht sagen sollte, worum es ging, sondern nur, daß ihn meine Mutter bat, ans Tor des Ghettos zu kommen, weil sie etwas mit ihm besprechen wollte. Herr Wybieratzki war sofort bereit, mit mir zum Ghetto zurückzukehren. Er wartete am Tor, und meine Mutter erklärte ihm, daß die Gerüchte sich verdichteten und wieder eine Aktion gegen die Juden bevorstand.

Niemand glaubte, daß alle Juden auf einmal umgebracht würden. Es wurde vielmehr angenommen, daß ein paar hundert Juden erschossen und die anderen im Ghetto zurückbleiben würden. Herr Wybieratzki hatte nichts dagegen, uns für kurze Zeit, bis der Sturm vorüber war, aufzunehmen, aber er konnte diese Entscheidung nicht alleine treffen; er wollte es mit seiner Frau besprechen. Wenn sie einverstanden wäre, würde sie innerhalb einer Stunde an einer bestimmten Stelle auf uns warten. Tatsächlich sahen wir eine Stunde später an der verabredeten Stelle eine Frau warten. Ich trug meine grüne, abgestempelte Binde, mit der ich das Ghetto verlassen durfte. Ich hatte dafür gesorgt, daß wir zwei weitere grüne, abgestempelte Binden dabei hatten. Meine Mutter legte eine an, die andere mein Bruder, und dann verließen wir das Ghetto einige Minuten, bevor die Arbeiter zurückkamen und die Tore für immer geschlossen wurden, wie es sich herausstellte.
Wir verließen das Ghetto und gingen an der fremden Frau vorbei. Sie gab uns ein Zeichen, und wir folgten ihr in einiger Entfernung. Erst als wir uns dem Stadtpark näherten und niemanden mehr sahen, der uns beobachten konnte, zogen wir unsere Jacken aus, schlüpften aus unserer verdammten jüdischen Identität und wurden innerhalb von einer Sekunde zu lebenswürdigen Ariern. Wir versuchten, so unbekümmert wie nur möglich auszusehen. Frau Wybieratzka führte uns, soweit es ging, durch kleine Seitenstraßen, weil die Gefahr, auf Hauptstraßen erkannt zu werden, viel größer war. Nach einem Fußmarsch von etwa 20 Minuten waren wir am Stadtrand angelangt. Vereinzelt kamen Leute und eilten in die eine oder andere Richtung, aber niemand beachtete uns. Auf einmal bemerkten wir, daß uns ein kleiner Hund nachlief. Wir versuchten vergeblich, ihn zu verjagen, er ging uns konsequent nach. Ich dachte mir in diesem Moment: “Armer Hund, brauchst du auch ein Versteck?”
Wir näherten uns dem Haus der Wybieratzkis. Es stand als zweites von drei im Halbkreis stehenden Häusern. Es war ein ganz kleines Haus mit einem roten Ziegeldach und stand oberhalb einer Schlucht, die am Haus der Wybieratzkis endete. Ich hatte den Eindruck, daß es sich um das Bett eines ausgetrockneten Flusses handelte. Links neben dem Haus der Wybieratzkis stand ein zweites Haus, das genauso aussah wie ihres, auch ein ganz kleines Haus, auch mit rotem Ziegeldach. Die Eingangstüren der zwei Häuser lagen sich gegenüber. Am Hause der Wybieratzkis war ein kleiner niedriger Anbau. Wie

sich herausstellte, war das ein Anbau für zwei Ziegen. Ein drittes Haus stand etwas weiter abseits, es war etwas größer und stand mit einer Wand ohne Fenster dem Haus der Wybieratzkis zugewandt.
Es fing an, dunkel zu werden, als wir uns dem Haus näherten. Frau Wybieratzka sah sich um und betrat das Haus, nach ihr unsere Mutter, danach wir, dann wurde die Tür abgeschlossen. Soweit wir das beurteilen konnten, hatte uns niemand gesehen. In den Fenstern des anderen, etwas weiter entfernten Häuschens, es gehörte dem Bruder von Frau Wybieratzka, brannte kein Licht.
Als wir drinnen waren, sagte Frau Wybieratzka: "Gott sei Dank, mein Bruder und seine Frau sind noch nicht da." Sie war erleichtert. Frau Wybieratzka sollte gleich nach unserer Ankunft in die Stadt zurückkehren, um in der chemischen Fabrik einige Sachen abzuholen, die wir vorbereitet hatten: Kleidung, Wäsche und andere notwendige Dinge. Das ging jedoch nicht, weil es schon zu spät war. Es war zu erwarten, daß mein Onkel nicht mehr in der Fabrik weilte, weil er ins Ghetto zurückmußte. Frau Wybieratzka wollte die Sachen am nächsten Tag holen gehen.
Im Hause erwarteten uns Herr Wybieratzki und dessen Sohn, der damals etwa zwölf Jahre alt war. Wir sahen uns im Haus um. Es war ein Ein-Zimmer-Haus, mit einem großen Zimmer, einer Küche, einem Vorzimmer, einem Korridor, von dem aus eine Tür zu einem Speicher führte. Im Speicher stand eine Leiter, die zum Dachboden, und eine Klapptür, die zum Keller hinunter führte. In diesem Haus war kein Platz für drei weitere Personen. Nach einer sehr kurzen Unterhaltung stiegen wir durch eine Fußbodenklappe in den Keller hinunter.
Auch der Keller war klein. An der Wand über dem Eingang war eine elektrische Lampe angebracht. Wir machten Licht und sahen uns um. Der Keller war vollgepackt. Einige Kartoffelsäcke standen in einer Ecke, Kisten, Gartengeräte und anderes lagen herum. Es war kaum Platz für uns.
Zusammen mit den Wybieratzkis machten wir uns an die Arbeit und schafften Platz, wo wir uns hinsetzen konnten, und überlegten. Die Wybieratzkis meinten, daß wir oben übernachten sollten, da nachts niemand zu ihnen kam. Später brachten uns Frau Wybieratzka und ihr Mann etwas Warmes zu essen. Es war kaum Platz für uns fünf im

Keller, aber irgendwie setzten wir uns alle hin und berieten über unsere Zukunft.
Wir glaubten, daß diese Geschichte nur einige Tage dauern würde. Wenn die Deutschen tatsächlich eine "Aktion" vorhaben sollten, dann würden sie in den nächsten Tagen eine Anzahl Juden aus dem Ghetto holen, um sie zu erschießen oder sie vielleicht nur zur Zwangsarbeit verschleppen. Danach, hofften wir, würde wieder Ruhe einkehren, und wir könnten wieder ins Ghetto zurückkehren. Niemand von uns glaubte an die Möglichkeit, daß innerhalb von drei Tagen das ganze Ghetto nicht mehr existieren, kein Jude mehr leben und wir keinen Weg mehr finden würden, um aus unserem Gefängnis herauszukommen.
Nach einigen Überlegungen ließen wir uns überreden, die Nacht oben zu verbringen. Die Wybieratzkis hatten uns eine Ecke zum Schlafen hergerichtet und die Klapptür zum Keller offengelassen, so daß wir schnell wieder in den Keller konnten, falls jemand unerwartet ins Haus kommen würde. Die Wybieratzkis waren arme Leute und hatten nicht genügend Decken und schon gar keine überzähligen Kissen oder Bettzeug. Aber das war das wenigste. Wir lagen die ganze Nacht wach und sprachen fast nichts untereinander, wir hatten Angst, daß in der Nachtstille auch das Leiseste gehört werden konnte.
Im ersten Morgengrauen standen wir auf. Wir verteilten die wenigen Sachen, die uns als Unterlage zum Schlafen gedient hatten, und gingen in den Keller hinunter. Es war ein Sonntagmorgen. Kurze Zeit darauf kam Frau Wybieratzka zu uns. Sie wollte wissen, wie wir die Nacht überstanden hatten. Im Keller war es kalt und sehr feucht, der Geruch der zum Teil verfaulten Kartoffeln war auch nicht angenehm, es gab wenig Luft zum Atmen. Wir saßen im Dunkeln, erst als Frau Wybieratzka kam, machte sie Licht an. Wir sprachen davon, daß sie am Montag versuchen würde, zu der chemischen Fabrik zu gehen, um unsere Sachen zu holen. Es war nicht zu erwarten, daß am Sonntag eine Aktion beginnen würde.
Nach einiger Zeit kam Herr Wybieratzki zu uns. Er brachte drei Tassen, eine Kanne Kaffee und weißes Süßbrot, eine Art Kuchen, die Frau Wybieratzka für Sonntag gebacken hatte. Herr Wybieratzki sagte, daß er nach dem Frühstück in die Stadt gehen und sich dem Ghetto nähern würde, um zu sehen, was dort passierte. Wir saßen in dem feuchten Keller und erlaubten uns etwas mehr leise Konver-

sation. Wir grübelten, dachten nach, ob es richtig gewesen war, das Ghetto zu verlassen; vielleicht wäre es doch nicht notwendig gewesen, vielleicht würde nichts Schlimmes passieren. Und was wäre, wenn das Ghetto ganz liquidiert würde, so wie es in der Nachricht aus Ludzk hieß? Was dann? Würden die Wybieratzkis uns längere Zeit hier behalten wollen, konnten sie das überhaupt? Es war unser einziges Thema.

Um die Mittagszeit kam Wybieratzki zurück. Er erzählte, daß das ganze Ghetto von deutschen Soldaten und Polizei umstellt sei, daß keiner heraus und keiner hinein konnte. Er habe am Stacheldraht niemanden gesehen. Normalerweise trauten sich die Juden bis zum Stacheldraht, normalerweise sah man durch den Stacheldraht die Leute herumgehen, herumsitzen und reden. Er habe aber niemanden gesehen. Wahrscheinlich hätten sich alle in den Häusern eingeschlossen, verbarrikadiert.

Die Zweifel wurden zur Gewißheit. Es stand etwas bevor. Wie weit die Tragödie gehen und welches Ausmaß sie erreichen würde, das wußten wir noch nicht.

Nachdem Frau Wybieratzka uns eine Suppe gebracht und mit uns gesessen hatte, sagte sie, daß wir unmöglich in diesem feuchten Keller bleiben konnten. Sie schlug vor, daß wir auf den Dachboden sollten. Es ging jedoch zu dieser Zeit nicht um ein bequemeres Versteck, es ging nur um die Sicherheit. Wir kletterten also über die Leiter auf den Dachboden, der zum Teil mit Heu gefüllt war, das für die Ziegen im Winter vorbereitet war. Der andere, freie Teil war nicht sehr groß, da das ganze Haus klein war. Die zwei Dachgiebel waren aus Holzbrettern. Auf einer Seite war der Giebel ganz geschlossen, auf der gegenüberliegenden Seite hatte er ein Loch in die Bretter geschnitten. Ein Teil war mit Heu aufgefüllt. Als wir uns eine Ecke herrichten wollten, stellten wir fest, daß der Fußboden des Dachbodens so dünn war, daß man nur auf die wenigen Bretter, die dafür vorgesehen waren, treten durfte. Daran hatte Herr Wybieratzki vorher nicht gedacht.

Da er Tischler war, brachte er einige Bretter und legte sie auf die Konstruktionsbalken. So schuf er einen zweiten, fest betretbaren Boden. Unser neuer Wohnbereich war etwa anderthalb Meter breit. Dafür war er sechs Meter lang, aber da an beiden Seiten die Schrägen des Daches heruntergingen, konnten wir nur genau in der Mitte

stehen. Von Herumgehen konnte keine Rede sein. Wir häuften Heu von der anderen Seite des Dachbodens auf und kleideten uns damit unser neues Domizil aus. Mit dieser Arbeit verging fast der ganze Nachmittag. Am frühen Abend bekamen wir wieder etwas zu essen. Wir hatten zwar keinen Hunger, aber wir aßen irgend etwas und legten uns hin. Auf dem Heu war es bequem zu liegen. Ein bißchen zu schmal für drei Personen, aber wir richteten uns gut ein; die Enge hatte den Vorteil, daß uns die nächtliche Kälte nichts anhaben konnte, weil einer den anderen wärmte.
Auch in dieser zweiten Nacht konnten wir kein Auge zutun. Gegen Mitternacht hörten wir Schüsse, der Schußwechsel wurde immer heftiger. Diese Schüsse kamen sporadisch. Mal hörten die Schüsse eine halbe Stunde lang auf, dann waren wieder Gewehrschüsse zu hören. So ging es bis in den frühen Morgen.
Um sieben Uhr kam Herr Wybieratzki herauf. Er war auf dem Weg zur Arbeit und brachte uns etwas Warmes zu trinken. Auch er hatte die Schüsse gehört, jedoch ohne zu wissen, was sie bedeuteten. Als er am frühen Nachmittag von der Arbeit frühzeitig zurückkam, erzählte er, daß die Schüsse in der Nacht vom Ghetto gekommen waren und daß sie von den Posten, die das Ghetto umzingelt hatten, abgegeben wurden, daß vielen jungen Leuten die Flucht gelungen war. Sie waren durch den Fluß geschwommen und in den Wäldern verschwunden. Einige wurden auf der Flucht erschossen. Eine weitere sorgenerregende Nachricht war, daß viele junge Polen und Ukrainer aufgefordert wurden, sich mit Schaufeln zur Arbeit zu stellen. Daß die ersten schon um zehn Uhr in den Wald hinaus geführt worden und jetzt dabei seien, ein riesiges Grab zu schaufeln.
Wir wußten, was das bedeutete. Jeder Funken Hoffnung starb. Am Abend kamen beide Wybieratzkis zu uns herauf. Sie hatten traurige und sogenannte gute Nachrichten, die uns aber nicht trösteten. Sie berichteten, daß einige Lastautos mit SS-Leuten in die Stadt gekommen waren und daß in dem Riesengrab Tausende von Leuten begraben werden könnten. Andererseits berichteten sie, daß Flugzeuge über der Stadt gesehen wurden. Das waren wahrscheinlich britische oder amerikanische Flugzeuge, die die Deutschen, noch bevor die Aktion anfangen würde, bombardieren würden. Das hatten sich die Leute weitererzählt. Für uns gab es keinen Zweifel mehr: Das war das Ende. Obwohl wir diesen Tag erwartet hatten,

waren wir aufgeregt. Ich sah meine Mutter und meinen Bruder an, ihre Wangen glühten, und ich fühlte, daß es mir auch so erging. Wir fragten uns: "Und was geschieht jetzt?" Die Wybieratzkis sahen unsere Verzweiflung. Sie fragten sich wahrscheinlich selbst: "Was haben wir uns angetan? Was passiert weiter?" Als sie weg waren, redeten wir lange Zeit nicht mehr über unser Schicksal, sondern über die Situation der Wybieratzkis. Wir fragten uns, was sie fühlten, was sie dachten, wie weit ihre Verzweiflung ging. Es wurde uns klar, daß wir versuchen mußten, ihnen Hoffnung zu machen. Ob wir uns dadurch auch selbst Hoffnung machen konnten, bezweifle ich sehr. Das war die Nacht vom 13. auf den 14. September 1942.
Und gerade jetzt in dieser Minute, in der ich diese Erinnerungen niederschreibe, Erinnerungen vom 13. auf den 14. September 1942, stelle ich mir folgende Frage: Was bedeutet für mich dieser 14. oder 13. oder 15. oder 17. September 1941, 42, 43 oder 44? Was sind das eigentlich für Daten? Juden achten sehr darauf, die Gedenktage von Verwandten einzuhalten. An solchen Tagen gehen auch Leute, die nicht fromm sind, in die Synagoge und beten für die Toten. Es ist nicht wie in der christlichen Religion, daß man nur einmal im Jahr auf die Friedhöfe geht, um der Toten zu gedenken. Bei den Juden gedenkt man eines jeden an dem Tag, an dem er gestorben ist, und an fast allen Feiertagen wird "Iskor" ("gedenke"), das Gebet für die Toten, gesprochen. Was für ein Tag ist der "Iskor" für die Juden? Gibt es überhaupt einen Tag in den 365 Tagen des Jahres, der kein "Iskor"-Tag ist? Nein, den gibt es leider nicht. Ist es denn ein Wunder, daß alle Deutschen, die diese "Iskor"-Tage verursacht haben, und besonders ihre Kinder, ihre Enkel, immer weniger davon wissen wollen? Nein, es ist kein Wunder. Aber andererseits ist es unsere Pflicht, sie an diese "Iskor"-Tage immer wieder zu erinnern, 365 Tage im Jahr, immer wieder an den "Iskor" zu erinnern, mit und ohne Mahnmal, ob sie das wollen oder nicht.
Es wurde zum drittenmal Nacht bei den Wybieratzkis. Eine Nacht im Keller und zwei Nächte auf dem Dachboden. Die dritte Nacht, in der wir kein Auge zutaten. Der Schlaf kam nicht. Wir lagen stumm, einer an den anderen gepreßt. Es gab nichts mehr zu sagen, und nicht nur, weil wir Angst hatten, daß uns jemand zuhörte. Was für Gedanken, was für schlimme Visionen gingen in unseren Köpfen herum? Wir glaubten wahrscheinlich, daß unsere Lage die Schlimmste war, die

ein Mensch erleben konnte. Es stellte sich aber heraus, daß noch schlimmere Nächte kamen.
Die Briten und Amerikaner bombardierten nicht, und es geschah auch kein Wunder. Wir wußten, daß die Vernichtungsvorbereitungen in vollem Tempo liefen. Und wir warteten, bis es anfangen würde. Geschossen wurde nicht, wahrscheinlich gab es niemanden mehr, der zu entkommen versuchte. Wir lagen da und warteten. Worauf warteten wir eigentlich? Es kam schnell und gewaltig. Um acht Uhr morgens hörten wir Autos, schwerbeladene Autos fuhren den Berg hinauf; auf der Hauptstraße, die in den Wald führte. Zunächst beachteten wir die Geräusche nicht. Dann merkten wir, daß sich die Geräusche in einem regelmäßigen Takt von 10 bis 20 Minuten wiederholten. Wir verstanden: das waren die Lastwagen, mit Juden beladen, die in den Tod geführt wurden. Es war ein furchtbares Geräusch. Die schweren Lastwagen mit ihren schweren Motoren schienen im gleichmäßigen Takt immer wieder dasselbe Wort zu wiederholen: Tod, Tod, Tod, Tod, Tod, Tod. Es hörte nicht auf, immer wieder die gleichen Geräusche, immer wieder die gleichen Worte.
An diesem Tag rührten wir das Essen nicht an. Als die Wybieratzkis am Abend nach Hause kamen, war alles, was sie zu sagen hatten, an ihren Gesichtern abzulesen. Sie bestätigten uns, daß die Deportation aus dem Ghetto angefangen hatte. Sie erzählten, daß Hunderte von Polizisten, SS-Männern, Wehrmachtssoldaten und auch ukrainische Miliz alle Bewohner systematisch aus den Häusern jagten, sie direkt in die Autos drängten und zu dem Grab hinausführten, das am Tag vorher ausgehoben worden war. Uns war das schon alles klar, nur die Einzelheiten fehlten: Die Schreie, genauer gesagt, das Brüllen der Deutschen während der Jagd, würden das Beten der Eltern und das Weinen der Kinder übertönen, erzählten die Wybieratzkis. Sie sagten, daß es wahrscheinlich keinen oder nur sehr geringen Widerstand gab, denn es wurde im Ghetto fast nicht geschossen; ab und zu fielen Schüsse, sie galten wahrscheinlich denen, die im letzten Moment versuchten zu entkommen; diese wurden an Ort und Stelle erschossen.
Ich weiß nicht, wie uns zumute war, ich kann es heute schlecht beschreiben, obwohl ich es nach 55 Jahren noch in derselben Intensität fühle. Ich fühle es, kann es aber nicht aussprechen. Die Deutschen

hatten mit ihrer peinlichen Genauigkeit, auf die sie stolz sind, die Todesmaschinerie betrieben. Die Nazis erfüllten ihre Pflicht. Die Ausrottung der Juden war in vollem Gange. Es war eine furchtbare Nacht. Ich glaube nicht, daß ich zu irgendwelchen Gedanken, zu irgendwelchen Gefühlen in der Lage war. Nicht einmal weinen konnte ich. Am nächsten Morgen, pünktlich um sieben Uhr, wiederholte sich die Szene des Vortages. Die schweren, mit den Todeskandidaten überladenen Lastwagen schleppten sich und die unglücklichen Opfer, und ihre Geräusche ähnelten dem Jammern und Schreien des aus der Weite kommenden Echos: Tod, Tod, Tod. Aus irgendeinem Grund hörten wir am ersten Tag die Schüsse nicht. Am zweiten Tag hörten wir deutlich Schüsse. Es ging unaufhörlich, meistens Einzelschüsse, ab und zu Salven aus automatischen Gewehren, in größeren Abständen Explosionen. Das Massenschlachten war in vollem Gange. Die mit den Todgeweihten beladenen Lastwagen, die geräuschvoll den Berg hinauffuhren, kamen schnell und leer - traurig und leise - zurück. Was dachten sich die Opfer, was dachten die zum Tode geführten Menschen? fragte ich mich. Schrien sie, weinten sie, schrien sie zu Gott, der sie vergessen und sie ihrem grausamen Schicksal überlassen hatte? Schrien sie um Hilfe der sogenannten zivilisierten Welt? Schrien sie und baten ihre Mörder um Nachsicht? Nein, das taten sie nicht. Nur ein einziger Schrei war in aller Munde: “Schma Israel!” – Hör zu, Israel, hör zu, unser einziger Gott.

Drei Tage dauerte das Schlachten. Am vierten Tag war es auf einmal still, als ob nichts passiert wäre. Am Abend des vierten Tages erfuhren wir von Frau Wybieratzka, daß kein einziger Jude am Leben geblieben war. Das Ghetto war liquidiert, die Zäune gerade abgerissen, und Christen besetzten die jüdischen Häuser. Es wurde geplündert. Als erste nahmen die Deutschen die besseren Sachen aus den Häusern heraus. Unzählige Lastautos wurden verladen, weggebracht und danach den ukrainischen Plünderern überlassen. Wie ausgehungerte Hyänen überfielen sie die ihnen überlassenen Reste. Sie zerstörten Häuser, rissen Türen und Fenster heraus, rissen Wände und Fußböden auf und stießen dabei ab und zu auf Verstecke. Die letzten paar Überlebenden wurden sofort ausgeliefert.

Wir kannten die traurige Wirklichkeit, und trotzdem träumten wir, hofften wir, daß einige Angehörige noch am Leben waren, ent-

kommen konnten oder sich versteckt hatten. Das waren Träume. Und wie sah die Wirklichkeit aus? Wir waren doch nur für einige Tage zu den Wybieratzkis gekommen, um das Schlimmste zu überstehen. Das machte uns große Sorgen, und wir fragten uns selbst: "Wie geht es weiter? Wie lange werden die Wybieratzkis uns dulden?"
Am fünften Tag wurde eine Bekanntmachung des Gebietskommissars ausgehängt. Jeder Christ, der einen Juden versteckte oder Informationen über Verstecke hatte, mußte der Polizei darüber sofort Meldung machen. Die, die einem Juden halfen, würden gleich mit dem Juden erschossen. Unsere Retter erzählten uns das. Wir sahen ihnen direkt in die Augen, wir wußten, was in ihnen vorging; es ging uns nicht besser. Trotzdem stellten sie keine Fragen, und es vergingen noch einige Tage. Nach ungefähr einer Woche hörten wir nachts einen Streit zwischen Herrn und Frau Wybieratzki. Wir hatten das Gefühl, daß wir der Anlaß waren. Am nächsten Tag hinterließ Frau Wybieratzka bei uns das Gefühl, daß wir tatsächlich recht hatten. Abends, als sie von der Arbeit zurückkamen, bat meine Mutter die Wybieratzkis zu uns auf den Dachboden herauf, sie entschuldigte sich, daß wir der Grund für ihre Schwierigkeiten waren. Sie wüßten doch genau, daß wir nicht voraussehen konnten, was auf uns zukam. Wir seien überzeugt gewesen, daß wir nur ein Versteck für einige Tage brauchten; daß sich aber die Situation so entwickeln würde, darauf seien wir auch nicht vorbereitet, vor allem hätten wir dies nicht voraussehen können. Niemand, so meine Mutter, habe sich vorstellen können, daß das ganze Ghetto liquidiert und kein einziger Jude am Leben bleiben würde. Meine Mutter überließ es ihnen zu beschließen und sagte, daß wir ihren Beschluß einfach hinnehmen würden.
Wir waren verzweifelt und ratlos. Der Druck, dem wir ausgesetzt waren, erschwerte ein rationales Denken. Eine Überlegung war, nachts das Haus zu verlassen, sich in ein nahe liegendes Dorf durchzuschlagen und zu versuchen, bei einem bekannten Bauern unterzutauchen. Unsere Retter selbst waren der Meinung, daß das zu dieser Zeit nicht in Frage käme, weil die Straßen von Deutschen und Ukrainern, die nach Juden Ausschau hielten, voll waren. Nach einem längeren Gespräch verabschiedeten sich die Wybieratzkis. Sie sagten, sie würden sich noch überlegen, was zu tun sei. Am nächsten Morgen kam Frau Wybieratzka und erzählte uns, daß sie die halbe Nacht mit ihrem Mann beratschlagt und sich entschlossen hätten, daß wir

zunächst weiter bei ihnen bleiben sollten, daß sie nicht bereit seien, uns den Deutschen auch indirekt auszuliefern. Sie hofften, daß sich mit der Zeit eine für alle akzeptable Lösung finden würde. Vielleicht würden sie irgendwann sicher sein können, daß wir unterwegs nicht in die Hände der Ukrainer fallen würden. Sie hofften, daß sich bis dahin die Suche nach Juden nicht auch auf christliche Häuser ausweitete.

Wir waren zutiefst gerührt. Soviel Menschlichkeit in dieser unmenschlichen Zeit! Frau Wybieratzka betreute uns wie eine eigene Mutter. Es ist schwer genug, drei Personen, die an einen engen Platz liegend gefesselt sind, auch unter normalen Umständen zu bedienen. Meistens bekamen wir zweimal täglich zu essen. Unsere Wäsche nahm sie einmal wöchentlich zum Waschen mit, da wir nichts zum Wechseln hatten. Sie wusch sie, trocknete sie, und wir zogen sie wieder an. Sie brachte uns jeden Morgen eine Schüssel Wasser, damit wir uns ein bißchen erfrischen konnten. Sie erfüllte auch andere Bedürfnisse und Dienste, die sonst nur von einer Schwester in einem Krankenhaus zu erwarten sind.

Die Tage vergingen nur sehr langsam. Die Nachrichten aus der Stadt, die Herr und Frau Wybieratzki mitbrachten, besagten, daß die Ukrainer immer noch in den jüdischen Häusern und im Ghetto herumwühlten. Sie suchten nach Opfern und nach Sachen, die es sich noch zu plündern lohnte.

Im Hause der Wybieratzkis fanden wir nur zwei Bücher. Das eine war das Neue Testament, das andere ein Kochbuch; für uns die beste und schönste Lektüre, die es überhaupt gibt. Ich glaube, daß ich während der Zeit, die wir dort verbrachten, diese Bücher mindestens 30 mal von Anfang bis Ende durchlas; das war der einzige produktive Zeitvertreib. Wir mußten sehr vorsichtig sein; da wir jeden Schritt und jedes Stuhlrücken unten im Haus hörten, war es selbstverständlich, daß auch wir gehört wurden. Obwohl wir uns liegend fast überhaupt nicht bewegten, hatten wir trotzdem immer, wachend oder liegend, diesen einprägsamen Instinkt, uns nicht zu bewegen und keine Bewegung zu machen, die irgendein Geräusch verursachen konnte.

Wir lagen in diesem Nest am Giebel des Hauses auf dem Dachboden. Wir überlegten und besprachen die Gefahr, in der wir uns befanden: Wenn ein zufälliger Besucher aus Jux die Leiter hinaufstieg, dann würde er uns sofort sehen. Das konnte passieren, wenn der Bruder oder die Schwägerin unserer Retter, die direkt gegenüber wohnten und mehrmals wöchentlich das Haus besuchten, irgend etwas brauchten und die Leiter hinaufsteigen würden. Meistens wurde die Leiter weggenommen, wenn die Wybieratzkis nicht zu Hause waren. Aber die Gefahr war nicht geringer, nicht einmal, wenn sie zu Hause waren. Wir baten Herrn Wybieratzki, mit einigen Brettern eine Trennwand zu zimmern, so daß wir einen Doppelgiebel, hinter dem wir liegen könnten, schaffen konnten. Wybieratzki versprach, es zu tun. Es vergingen jedoch Tage, ohne daß etwas geschah.

Ein neues Problem wurde von Tag zu Tag offensichtlicher. Wybieratzki war ohnehin ein Trinker. Unter der Last der Situation verfiel er mehr und mehr dem Trinken; er war immer häufiger und länger betrunken. Er kam immer seltener von der Arbeit, statt dessen ging er in die Kneipe und kam ab und zu total betrunken zurück. Selbstverständlich bereitete uns das große Sorgen. Zum einen könnte er im betrunkenen Zustand irgend etwas sagen, was zu unserer Entdeckung führen konnte – was später auch passierte –, und zum anderen war er durch seine ewige Volltrunkenheit nicht in der Lage, die notwendigen Arbeiten im Hause auszuführen.

Eines Morgens kam Wybieratzki herauf, um uns Wasser zum Waschen und unser Frühstück zu bringen. Da er noch nicht betrunken war, sprachen wir ihn wegen der Trennwand an. Er versprach, dies innerhalb von zwei, drei Tagen zu erledigen.

Selbstverständlich waren wir skeptisch; es stellte sich jedoch heraus, daß das unbegründet war. Nach zwei Tagen kam er tatsächlich, brachte Bretter und baute eine neuen Zwischenwand auf. Auf einmal befanden wir uns zwischen zwei Wänden, in einem "Raum" mit einer Breite von ca. anderthalb Metern; ein undefinierbares, möglicherweise heute nicht mehr wiederholbares Gefühl entstand. Wir lagen auf schmalstem Platz, zwischen zwei Wänden gedrängt. Vor unseren Augen die nackte Ziegeldachschräge, sie war das einzige, daß das Gefühl milderte, in eine Kiste gedrängt zu sein. Aufstehen konnten wir nur dort, wo die Dachspitze am höchsten war, um dann nur bewegungslos stehen zu können. Und trotzdem wirkte unser Minigefängnis auf uns beruhigend. Wir hatten das Gefühl, geschützt zu sein. Ein abnehmbares Brett diente als unser "Fenster zur freien Welt".

Da die Wybieratzkis uns erzählt hatten, daß ihr Sohn Schwierigkeiten in der Schule hatte, machte ich den Vorschlag, ihrem Sohn bei den Schularbeiten zu helfen. Wir vereinbarten, daß ich ein- bis zweimal wöchentlich spät in der Nacht zu ihm in die Küche kommen und ihm bei seinen Aufgaben helfen würde. Zur Vorbereitung nahm ich mir seine Bücher mit herauf und studierte sie eingehend. Diese Hilfestellung hatte einen wichtigen Einfluß auf die positive Entwicklung der Beziehungen.

Der Herbst ging zu Ende, und nachts wurde es kalt. Wir spürten den herannahenden Winter am ganzen Körper; wir mußten uns in der Nacht schon tief in unser Heu hineingraben.

Frau Wybieratzka nahm eine Stelle als Köchin an. Ihr Arbeitsplatz war bei keinem Geringeren als dem deutschen Stadtkommandanten. Es war eine Halbtagsbeschäftigung, und sie arbeitete nur bis Mittag. Der Sohn der Wybieratzkis war damals elf Jahre alt. Dieser Junge benahm sich in dieser schweren und gefährlichen Situation wie ein Erwachsener. Da Frau und Herr Wybieratzki morgens zur Arbeit gingen und erst zu oder nach Mittag zurückkamen, war er, wenn er nicht zur Schule ging, allein zu Haus. In solchen Fällen schloß er die Tür von innen ab. Meistens versuchte er in dieser Zeit aber, sich draußen aufzuhalten. Er ging entweder mit den Ziegen oder spielte mit Schulkollegen.

Wir waren inzwischen schon drei Monate bei den Wybieratzkis auf dem Dachboden, versuchten uns mit der Realität abzufinden und nicht nur an den Tod und seine Auswirkungen zu denken. Wir vertieften uns ab und zu in Träume. Das war die einzige Ablenkung von der Realität. Was alles in unseren Köpfen – Gespenstisches und Optimistisches, Verwirrendes und Besonnenes – ununterbrochen herumwirbelte, wußten wir – was wir nicht wußten und was uns zu schaffen machte, war die Frage, was sich in den Köpfen der Wybieratzkis abspielte.

Damals drangen die ersten Nachrichten von deutschen Schwierigkeiten und Rückschlägen an der Ostfront zu uns. Durch die BBC-Nachrichten, die sich die Wybieratzkis ab und zu nachts anhörten, erfuhren wir, daß die Deutschen bei Stalingrad ihre größte Niederlage einstecken mußten. Es wurde bekannt, daß eine ganze deutsche Armee mit ihren Generälen und ihrem ganzen Stab gefangengenommen worden war und daß es auf deutscher Seite

Hunderttausende von Toten und Verwundeten gegeben hatte. Selbstverständlich waren solche Nachrichten Lebenselixier für uns, vor allem wirkten sie sich psychologisch positiv auf die Laune unserer Retter aus, und das war lebenswichtig; ab und zu waren sie tatsächlich verzweifelt, diese Nachrichten gaben für eine gewisse Zeit neue Kraft. Dann kam die Nachricht, daß die alliierten Truppen in Afrika auf dem Vormarsch waren. Das war das schönste Weihnachtsgeschenk, das wir je bekommen haben. Ich fragte Wybieratzki, ob er nicht einen Atlas für mich auftreiben konnte. Nach wenigen Tagen kam er zufrieden lächelnd an und brachte mir einen 30 Jahre alten Atlas.

Für mich war das ein wunderbares Geschenk. Es waren wahrscheinlich meine ersten Schritte, die ich auf den Gebieten Militärtaktik und -strategie unternahm, obwohl ich damals noch nicht wußte, daß mir noch eine – wenn auch kurze – militärische Karriere bevorstand. Ich versuchte mir anhand dieses Atlasses die Positionen der Kriegführenden vorzustellen. Da uns die Nachricht über den Zusammenbruch der Deutschen bei Stalingrad bekannt war, nahm ich Stalingrad als Ausgangspunkt und entwickelte meine eigenen Überlegungen, wie die Russen weiter vormarschieren würden. Das gleiche tat ich mit Afrika. Das lag mir, allein vom Geographischen her, etwas näher, da ich die Geographie des Nahen Ostens und Afrikas relativ gut kannte und sie fast vollständig vor meinem inneren Auge hatte.

Aber wie gesagt, das waren Elixiere, die nur für kurze Zeit ihre beruhigende Wirkung hatten. Unsere Befürchtungen und unsere Angst wurden uns dadurch nicht genommen. Praktisch brachten uns die Niederlagen keine Entspannung. Wir träumten alle drei, jeder für sich allein, und versuchten ab und zu, unsere Träume zu teilen. Wir planten unsere Zukunft, die war selbstverständlich auf Palästina ausgerichtet. Wir überlegten, wie wir unsere Retter für ihre Taten belohnen würden, wir schuldeten ihnen unser Leben, wenn wir überlebten. Wir hatten ihnen versprochen, daß wir ihnen, wenn wir nach Kriegsende noch am Leben waren, unser großes Haus, das in der Stadtmitte stand und als Kommandozentrale für die Polizei diente, schenken würden. Das war das mindeste, was wir tun konnten.

So verging der Winter 1943. Es war nicht leicht, ihn zu überstehen. Es herrschte große Kälte, und außer dem Heu und einigen Lappen, mit denen wir uns einwickeln konnten, hatten wir nichts. Durch die

Spalten zwischen den Brettern des äußeren Giebels drang während der Schneestürme Schnee zu uns hinein; manchmal waren wir morgens mit Schneestreifen bedeckt, die parallel zu den Lichtstreifen lagen, die durch die Ritzen ins Innere gelangten.

Im Februar wurde ich krank, ich bekam hohes Fieber. Viel konnten wir nicht dagegen tun. Frau Wybieratzka brachte Medikamente, Aspirin oder etwas ähnliches. Ich hustete stark, und das war das Gefährlichste, was uns passieren konnte. Es war schwer, das Husten zu unterdrücken. Manchmal brachte es mich zum Weinen. Ich bekam wahrscheinlich eine Lungenentzündung, weil das Fieber immer weiter stieg. Die einzige Kur war heißer Tee mit Kräutern, den ich immer nachmittags bekam, wenn Wybieratzkis zu Hause waren. Irgendwie überstand ich diese Krankheit, es dauerte zwar lange, aber zum Frühlingsbeginn war ich wieder gesund. Krankheit, Kälte und Hunger – daran hatten wir uns gewöhnt. Der Frühling brachte neue Entwicklungen. Die ukrainischen Nationalisten, die sich von Hitler einen eigenen ukrainischen Staat versprochen hatten, leisteten den Deutschen massive Unterstützung bei ihren verbrecherischen Maßnahmen gegen die Zivilbevölkerung, besonders gegen die Juden. Ukrainische SS-Einheiten waren aktiv im Kampf gegen sowjetische Partisanen, ukrainische Milizen entlasteten die deutsche Polizei und Wehrmacht bei der "Erhaltung der öffentlichen Ordnung" und Bewachungs-Aufgaben. Im Frühjahr und Sommer 1943 verstanden die ukrainischen Nationalistenführer und besonders Bandera, daß Hitler nicht die Absicht hatte, einen eigenständigen ukrainischen Staat zuzulassen.

Auf Befehl Banderas desertierten Hunderte von Milizangehörigen und SS-Mitgliedern aus ihren Einheiten und gründeten zusammen mit anderen ukrainischen Nationalistengruppen Partisanen-Banden, die besonders in der Westukraine tätig wurden.

Von heute auf morgen wurden die Deutschen vom Freund zum Feind. Von nun an bekämpften die Ukrainer nicht nur die Russen, Polen und Juden, sondern auch die Deutschen. Da die Jagd auf die Juden sich durch die Ausrottung auf ein Minimum dezimiert hatte und der Kampf gegen die Deutschen nicht einfach war, konzentrierten die ukrainischen Banden ihre Überfälle hauptsächlich auf die polnische Bevölkerung.

Die meisten Überfälle waren nachts, hauptsächlich in Dörfern und kleinen Städten. Die Opfer waren Männer, Frauen und Kinder, niemand wurde verschont. Es war immer wieder ein gleich unvorstellbares, grausames Massaker. Schwangeren Frauen wurden die Bäuche geöffnet, Hände und Füße der Opfer bei lebendigem Leibe abgehackt. Die unvorstellbaren Schreie peitschten durch die Nacht – niemand versuchte, Hilfe zu leisten. Erst nachdem die Häuser abgebrannt und die Massakrierten tot waren, trat Stille sein.
Die Deutschen mischten sich meist nicht ein. Ob das aus Feigheit, aus Angst, sich nachts mit Partisanen einzulassen, aus purem Sadismus oder aus der Überlegung: "Sollen sich die minderwertigen Kreaturen selbst ausrotten" geschah, es änderte nichts an der Rolle der Deutschen.
Im Morgengrauen zogen sich die Banden in die nahe liegenden Dörfer zurück, was durch die Unterstützung der ukrainischen Bevölkerung gesichert wurde.
Die immer häufiger werdenden Überfälle und besonders ihre Erfolge führten dazu, daß die Deutschen sich in einem eigenen Ghetto verbarrikadierten, unweit des Hauses, in dem wir uns versteckten. Eines Tages, Anfang Mai, hörten wir deutschsprechende Stimmen in der Nähe. Durch den Spalt zwischen den Brettern sah ich vier oder fünf Deutsche in grünen und braunen Uniformen auf unser Haus zukommen. Direkt vor der Wand unseres Hauses blieben sie stehen und sahen in die Schlucht hinab. Wir hörten wenig und verstanden nicht viel. Dann kam einer der Offiziere näher an die Wand, sah hinauf und sagte zu einem anderen: "Du, Hans, guck mal da rauf. Das ist doch ein wunderbares Guckloch." "Ja", meinte der andere, "Du hast recht". Wir wußten nicht, worum es ging und hatten Angst, daß sie jede Minute heraufkommen würden. Dann hätten wir keine Chance zu entkommen gehabt, wenn sie nach dem Loch gesucht und es in dem doppelten Giebel nicht gefunden hätten; dann hätten sie sofort gewußt, daß davor eine doppelte Wand war. Aus irgendeinem Grund kamen sie nicht. Sie unterhielten sich noch, gingen um die Schlucht herum und verschwanden.
Wenige Tage später wurde uns der Grund dieses Besuches klar. Es kamen deutsche Soldaten und Offiziere mit Autos. Sie luden Stacheldrahtrollen, Eisenbalken und Beton ab und begannen, die Schlucht zu umzäunen. Diese Arbeit dauerte vier, fünf Tage, und die

ganze Schlucht wurde von allen Seiten abgesperrt. Dort, wo die Schlucht abfiel, von uns aus gesehen auf der gegenüberliegenden Seite, wurde ein Tor gebaut. Am nächsten Morgen kamen Lastautos und brachten Männer, später aber auch Frauen, sie wurden alle in diesen Käfig getrieben. Die Deutschen hatten ein kleines Konzentrationslager errichtet. Die Insassen waren Ukrainer, die die Deutschen als Nationalisten verdächtigten. Sie wurden von deutschen Soldaten oder Polizisten bewacht, jedenfalls trugen sie normale grüne Uniformen. Die schreienden Männer und Frauen wurden mit Schlägen aus den Lastautos getrieben und in die umzäunte Schlucht gejagt.

Draußen regnete es seit Tagen. Die Schlucht stand unter Wasser und war wie ein Moor, in dem die Füße tief im Matsch versanken. Die in die Schlucht Gejagten, es waren ein paar hundert Leute, fielen auf die Knie, bekreuzigten sich, weinten und beteten. Sie waren überzeugt, daß sie in dieser Schlucht erschossen würden. In der ganzen Schlucht gab es kein einziges Gebäude, keine Überdachung, nur zwei kleine Holzrahmen mit Sackstoff verkleidet, das waren Toiletten.

Wir beobachteten dieses damals so “alltägliche” Spektakel. Die Lebensbedingungen unter freiem Himmel waren unvorstellbar, unmenschlich – aber nicht für uns –, wir sahen, wie unsere Mörder von gestern die Opfer von heute waren. Ich kann nicht behaupten, daß uns dies bedrückte, und doch ertappten wir uns dabei, daß wir beim Anblick dieser Leute “die Armen” sagten.

Am gegenüberliegenden Rand der Schlucht und auf Höhe unseres Hauses patrouillierten deutsche Soldaten Tag und Nacht, die Gefahr für uns wurde noch größer. Gott sei Dank war ich wieder gesund, sonst wäre es unvermeidlich gewesen, daß uns die Wache nachts gehört hätte. Damals überbrachten uns die Wybieratzkis eine weitere Nachricht, die uns zwar traurig stimmte, aber im Grunde ein gewisses Gefühl von Stolz und Genugtuung vermittelte. Sie erzählten von dem Judenaufstand im Warschauer Ghetto, und daß dort die Juden sich nicht zum Schlachthof hätten führen lassen, sie hatten den Deutschen Widerstand geleistet. Sie erzählten, daß die deutsche SS, die morgens in das Ghetto drängte, um die letzten noch in Warschau lebenden Juden zu liquidieren, mit einem Kugelhagel empfangen worden war. Wir wollten mehr wissen, wir fragten nach Details. Wir wollten wissen, wie lange die Aufständler den Deutschen Widerstand geleistet hatten, ob viele Deutsche umgekommen waren. Die Wybieratzkis wußten keine Antwort. Sie hatten ihre Informationen aus Gerüchten geschöpft, die durch eine Sendung der BBC bestätigt wurden. Wir wußten schon, daß der Aufstand im Endeffekt zerschlagen wurde; das war auch nicht anders zu erwarten. Trotz allem gab uns diese Nachricht mehr, als wir uns zu der Zeit erträumen konnten. Und es war wieder ein Impuls, etwas Ermutigendes für unsere Retter. Mir brachte es ein Gefühl grenzenlosen Stolzes. Mein Glauben daran, daß ein Jude nicht ein "Ghetto-Jude" sein muß, bekam seine erste Bestätigung.

Die Lebensdauer des Konzentrationslagers in der Schlucht neben unserem Zufluchtsort währte nicht lange. Nach zwei Monaten wurden die Häftlinge herausgeholt und weggeführt. Was mit ihnen geschah, weiß ich nicht. Die Stacheldrahtzäune wurden nur teilweise abgerissen. Der andere Teil diente der Befestigung des deutschen "Ghettos" gegen Partisanenüberfälle.

Aber das Maß unseres Schreckens war noch nicht voll. Im Juni, eines späten Nachmittags, hörten wir auf einmal sehr hohe Töne in deutscher Sprache. Vom Dialekt war uns klar, daß das Polizisten oder SS-Männer waren. Sie klopften an die Tür. Die Wybieratzkis öffneten. Die Klappe zum Dachboden stand offen, und wir hörten, wie die Deutschen Fragen stellten, vom Tonfall her war nichts Gutes zu erwarten. Dann gingen sie ins Zimmer; wir hörten zwar ihre Stimmen, aber wir konnten nicht hören, worum es ging. Wir hörten, wie Möbelstücke hin und her geschoben wurden; uns wurde klar, daß es sich hier um eine Hausdurchsuchung handelte. Nach einer Viertelstunde hörten wir ein Klopfen. Wir kannten dieses Geräusch schon so gut, daß wir genau wußten, worum es sich handelte: Es war die Leiter, die von der Wohnung auf den Dachboden führte. Dann hörten wir direkt vor uns, aus einer Entfernung von etwa drei bis vier Metern, die Frage: "Was haben Sie denn in diesen Kisten?" "Verschiedenes", antwortete Wybieratzki. Dann hörten wir wieder Klopfen, Kisten wurden geleert. Wir lagen da mit angehaltenem Atem. Hinter der Wand, hinter der wir uns verbargen, stand ein Sack. Der SS-Mann fragte: "Was ist da drin?" Wybieratzki antwortete: "Ich weiß es nicht, ich kann mich nicht erinnern." Der SS-Mann ging direkt auf uns zu, auf die Wand, die uns von dem Sack trennte, und leerte den Sack; es waren alte Kleidungsstücke. Ohne sich noch

einmal umzudrehen, ging der SS-Mann weg. Wir hörten wieder dieses Klopfen der Leiter: Der SS-Mann und Wybieratzki gingen hinunter; dann war die Hausdurchsuchung beendet.
Nachdem die SS-Männer gegangen waren, kamen Wybieratzki und seine Frau zu uns herauf, der Schreck stand ihnen noch ins Gesicht geschrieben, sie waren dem Tode so nah gewesen wie wir selbst.
Sie erzählten, daß in allen Häusern der Gegend Hausdurchsuchungen durchgeführt wurden, da bei einem der Deutschen eingebrochen worden war.
Wir hatten wieder einmal Glück gehabt, die Entfernung zwischen uns und den SS-Männern, die uns den Tod bringen konnten, war genau zwei Zentimeter gewesen, so dick wie die Trennwand. Diese Hausdurchsuchung hatte etwas Gutes, auch wenn das unwahrscheinlich klingen mag und schwer vorstellbar ist. Die Wybieratzkis waren überzeugt, daß dieses Ereignis der beste Beweis dafür war, daß uns und ihnen nichts Schlimmes geschehen konnte. Sie sagten: "Der Todesengel kommt nicht zweimal, und einmal war er da. Wenn er euch nicht mitgenommen hat, kommt er nicht mehr."
Leider teilten wir diese Meinung nicht, aber wir gaben uns damit zufrieden, weil den Wybieratzkis zumindest für einige Zeit die Angst genommen war.
Es kamen weitere Nachrichten von deutschen Rückschlägen an der Ostfront. Auch die Nachricht von der Entmachtung Mussolinis bedeutete eine weitere lebenswichtige psychische Entlastung für unsere Retter. Nicht nur sie, auch wir faßten wieder Mut. So vergingen wieder Tage und Wochen. Die Hoffnung schwand, und unser Zustand verbesserte sich nicht, sondern verschlimmerte sich. Das machte sich in Kleinigkeiten bemerkbar; beispielsweise war das Heu, auf dem wir lagen, inzwischen völlig zermalmt, wir lagen auf den kahlen Brettern. Wir bekamen Druckstellen im Rücken und an den Beinen. Wir fühlten uns wie gelähmt, wir konnten unseren Beinen keine Bewegung verschaffen. Das einzige, was wir bewegten, waren die Hände, und auch das nur beschränkt. Die alten Traumata kehrten zurück, am Tag und in der Nacht.
Über unsere Zukunftspläne tauschten wir uns wohl zum tausendstenmal aus; neue Ideen fielen keinem von uns ein, wir konnten auch nicht mehr. Ich beschäftigte mich immer noch täglich mit meinem Atlas und zeichnete, sobald es irgendwelche neuen Nachrichten gab –

die Deutschen sprachen nie von Rückzügen –, meine Frontlinie auf der Rußlandkarte auf.
Der Sommer des Jahres 1943 neigte sich dem Ende zu. Von dieser Zeit an begleiteten uns bis zu unserer Befreiung abwechselnd zwei Ereignisse. Das eine ermutigte zum Optimismus, das andere stimmte eher pessimistisch. Da waren einmal die immer ermutigenderen Nachrichten von der Ostfront und auch von der Westfront und besonders die aus Deutschland. Wir hörten von Bombardierungen der Alliierten auf deutsche Städte. Im September 1943 erfuhren wir, daß Italien die Kapitulation unterzeichnet hatte. Wir erfuhren auch von den Angriffen der alliierten Luftwaffe; das brachte ein bißchen Hoffnung in unser Leben.
Eine neue böse Überraschung folgte. Wie schon bei der ersten Hausdurchsuchung bei den Wybieratzkis fing es mit einem lauten Klopfen an der Tür an, begleitet von lauten Stimmen, wobei wir gleich hörten, daß es sich um mehrere Deutsche handelte, nicht nur um einen oder zwei. Die Wybieratzkis öffneten die Tür, einige Uniformierte traten ein. Sie schrien und brüllten Befehle. Uns stockte das Blut in den Adern. Wir waren sicher, daß sie uns holen würden, weil sie von unserem Versteck erfahren hatten. Die Stimmen wurden immer lauter, aber auch das Klopfen wurde stärker, es hörte sich an, als ob man an die Wände klopfen würde. Dann hörten wir, wie sie in den Keller hinuntergingen. Alle Möbel wurden verschoben. Obwohl es sich nur um ein Zimmer, eine Küche, eine Diele, eine kleine Kammer und einen Keller handelte, dauerte die Durchsuchung über eine halbe Stunde. Dann hörten wir das uns so vertraute Geräusch der Leiter, die zum Dachboden führte.
Auf einmal hörten wir jemanden auf deutsch sagen: “He, Hans, gib mir doch mal die Taschenlampe.” Dann sahen wir durch die Spalten der Bretter, wie der Strahl der Lampe langsam von unten nach oben, von links nach rechts und von rechts nach links die Giebelwand abtastete. Dann stieg einer der Deutschen herauf, konnte aber nur über die Bretter gehen. Er stellte sich mit dem Rücken zu unserer Wand und beleuchtete die andere Seite des Dachbodens. Nach drei oder vier Minuten hörten wir Schritte, und er stieg wieder die Leiter hinunter. Wir lagen lange Zeit da, ohne zu atmen. Aber auch als er schon unten war, waren wir außerstande, auch nur ein Wort herauszubringen. Wir starrten uns bloß an. Zwei blutlose, weiße, versteinerte Gesichter mit

offenen Mündern und hoch aufgerissenen Augen sahen mich an. War das der Ausdruck von Schrecken, Resignation oder Abschied – wer weiß?
Später kamen die Wybieratzkis herauf. Der Schrecken stand ihnen noch im Gesicht. Es stellte sich heraus, daß es vier Gestapo-Leute waren, die diese Durchsuchung durchgeführt hatten. Die Hausdurchsuchung war auf die Trunkenheit unseres Retters zurückzuführen. Eines Tages hatte er in einer Kneipe betrunken gepöbelt: "Verdammt seien die Deutschen!" Damit nicht genug, er prahlte, daß er zu Hause eine Maschinenpistole habe und damit alle Deutschen erschießen werde. Gott sei Dank hatte er nicht verraten, daß er Juden zu Hause versteckte. Diese Pistole hatte die Gendarmerie gesucht. Sie gingen soweit, daß sie die Wände abklopften. Im Keller hatten sie sogar gegraben. Gott sei Dank hatten sie nicht am Giebel des Dachbodens geklopft; wieder war Gottes Hand im Spiel gewesen, oder war es Zufall, Versehen, Schicksal, Glück – ich weiß es nicht.
Im Oktober erzählte uns Wybieratzki, daß Hamburg bombardiert worden sei und jede Nacht andere Städte von den Alliierten angegriffen wurden. Leider kam aber sofort nach dieser ermutigenden die entmutigende Nachricht. Wybieratzki berichtete, daß sich unter der Führung von Bandera in der Umgebung der Stadt und in den Dörfern die nationalistischen ukrainischen Banden vermehrten; diese Banden waren wegen ihres rücksichtslosen und grausamen Vorgehens gegen Juden, aber auch gegen Polen, berüchtigt – damals selbstverständlich nur noch gegen Polen, weil es keine Juden mehr gab. Daß sie es neuerdings wagten, tagsüber Städte, Dörfer und deutsche Kolonnen zu überfallen, war für uns ein Zeichen deutscher Schwäche – wir schlossen daraus, daß die Deutschen langsam ihre Macht verloren, und daß das als die Folge ihrer schwierigen Lage an den Fronten zu bewerten war.
Die verstärkten Aktionen gegen die Deutschen hatten auch politische Gründe. Die Ukrainer wollten im Falle eines Sieges der alliierten Mächte und der Russen zeigen, daß sie ebenfalls gegen den Nationalsozialismus gekämpft hatten. Auch die deutsche Gegenreaktion deutete auf Schwäche hin. Zu Anfang waren die Deutschen bei solchen Ausschreitungen schnell und grausam gewesen. Geiseln waren genommen worden, Dörfer wurden verbrannt, Hunderte von Menschen erschossen oder gehängt. Jetzt wagten sich die Deutschen

nur zu kurzen Besetzungen von Dörfern, die meistens nicht weit von der Stadt entfernt lagen, und zogen sich jedesmal bis zum Abend wieder in die Stadt zurück. Die Überfälle der ukrainischen Banden auf polnische Siedlungen und Dörfer wurden von Tag zu Tag hemmungsloser und grausamer.
Zunächst waren die Überfälle auf die polnische Bevölkerung in den Dörfern und kleinen Städtchen nur selten, in unserer Stadt selbst wurde bis zu diesem Zeitpunkt noch nichts gegen Polen seitens der Ukrainer unternommen. Diese Situation änderte sich aber schlagartig, von heute auf morgen. Die polnische Bevölkerung organisierte jetzt einen Selbstschutz, und die Deutschen halfen ihnen dabei. Sie erlaubten ihnen, eine polnische Miliz, im Rahmen der deutschen Polizei, aufzustellen und bewaffneten sie. Wie die Wybieratzkis erzählten, gab es auch in unserer Stadt jetzt die ersten Anzeichen eines ukrainischen Ansturms. Auf den Häuserwänden waren nachts in ukrainischer Sprache gedruckte Plakate angebracht worden, auf denen es hieß, daß die ukrainische nationale Befreiungsarmee ihre Stadt in der nächsten Zeit überfallen und befreien werde. Die Deutschen nahmen diese Nachricht sehr ernst und verstärkten die Schutzmaßnahmen in ihren befestigten "Ghettos".
Der angekündigte Überfall ließ nicht lange auf sich warten. Schon nach einigen Tagen hörten wir nachts Schüsse. Maschinengewehrsalven und Gewehrschüsse. Kurze Zeit später hörten wir Bewegungen und Stimmen, nicht weit von unserem Haus entfernt. Schreie, Befehle, galoppierende Pferde. Aus einer kurzen Entfernung kamen Schreie um Hilfe – die Ukrainer hatten mit dem Schlachten begonnen. Dann kam das Feuer. Durch das Loch in unserem Giebel sahen wir gewaltige Feuerausbrüche immer wieder an anderen Stellen aufflackern und langsam vergehen. Wir wußten nicht, was wir tun sollten, ob wir weglaufen oder bleiben sollten. Die Wybieratzkis kamen herauf, und wir überlegten, was zu tun sei. Auf einmal hörten die Schüsse auf, das Feuer leuchtete noch, aber es wurde still; die Banden hatten sich aus der Stadt zurückgezogen.
Am nächsten Tag sah man, inwieweit dieser Überfall aus der Sicht der Banden erfolgreich war. Sie hatten zunächst die ukrainische Polizei überfallen und alle Polizisten mitgenommen; später stellte sich heraus, daß sie freiwillig mitgegangen waren. Diese Polizisten gingen nicht nur mit den Waffen fort, die sie bei sich trugen, sondern sie

hatten auch die Waffenlager geöffnet und ganze Fuhren von Gewehren und Munition für die Banden mitgenommen. Wir waren überzeugt, daß am nächsten Tag größere Polizeieinheiten und die Wehrmacht in die Stadt kommen würden, um die Deutschen zu schützen. Das war aber nicht der Fall. Die Deutschen erweiterten den Ring ihrer Schutzzone. Da die Deutschen offensichtlich die Schlucht neben unserem Haus in ihr Schutzgebiet eingeplant hatten, kam es dazu, daß unser Haus als auch das Haus des Bruders unserer Retterin in diese Schutzzone mit einbezogen wurden.

Aus dem Verhalten der Deutschen zogen die Polen den Schluß, daß diese sie nicht länger gegen die Ukrainer schützen konnten. Die Tatsache, daß sich unser Haus innerhalb der Schutzzone der Deutschen befand, verschaffte uns eine gewisse Sicherheit. Erstens glaubten wir, daß die Deutschen die Häuser innerhalb ihrer Schutzzone weniger verdächtigen würden, zweitens, daß wir etwas geschützter waren in bezug auf die ukrainischen Überfälle.

Die Polen in der Stadt lebten in ständiger Angst. Ihr Leben war in Gefahr, es war niemand da, der sie schützen konnte. Und: Wir drei Juden lagen schon seit über einem Jahr im Haus unserer Retter, im Sperrgebiet der Deutschen versteckt, jetzt suchten unsere Retter ein Versteck für sich selbst.

Die Deutschen verhängten eine Ausgangssperre von acht Uhr abends bis sechs Uhr morgens über die Stadt. Jeder, der diese Ausgangssperre ignorierte, würde erschossen werden. Die Wybieratzkis waren jedoch, soweit es um unsere Befreiung ging, etwas hoffnungsvoller. Sie kamen jeden Tag aus der Stadt zurück und erzählten, daß sich der Tag der Befreiung näherte, daß die Deutschen den Krieg verlieren und daß der endgültige Zusammenbruch bald kommen würde. Anders sah es mit uns dreien aus. Wir waren weitgehend erschöpft, aber auch seelisch merkten wir ein Nachlassen der Nervenkraft und der Widerstandskräfte. Es sah so aus, als stünden wir gerade an der Grenze unserer physischen und seelischen Möglichkeiten. Die psychische Belastung unserer Retter war auf das äußerste strapaziert. Obwohl sie sich und uns Optimismus einzuflößen versuchten, merkten wir, daß gefährliche Grenzen erreicht wurden. Eines dieser Symptome war, daß unsere Retter auf einmal anfingen, Abend für Abend Leute einzuladen und mit ihnen zu feiern, manchmal bis zum Morgengrauen. Manchmal blieben die Gäste sogar zum Übernachten. Da wir mit der Trunkenheit unseres Retters schon schlechte Erfahrungen gemacht hatten, sagte ihm meine Mutter eines Tages ganz offen, daß seine Trinkerei zu unvorsichtigen Äußerungen führen könnte. Darauf erwiderte Herr Wybieratzki: “Soweit es um unser Geheimnis geht, bin ich immer nüchtern.” Es dauerte nicht lange, und wir erlebten einen neuen “Höhepunkt”. Abends kamen wie üblich Gäste, die uns schon vertrauten Geräusche der Türen, der Stühle und der Unterhaltung. Ohne Vorwarnung spitzten wir alle drei die Ohren. Als erster sagte mein Bruder Schmulik: “Ich glaube, deutschsprechende Stimmen gehört zu haben.” Sowohl meine Mutter wie auch ich hatten dies gehört. Wir horchten aufmerksam. Es bestand kein Zweifel – es wurde Deutsch gesprochen, es waren auch deutsche Frauenstimmen dabei. Es war für uns schleierhaft. Wir verstanden nicht, was dort unten vorging. Uns wurde klar, daß es sich nicht um eine Hausdurchsuchung handelte. Wir lagen da und spitzten die Ohren. Wir versuchten zu erfahren, worum es ging, es war jedoch unmöglich, denn die Tür zum Wohnzimmer war geschlossen. Aber während des Abends hörten wir Stimmen und Lachen, sehr viel Lachen und sehr viel Gläser- und Porzellanklirren. Unter den Gästen waren auch zwei deutsche Paare. Dieser Empfang dauerte bis drei Uhr morgens, erst am nächsten Tag erfuhren wir, worum es in der Nacht zuvor gegangen war.

Die Wybieratzkis hatten bei einem Bekannten einen SS-Offizier kennengelernt, es war der Chef der SS, des SS-Kommandos in der Stadt. Da sie beide sehr viel getrunken hatten, hatten sie sich angefreundet und sich noch einige Male getroffen. So kam es, daß Wybieratzki den SS-Mann und seinen Stellvertreter mit ihren Frauen zu sich einlud. Im übrigen erzählte Wybieratzki, er habe dem SS-Kommandanten erzählt, daß bei ihm vor einiger Zeit eine Durchsuchung durchgeführt wurde, man suchte bei ihm nach Waffen. Der SS-Kommandant versicherte ihm, daß sich so etwas nicht wiederholen würde.

1943 war ein kalter, windiger und regenreicher Herbst. Wir lagen auf unseren Brettern, ohne Heu oder irgendwelche Unterlagen, die uns wärmen konnten, wir wußten, daß der Winter nun mit schnellen Schritten kam, ein neues Jahr näherte sich, und wir fragten uns, ob wir trotz unserer Schwäche noch einen kalten Winter überleben würden. Von Zeit zu Zeit brachte Frau Wybieratzka ältere deutsche

Zeitungen. Wir lasen sie genau. Wir analysierten jeden Satz, jede Aussage. Es war eine Wohltat. Aus dem Tonfall der Zeitungen, aus der Hysterie Göbbels, den Beschimpfungen der "barbarischen Bombardierungen der deutschen Städte" und der "Missetaten" der Roten Armee war zu erkennen: Die Deutschen verloren die Nerven. Diese nicht mehr anzuzweifelnden Tatsachen stärkten unseren Willen zum Überleben. Wir sahen das erste Mal nach eineinhalb Jahren ein Licht in der uns umherrschenden Finsternis.

Mit Hilfe der Zeitungen und des alten Atlasses konnte ich den Vormarsch der Deutschen im Osten Stufe für Stufe verfolgen, jetzt konnte ich aus diesem Atlas die Rückschläge und Rückzüge der Deutschen verfolgen und gewissermaßen die strategischen Züge der russischen Offensive erkennen. Die Belagerung von Leningrad, die Kämpfe bei Stalingrad, die Kämpfe um Charkow, die Don-Offensive: eine Wiederholung in umgekehrter Richtung. Nicht mehr siegreicher Vormarsch, sondern geschlagener Rückzug. Ich versuchte, meine "Kenntnisse" und Überzeugungen meinem Bruder und meiner Mutter zu erklären.

Trotz allem wurde die Situation für uns brenzliger. Die rücksichtslosen Überfälle der ukrainischen Banden auf polnische Siedlungen häuften sich. Viele polnische Familien verließen diesen Teil der Ukraine und wanderten in das besetzte Polen ab. Diese Idee ergriff auch unsere Retter, und sie sprachen mit uns darüber. Wir konnten ihnen nicht davon abraten, weil wir wußten, daß ihr Leben auf dem Spiel stand. Andererseits wußten wir, daß es für uns das Aus bedeuten würde, wenn sie das taten. Es war Weihnachten 1943. Schon einige Tage hatten wir gehört, daß Frau Wybieratzka in der Küche herumhantierte. Gerüche von Gebackenem und gekochten Speisen drangen zu uns. In der Weihnachtszeit kamen Herr und Frau Wybieratzki zu uns auf den Dachboden. Sie brachten viele gute Sachen mit, verschiedene Kuchen und ein Abendessen, wie wir es schon seit Jahren nicht mehr hatten. An diesem Abend war nicht nur das Essen gut und feierlich, sondern auch unsere Gespräche, wir waren optimistisch und feierlich gestimmt.

Die Wybieratzkis berichteten fast täglich, daß die Deutschen auf allen Fronten auf dem Rückzug waren. In Italien schritten die alliierten Truppen voran und marschierten in Richtung Norden. Die Russen waren auf dem Vormarsch. "Vielleicht", sagte Frau

Wybieratzka mit ihrem großen Enthusiasmus, “wachen wir morgen auf, und die Russen sind schon bei uns”.
Aber nein. Wir wachten tatsächlich am nächsten Morgen auf, aber die Russen waren noch nicht da. Wir wußten damals noch nicht, daß sie jedoch wenig später tatsächlich vor uns stehen würden. Bis dahin sollten wir noch einige Varianten des Schreckens und des Todes erleben, die wir noch nicht kannten. Wir erfuhren von den Wybieratzkis, daß sich in den Wäldern um unserer Stadt häufig russische Partisanen aufhielten. In einige Garnisonen und Städte waren sie nachts schon eingedrungen und hatten die Deutschen bekämpft. Das alles ergab jedoch ein unsicheres Bild. Tatsächlich wurden Städte überfallen, oft wurden sie sogar ganze Nächte lang von Partisanen beherrscht. Nur war man nicht immer sicher, ob das russische Partisanen oder ukrainische Banden waren. Und so kam es, daß wir nachts wieder einmal, wie schon zuvor, oft von Schießereien geweckt wurden. Es waren diesmal tatsächlich russische Partisanen, aber als wir das am nächsten Morgen erfuhren, waren sie schon längst verschwunden. In der Stadt blieben nur sehr wenige verängstigte Deutsche.
Nach Meinung der Wybieratzkis waren die letzten Tage der deutschen Herrschaft gekommen. Auch wir fingen an, langsam daran zu glauben. Eines Tages bat meine Mutter Frau Wybieratzka, ins Haus meines Großvaters mütterlicherseits zu gehen. Dort wohnte ein Pole, der ein Bekannter der Wybieratzkis war. Sie sollten versuchen zu erfahren, ob sich dort jemand hatte retten können. Auf dem Gelände der chemischen Fabrik hatten wir ein Versteck vorbereitet, und wir hofften, daß es einigen Angehörigen der Familie gelungen war, in diesem Versteck zu überleben. Wir waren voller Hoffnung und hatten keine Geduld, länger in Ungewißheit zu warten, wir wollten Bescheid wissen. Frau Wybieratzka ging zu ihrem Bekannten, der im Hause unseres Großvaters lebte. Sie konnte natürlich nicht offen reden, sie lenkte ihre Gespräche auf Juden und ihr Schicksal. Nachdem ihr Bekannter das Versteck erwähnte, kam Frau Wybieratzka zu der Überzeugung, daß es dort keine Überlebenden gab.
Frau Wybieratzka, die immer noch ab und zu für die Deutschen arbeitete, wurde offiziell entlassen. Sie meinte, die Deutschen seien nervös. Man merkte, daß sie wie auf heißen Kohlen saßen. Eines Tages war es dann soweit, die Deutschen verließen die Stadt. Diese Nachricht

verbreitete sich wie ein Lauffeuer. Die Stadt war leer, keine Deutschen mehr, aber auch keine Russen. Die Deutschen hatten die Stadt in der Nacht, als es niemand bemerkte, "wie Diebe in der Nacht" verlassen. Die Bevölkerung ging sofort auf die Straßen und plünderte die von den Deutschen verlassenen Häuser, vor allem aber auch die großen Lebensmittellager, die die Deutschen in ihrer Sicherheitszone untergebracht hatten. Die Straßen waren voll mit Plünderern. Niemand hielt sie auf. Unsere Retter blieben zu Hause; sie beteiligten sich nicht daran, obwohl wir uns so nah an deutschen Häusern befanden. Sie taten das nicht aus moralischen Gründen, sondern aus Angst, daß man bei ihnen wieder Hausdurchsuchungen durchführen würde, falls die Deutschen zurückkämen.

Am nächsten Tag besetzte eine Partisaneneinheit die Stadt. Sie erklärten, eine sowjetische Partisanenformation zu sein. Ihre Uniformen und Bewaffnung deuteten darauf hin. Sie wären ein Vorposten der russischen Armee. Wir waren uns nicht sicher, wir mußten befürchten, daß es ukrainische Banderos waren. Einige Stunden später waren sie lautlos verschwunden. Daraufhin kamen aus den Dörfern Konvois von Gespannen mit Dorfeinwohnern aus der Umgebung. In den Läden war nicht mehr viel zu holen. Sie demontierten Türen und Fenster aus den verlassenen Häusern des früheren Ghettos, soweit es solche noch gab. Abends zogen sich die Plünderer in ihre Dörfer zurück. Nachts kamen die Bandero-Banden. Diesmal zündeten sie einen Teil der Stadt an. Alle unbewohnten Häuser des ehemaligen Ghettos und weitere polnische Häuser wurden in Brand gesteckt. Morgens verschwanden sie, auch die örtlichen Brandstifter zogen sich in ihre Häuser zurück.

Unsere Retter, Herr und Frau Wybieratzki, hatten Angst, nachts in ihrem Haus zu bleiben; immerhin war es ein polnisches Haus. Sie übernachteten in den letzten Wochen im Nachbarhaus, in dem der Bruder unserer Retterin wohnte, denn sie wie auch ihr Bruder waren Ukrainer. Wir blieben im Haus, im vollen Bewußtsein, bei lebendigem Leibe verbrannt zu werden. Kamen sie wieder, die Bandera-Banden? Steckten sie diesmal unser Haus in Flammen? Sie kamen. Wir hörten die ganze Nacht hindurch die Siegesschreie der Banden, wir sahen immer wieder neues Feuer ausbrechen.

Wir überlebten noch eine Nacht. Unser Haus blieb als eines der wenigen polnischen Häuser stehen.

Am vierten Tag kamen die Deutschen zurück. Es war klar: das konnte nicht für lange Zeit sein, aber sie waren wieder da. Unsere Geduld, unsere Kräfte waren endgültig verbraucht – wir waren am Ende. Dieselben Deutschen, die auch vorher die Stadt mit brutaler Gewalt verwalteten, kehrten zurück. Und doch waren das nicht dieselben. Sie reagierten auf nichts mehr, sie versteckten sich wie Ratten in ihren Löchern. Die letzten polnischen Familien verließen die Stadt. Auch unsere Retter bekamen es mit der Angst zu tun. Wer konnte ihnen deswegen einen Vorwurf machen? Sie wollten nach Polen, wer blieb aber bei uns? Frau Wybieratzka versuchte, Kontakt mit den noch verbliebenen polnischen Familien aufzunehmen, sie wollte erfahren, ob jemand blieb. Viele Familien hatten beschlossen, ohne ihre Männer fortzugehen, die bleiben sollten. Unter diesen Umständen sagten unsere Retter, daß sie uns nicht jetzt, im letzten Moment, in den Tod jagen wollten. Wybieratzki beschloß, daß seine Frau mit dem Kind wegfahren und er dableiben solle. Frau Wybieratzka und ihr Sohn Wladek kamen zu uns herauf, um sich von uns zu verabschieden. Wir sahen ein, daß sie das alles nicht mehr ertragen konnte. Wieso sollte sie auch? Wir konnten uns selbst schon nicht mehr ertragen. Es war ein schwerer und trauriger Abschied. Sie wünschten, daß wir uns in Kürze wiedersähen. Nach all der Zeit wäre es wirklich ungerecht, wenn irgendwas passieren würde und wir uns nicht wiedersähen, meinte Frau Wybieratzka.

Nach der Abreise von Frau Wybieratzka übernahm Herr Wybieratzki die Funktionen der Hausfrau und des Betreuers. Jeden Morgen hörten wir, wie er den Ofen anmachte, dann brachte er uns Milch und unser Frühstück. Er verließ das Haus für den restlichen Tag. Abends kam er zurück, spielte wieder die Rolle der Haushälterin, verpflegte die Ziegen, kochte eine Suppe und Kaffee und brachte uns das Essen.

Auf diese Weise vergingen zwei Wochen, und die Deutschen waren immer noch in der Stadt. Eines Morgens kam Wybieratzki zu uns auf den Dachboden, es war an einem Sonntagmorgen, und er sagte, daß er für zwei Tage nach Lemberg fahren müsse, dort befanden sich seine Frau und sein Sohn. Er wolle seiner Familie helfen, sich einzurichten, und versprach, nach zwei Tagen zurückzukommen. Er bereitete für uns Essen für zwei Tage vor. Er beruhigte uns und sagte, daß wir unbesorgt sein konnten, er würde die Klapptür zum Dachboden abschließen, sein Schwager würde es nie wagen, ein Schloß

aufzumachen. Es war uns nicht zum Lachen zumute. Aber wir glaubten seinen Worten und verabschiedeten uns von ihm. Das Essen, das er uns zurückließ, beschlossen wir, nicht innerhalb von zwei Tagen zu verbrauchen, sondern es in vier Portionen zu teilen, damit es, falls er sich verspäten sollte, länger reichen würde.
Es vergingen zwei Tage. Am dritten Tag war Wybieratzki immer noch nicht zurück, wir waren besorgt. Etwas zu essen war noch da. Am vierten Tag blieben wir ohne Nahrung, es war nicht das Schlimmste; zwei oder drei Tage zu fasten, war für uns Routine. Wir fragten uns, was tun wir, wenn Wybieratzki nicht zurückkommt. Am fünften Tag machte sich der Hunger stark bemerkbar. Obwohl wir meistens täglich zu essen bekamen, waren wir alle drei abgemagert, unser Essen war nicht gerade vitaminreich, und drei Tage Hunger wurden sofort spürbar. Am fünften Tag lagen wir bloß da und schwiegen, jeder von uns hegte den gleichen Gedanken: Sollten wir anderthalb Jahre überlebt haben, damit wir an der Schwelle zur Freiheit doch noch zugrunde gingen?
Eines Abends hörten wir, wie Wybieratzkis Schwägerin ihn von weitem begrüßte und fragte, wie es seiner Frau ginge und warum er denn nur seinen Sohn mitgebracht habe. Kurze Zeit, nachdem er sein Haus betreten hatte, kam er zu uns herauf und brachte uns Essen. Er entschuldigte sich für sein langes Ausbleiben. Er habe seinen Sohn mitgebracht, weil er starkes Heimweh gehabt habe. Die Rückkehr des Kindes bereitete uns große Freude. In der gleichen Nacht hörten wir Artilleriefeuer von weit her. Im Laufe der nächsten Tage näherten sich die Detonationen unserer Stadt.
Nach ein paar weiteren Tagen kehrte auch Frau Wybieratzka aus Lemberg zurück. Sie sei gekommen, um ihren Sohn wieder nach Lemberg mitzunehmen, weil sie Angst hatte, daß die Bandero-Banden in die Stadt zurückkehren. Diese Angst war berechtigt. Sie blieb zwei Tage und fuhr mit ihrem Sohn nach Lemberg zurück. Einige Tage später kam ein Pole ins Haus und brachte einen Brief von Frau Wybieratzka aus Lemberg. Der Mann übernachtete bei Wybieratzki. Um zwei Uhr nachts wurden wir von Schüssen und Schreien geweckt. Direkt an unserer Hauswand hörten wir, wie jemand versuchte, den Stacheldraht, der unser Haus umzäunte, zu durchbrechen. Auf einmal wurde es still. Am nächsten Morgen stellte Wybieratzki fest, daß der hohe Zaun um unser Haus nur teilweise

durchbrochen war. Irgend etwas mußte die Banditen erschreckt haben. Vielleicht hatten sie auch einfach aufgegeben. Jedenfalls wurde das Haus verschont. Zum Glück, so wurden Wybieratzki und sein Gast vor dem sicheren Tod gerettet, und wir wahrscheinlich auch.

Bald darauf teilte uns Wybieratzki mit, daß er einen großen Vorrat an Lebensmitteln zusammengetragen hatte, mit dem wir einige Wochen auskommen würden. An diesem Tag hatten alle Polen die Stadt verlassen, und er konnte nicht als einziger bleiben, denn wenn die Ukrainer das erführen, würden sie ihn sofort umbringen. Wir hatten Verständnis für seinen Entschluß. Wir bedankten uns für alles, was er für uns getan hatte. Meine Mutter gab zu bedenken, daß es vielleicht besser wäre, seinem Schwager von uns zu erzählen. Es sei doch schwer, sich alleine zu verstecken, ohne daß sich jemand um uns kümmerte oder von unserer Existenz wußte. Unser Retter gab uns recht. Er sehe auch keinen anderen Ausweg, obwohl er kein großes Vertrauen zu seinem ukrainischen Schwager hatte.

Er ging hinüber und bat seinen Schwager und die Schwägerin zu sich. Er führte sie direkt zu einer an der Wand hängenden Ikone und sagte, daß er ihnen ein großes Geheimnis anvertrauen wolle, und beschwor sie, bei der Ikone und bei Gott, daß sie es für sich behielten. “Ich bin sicher, daß ich heute nacht am Leben geblieben bin, weil ich diese gute Tat begangen habe”, sagte er. Die Befreiung stehe kurz bevor, es könne nur eine Frage von Tagen, im schlimmsten Fall von einer bis zwei Wochen sein. Er sei sicher, daß die gute Tat, die er begangen hatte, von seinem Schwager und seiner Schwägerin nicht zerstört werde.

Wir blieben alleine. Unsere neuen Hüter zeigten sich nicht. So verging eine Woche. Jeden Abend stiegen wir die Leiter hinunter und spazierten hin und her, um unsere Glieder in Bewegung zu bringen. Anfangs ging es sehr schlecht, wir waren wie betrunken. Aber nach dem vierten, fünften Tag standen wir schon mehr oder weniger sicher auf den Beinen. Wir mußten erst wieder gehen lernen. Ich mußte noch vieles mehr lernen, sehr viel mehr. Was konnte ich denn? Ich hatte mit 13 aufgehört zu leben und erlebte meine Wiedergeburt mit 18.

Die Deutschen waren noch immer in der Stadt, obwohl, wie wir später erfuhren, in den Dörfern schon russische Einheiten einmarschiert waren. Wir wußten aber nicht, wo und in welchen Dörfern das war.

Unsere neuen Aufpasser waren besorgt. Sie hatten geglaubt, daß wir nach zwei bis drei Tagen verschwinden würden, weil die Russen kämen, aber es verging eine Woche und nichts passierte. Wybieratzkis Schwägerin kam zu uns herauf und verkündete, daß sie und ihr Mann kein Risiko mehr eingehen wollten und nicht länger bereit waren, uns zu helfen. Ihrer Meinung nach waren nur sehr wenige Deutsche da und wir könnten das Haus verlassen. Sie schlugen vor, in eines unserer eigenen Häuser zurückzukehren, denn dort wohnten Ukrainer, die uns sicher aufnehmen würden.

Unsere Situation war hoffnungslos. Zu unseren früheren Nachbarn in unser eigenes Haus zu gehen war genauso schlimm, wie direkt zu den Deutschen zu gehen. Unsere Zufluchtsstelle befand sich genau auf der entgegengesetzten Seite der Stadt. Wir hätten unterwegs viele Ukrainer treffen können, die uns sicher erkannt hätten. Uns als Juden zu erkennen, war nicht schwer. An unserem unsicheren Gang, den blassen Gesichtern und an unserer Bekleidung wäre von weitem zu erkennen gewesen, wer wir waren. Selbst wenn es uns gelingen sollte, würden uns unsere Nachbarn an die Deutschen ausliefern, davon waren wir überzeugt. Sie hatten doch alles übernommen, was wir früher besessen hatten, unser Haus, unser Vermögen. Unser Erscheinen würde für sie bedeuten, daß sie alles zurückgeben müßten. Sie hätten uns den Deutschen ausgeliefert. Andererseits waren wir überzeugt, daß wenn wir unser Versteck nicht verlassen, würde es der Schwager von Wybieratzki sein, der uns an die Deutschen auslieferte. Unsere Mutter schlug vor, daß sie allein versuchen würde, in unser Haus zu gehen, um mit den Ukrainern, die bei uns wohnten, zu sprechen. Wir waren dagegen. Sie zog einen Mantel und Schal von Frau Wybieratzka an, und ihre eigenen eleganten Schuhe, mit denen sie vor fast zwei Jahren hierher kam und seitdem nicht mehr getragen hatte. Sie betrachtete sich im Spiegel und war selbst überzeugt, daß spätestens nach 20 Metern jemand die Deutschen auf sie hetzen würde.

Noch am gleichen Abend fragte uns die Schwägerin, was wir beschlossen hätten. Mutter sagte, daß es für sie genauso gefährlich sei, wenn wir das Haus verließen. Wenn die Deutschen uns foltern würden, würde sie die Folter vielleicht überstehen, aber was wäre mit den Kindern? Dann würde alles herauskommen. Die Gefahr wäre für sie auch sehr groß. Meine Mutter schlug vor, daß sich die Schwägerin

und ihr Mann zurückziehen und uns keine Hilfe und kein Essen mehr bringen und uns alleine lassen sollten. Falls wir gefunden würden, würde man ihnen keine Vorwürfe machen können, man würde sehen, daß größere Mengen von Lebensmitteln vorbereitet worden waren und daß wir keine Hilfe von der Nachbarschaft bekommen hatten. Sie bat nur darum, daß sie uns nicht verraten sollten, sonst wollten wir nichts von ihnen. Die Frau ging darauf ein und versprach, uns nicht zu verraten.
Es vergingen einige Tage. In der Wohnung waren genügend Lebensmittel. Unsere Nachbarn hatten zuvor über die Hälfte der Lebensmittel mitgenommen, doch die Verpflegung reichte für einige Tage. Was fehlte, war Brot. Wir brauchten nur sehr wenig. Auch wenn wir uns in den 18 Monaten das Essen fast abgewöhnt hatten, war Brot wichtig. Wir waren stark abgemagert, und unser Magen verdaute nur sehr wenig.
Seit Wybieratzki fortgegangen war, waren zwei Wochen vergangen, in denen wir auf dem Dachboden lagen und auf die Erlösung warteten. Eines Abends kam ganz unerwartet die Schwägerin zu uns herauf. Sie berichtete, daß keine Deutschen mehr in der Stadt seien, sie hätten sie alle verlassen. Sie wisse aus sicherer Quelle, daß die Banderos diese Nacht in die Stadt kommen und alle noch verbliebenen polnischen Häuser in Brand stecken würden. Deswegen sollten wir das Haus verlassen.
Draußen war es schon finster. Wir zogen alte Kleidungsstücke an, die wir in der Wohnung finden konnten. Draußen stand der Schwager. Meine Mutter fragte ihn: “Sie haben doch sicher ein Loch, wo Sie Ihre Kartoffeln über den Winter lagern, könnten wir dort übernachten?” Seine Antwort war kurz – “Nein”. Wir gingen. Vor einem Haus, das etwas abseits stand, blieben wir stehen. Es schien, als wäre es leer. Es war stockdunkel. Wir bemerkten an der Seite des Hauses einen Schweinestall. Er war leer, also verkrochen wir uns dort für die Nacht. Es kamen keine Bandero-Banden in dieser Nacht. Im Morgengrauen krochen wir aus dem Schweinestall, schlichen uns in Wybieratzkis Haus hinein und versteckten uns wieder auf dem Dachboden. Wir waren verfroren und ermüdet; wir schliefen ein. Laute Männerstimmen weckten uns, es wurde Russisch gesprochen. Wir guckten durch das Giebelloch hinaus und sahen einige russische

Soldaten auf Pferden. Einer fragte den Bruder unserer Retterin: “In welche Richtung sind die Deutschen abgezogen?”
Noch bevor wir reagieren konnten, waren die Soldaten verschwunden. Wir gingen hinunter in die Wohnung der Wybieratzkis. Wir suchten nach Sachen, die wir anziehen konnten, wir hatten weder passende Schuhe noch andere Kleidungsstücke. Wir fanden ein paar alte Sachen und zogen sie an. Auch im Sommer hätte man so bekleidet auffallen müssen – und das war ein kalter Winter, im Januar 1944.

IRONIE DES SCHICKSALS:
DIE GESTAPO-ZENTRALE IN UNSEREM EIGENEN HAUS

DIE DRITTE BEFREIUNG – ROWNO

Mit unsicheren Schritten torkelten wir in Richtung Stadtmitte. Wir waren drei jämmerlich abgemagerte, bleiche und wie Bettler gekleidete Gestalten. Auf dem Weg trafen wir russische Soldaten. Wir sprachen sie an und fragten, wo der kommandierende Offizier zu finden sei. Wir gingen dorthin. Der Stadtkommandant empfing uns persönlich. Er war sehr freundlich und versicherte uns, daß wir jetzt in Ruhe in unser eigenes Haus zurückgehen und dort in Sicherheit wohnen können. Meine Mutter fragte sehr zurückhaltend, ob es nicht sein könnte, daß die Deutschen vorübergehend noch einmal zurückkämen. Daraufhin der Kommandant: "Wo die Rote Armee einmal hineinkommt, geht sie nicht wieder hinaus."

Ich war dem Todesengel in Gestalt des Hakenkreuzes endgültig entkommen. Das war meine dritte Befreiung. Wir verließen die Kommandatur und wußten nicht, was wir tun sollten. Ein unerklärlicher Drang, die Stadt zu verlassen, beherrschte uns. Wir waren frei und doch verloren. Die Straßen waren leer von Zivilisten. Wir trafen auf eine Gruppe Offiziere. Sie hielten uns auf und fragten, wer wir seien. Wir erzählten kurz unsere Geschichte und den Rat des Kommandanten. Einer von ihnen, ich glaube, es war ein Major, sagte: "Warum geht ihr nicht lieber nach Skobelka (eine Vorstadt), zum Stab unserer Division? Dort werdet ihr am besten betreut." Wir gingen dorthin. Nach einigen Erklärungen wurden wir einem General vorgeführt. Er hörte uns zu, ohne zu unterbrechen. Am Ende unserer kurzen Erzählung reagierte er sichtlich gerührt mit folgenden Worten: "Ich bin so froh, daß ihr am Leben geblieben seid." Nach einem weiteren Gespräch übergab der General uns der Obhut eines Obersten.

Wir waren die einzigen Zivilisten im Stabe der Division. In unseren Augen herrschte dort ein riesiges Durcheinander. Offiziere und Soldaten liefen herum, Telefone klingelten und Befehle wurden erteilt.

Der Oberst, der sich um uns kümmerte, fragte, warum wir eigentlich nicht in unser Haus zurückwollten. Wir sagten ihm, daß für uns diese Stadt nur ein Friedhof sei und wir hier nicht bleiben wollten, er verstand unseren Standpunkt. Seine Fürsorge war rührend. Wir waren es nicht mehr gewohnt, wie Menschen behandelt zu werden. Es ist nicht einfach, aus Menschen Tiere zu machen, aber die Deutschen hatten es bei uns fast geschafft. Wir fühlten uns wie gejagte Tiere.

Jetzt merkten wir auf einmal, daß es auch nicht so einfach war, zu einem normalen menschlichen Leben zurückzukehren.
Die nicht sehr weit von uns andauernden Kämpfe nahmen wir voll wahr. Wir bekamen viel zu essen. Es waren meist amerikanische Konserven. Um die Mittagszeit kam der Oberst zu uns. "Die Front liegt direkt vor uns", sagte er. "Ich möchte nicht unnötig euer Leben riskieren, deswegen werden wir euch nach Rovno schicken, dort seid ihr sicher." Wir bekamen einige Decken, Stiefel und Mäntel – und sahen fast wie Sowjetsoldaten aus. Abends "verfrachtete" uns der Oberst auf einen kleinen militärischen Lastwagen, verabschiedete sich von uns, nicht bevor uns noch ein anständiges Paket mit Proviant übergeben wurde. Wir fuhren Richtung der Stadt Rowno.
Es war inmitten eines schweren Winters. Die Fahrt im tiefen Schnee ging nur langsam vor sich. Unterwegs wurde der Lastwagen einige Male von sowjetischen Patrouillen aufgehalten. Wir zeigten ihnen das Dokument, das uns der Oberst ausgestellt hatte, und bekamen freies Geleit. In Rowno angekommen, brachte uns der Fahrer des Lastwagens in die Stadtkommandantur. Ein Offizier führte uns zu einem kleinen einstöckigen Haus in der Stadtmitte und übergab uns die Schlüssel. Es war eine kleine Zweizimmerwohnung mit einer Küche und sanitären Einrichtungen, die der damaligen Zeit entsprachen. Rowno war vollkommen zerstört, das Zentrum ausgebombt. Um unser Haus herum standen noch drei oder vier eingeschossige Häuser und Baracken, die auch teilweise beschädigt waren.
Unsere erste Nacht in Freiheit war nicht gerade erholsam. Gegen Mitternacht gab es Fliegeralarm. Einige Zeit später hörten wir das Brummen von vielen Flugzeugen. Stukas bombardierten die Stadt im Tiefflug. Wir hörten das Pfeifen der Flugzeuge und Bomben und eine Explosion nach der anderen. Die Bomben fielen immer näher an unserem Haus. Die Scheiben klirrten, die Wände zitterten. Eine Bombe explodierte auf dem Nachbargrundstück. Merkwürdigerweise hatte ich keine Angst vor dem Tod, der von der Hand Gottes kam. Es war ein ganz anderes Gefühl als die Angst, die wir jahrelang erlebt hatten, eine Angst, die des Teufels war. Trotz Bombenhagel und Stukas saßen wir im Haus, wir hatten keinen Keller, in dem wir uns hätten verstecken können, sprachen gemütlich miteinander und überlegten, ob wir das auch noch überstehen würden. Nach einiger Zeit trat Stille ein. Man sah nur noch die brennenden Häuser. Nach Mitternacht schliefen wir ein. Es war sehr kalt, die Wohnung war nicht geheizt

und nicht isoliert. Am nächsten Morgen machten wir uns ans Werk, um unsere Wohnung gemütlicher einzurichten. Ich suchte nach Werkzeug, um einige Reparaturen vorzunehmen, und ging zum Nachbarn auf der anderen Straßenseite. Es stellte sich heraus, daß auch dort eine jüdische Familie, ein Mann, eine Frau und eine 17- oder 18-jährige Tochter, wohnte. Sie waren in der Gegend von Rowno von Partisanen befreit worden. Sie hatten ein Jahr lang mit den Partisanen gelebt und waren nur einen Tag vor uns nach Rowno gekommen.

In den nächsten Tagen waren mein Bruder, meine Mutter und ich mit der Herrichtung einer bescheidenen Wohnung beschäftigt. Die Bombardements ließen nicht nach. Nacht für Nacht kamen die Stukas und bombardierten die Ruinen der Stadt. Tagsüber hörte man die Detonationen der Bomben und der Artillerie an der Front, die nicht weit westlich von Rowno verlief.

Wir hatten kein Geld, keine Bekleidung, einfach nichts. Wir dachten darüber nach, wovon wir leben sollten. In der zerbombten Stadt gab es keine Geschäfte, und auch für die, die Geld hatten, war es nicht einfach, sich mit Lebensmitteln zu versorgen. Der einzige Handelsplatz war der Markt. Es war ein florierender Schwarzmarkt, der vor den Augen der Miliz stattfand. Einige Bauern kamen täglich aus der Umgebung von Rowno in die Stadt, breiteten ihre Waren aus und boten sie zum Verkauf an. Meistens wurden die Waren getauscht. Die Bauern suchten jede Art von Bekleidung: Wäsche, Tücher, Mäntel, Anzüge und Schuhe. Die Einwohner der Stadt, die Soldaten und Offiziere, die in der Garnison von Rowno stationiert waren, waren an landwirtschaftlichen Produkten interessiert.

Meine Mutter kam auf die Idee, zu Hause Brötchen zu backen und auf dem Markt zu verkaufen. Das Problem war: Woher bekam man die dafür erforderliche Hefe? Ich ging mehrmals auf den Markt und versuchte, es herauszufinden. Hefe wurde konspirativ gehandelt, als wäre sie Gold oder sogar Waffen, die man nur heimlich kaufen konnte. Die Hefe wurde grammweise verkauft, und ich ging nach Hause und fragte meine Mutter, wieviel Hefe sie brauchte. Wir nahmen zwei von den Decken, die uns die russischen Offiziere für die Fahrt von Rowno mitgegeben hatten, gingen damit zum Markt und tauschten sie gegen Mehl und Hefe. So fing meine Mutter an, Brötchen zu backen. Sie steigerte die Produktion von Tag zu Tag, da sie in der Tat "wie heiße Semmeln" weggingen. Unser Geldproblem war ge-

löst. Mein Bruder Schmulik, der zu dieser Zeit 15 Jahre alt war, half meiner Mutter beim Verkaufen der Semmeln auf dem Markt.
Ich selbst war in diesen Tagen auf der Suche nach Juden, die überlebt hatten, vor allem nach Gesinnungsgenossen. Ich hatte mir zwei Ziele in den Kopf gesetzt: Rache an den Deutschen und an Ukrainern zu nehmen, die Juden ermordet hatten, und nach Wegen zu suchen, um nach Palästina zu entkommen.
In den nächsten Wochen fand ich einige junge Juden, die bei den Partisanen oder in den Wäldern überlebt hatten und die gleichen Ziele verfolgten. Einer war früheres Mitglied der "BETAR"-Organisation, der zionistischen Pro-Palästina-Bewegung. Wir trafen uns täglich, überlegten und diskutierten über Möglichkeiten und Wege, nach Israel zu gelangen. Ich war damals noch keine 18 Jahre alt.
Eines Tages, zwei Wochen, nachdem wir nach Rowno gekommen waren, fragte ich nach, ob ich als Freiwilliger in die Rote Armee aufgenommen werden könnte. Da ich kein russischer Staatsbürger war, war das nicht einfach.
Ich wartete, in der Kommandantur empfangen zu werden, bei dieser Gelegenheit unterhielt ich mich mit einigen Offizieren, die dort ein und aus gingen. Sie gehörten verschiedenen Einheiten an, unter anderem der NKWD-Miliz, der Bahn-Miliz und anderen. Einem von ihnen erzählte ich, daß ich Jude bin, und gab eine kurze Zusammenfassung meiner Geschichte. Er sah mich an und schwieg. Nach einer langen Pause sagte er, daß er mit mir noch ein ausführlicheres Gespräch führen wolle, und verabredete sich mit mir für den nächsten Tag in seiner Einheit. Bei diesem Treffen am nächsten Morgen stellte sich heraus, daß er zu einer Sondereinheit gehörte, die sich neben den militärischen Abwehraufgaben auch dem Kampf gegen Saboteure und Verräter widmete. Ich füllte einige Formulare aus, und nach einigen Tagen wurde ich aufgenommen. Die Hauptaufgabe der Einheit war, ukrainische nationalistische Saboteure aufzuspüren, in erster Linie Mitglieder der Bandera-Banden, die einen erbitterten Kampf gegen die russischen Soldaten führten. Die Einheit arbeitete geheim und bezog ihre Informationen hauptsächlich von gefangengenommenen Saboteuren, die in die Hände der Polizei, des Militärs oder unserer Sondereinheit gelangt waren. Andere Quellen waren selbstverständlich die Hinweise aus der Bevölkerung. Überfälle auf das russische Militär oder auf andere russische Einrichtungen waren

an der Tagesordnung. Es wurden Bomben gelegt und Bahnstrecken beschädigt. Fast alle, die in unsere Hände fielen, gaben irgendwann zu, daß sie sich an der Ermordung von Juden beteiligt hatten. Viele von ihnen waren zu unterschiedlichen Zeiten Mitglieder verschiedener ukrainischer Milizen gewesen, die mit der SS oder anderen deutschen Behörden zusammengearbeitet hatten.

Ich freundete mich mit meinem direkten Vorgesetzten, einem Oberstleutnant an, mit dem ich eng zusammenarbeitete. Diese Arbeit gab mir zwar das Gefühl einer gewissen Genugtuung, führte aber keineswegs zu einer inneren Befriedigung.

Ich beschäftigte mich weiterhin mit dem Gedanken, nach Palästina auszuwandern. Im Frühjahr 1944 wurde Czernowitz in Rumänien von den Russen eingenommen. Ich wollte versuchen, nach Czernowitz zu gelangen, um herauszufinden, ob es von dort eine realistische Möglichkeit gab, nach Palästina zu kommen. Obwohl ich hundertprozentig loyal war gegenüber meiner Einheit und meine Arbeit mit voller Hingabe erledigte, war dies rein formell und aus russischer Sicht eine antisowjetische Tätigkeit; allein der Wille, nach Palästina zu gelangen, reichte aus, um als Verräter verurteilt zu werden.

Eines Tages nahmen wir eine Gruppe von sieben Terroristen fest. Es handelte sich um drei Ukrainer, zwei Deutsche und zwei Rumänen. Die Deutschen und die Rumänen hatten sich den Ukrainern angeschlossen, obwohl die ukrainische nationalistische Bande von Banderas damals sowohl gegen die Russen als auch gegen die Deutschen kämpfte. Die zwei Deutschen und die Rumänen waren SS-Mitglieder und wurden entsprechend behandelt.

Die Tatsache, daß Deutsche und Rumänen in ukrainischen Banden tätig waren, war neu für uns, so daß wir dieses Thema einige Male in unserem Team besprachen. Ich erzählte meinem Vorgesetzten einmal, daß ich sehr gute Freunde und Bekannte in Czernowitz hatte. Das war selbstverständlich eine Lüge, denn ich war vorher noch nie da gewesen. Ich meinte, es wäre vielleicht vernünftig, wenn er mir für einige Tage die Gelegenheit gäbe, Czernowitz zu besuchen und dort mit Kollegen unserer Behörde zu sprechen. Mein Vorgesetzter wollte sich das überlegen.

Eines Tages tat ich zusammen mit einer jungen Ärztin Dienst im Hauptquartier unserer Einheit. Mit ihr hatte ich mich kurz vorher angefreundet. Irgendwann in dieser Nacht fing, wie in allen anderen Nächten auch, das Bombardement an. Wir achteten nicht darauf und widmeten uns ungeachtet des Bombardements unserer Liebe. Auf einmal detonierte eine Bombe; es war ein direkter Treffer. Die Bombe fiel in den anderen Gebäudeteil und zerstörte den ganzen Trakt, in dem wir uns befanden. Beton, Steine, Schutt und Asche fielen herunter und bedeckten uns. Ich hatte das Gefühl, als ob wir direkt von einer Bombe getroffen waren. Dann merkte ich Schmerzen in den Beinen. Wir versuchten, uns aus unserer Falle zu befreien. Erst nach einer guten Stunde hörten wir Klopfen und Rascheln um uns herum. Soldaten versuchten, den Schutt wegzuräumen, um nach Lebenden oder Verwundeten zu suchen. Uns war nichts geschehen, außer daß meine Beine von einem Balken schwer gequetscht worden waren. Unser Glück war, daß eine Tür, die aus den Angeln herausgerissen wurde, auf einen Tisch gefallen war und uns bedeckt hatte, und der ganze Schutt auf den Tisch und die Tür, und nicht auf unsere Körper fiel. Aus dieser Mausefalle wurden wir von einem Rettungstrupp befreit. Leider wurde meine Ärztin einige Tage später an die Front versetzt.

Damals traf uns ein weiterer, schwer zu verkraftender Schicksalsschlag. Mein drei Jahre jüngerer Bruder wurde schwer krank. Er hatte hohes Fieber, und der Arzt konnte ihm nicht mehr helfen. Wir mußten ihn ins Krankenhaus einliefern. Es stellte sich heraus, daß er Typhus hatte. Es gab keine Medikamente, wir sahen hilflos zu, ohne helfen zu können. Nach einer Woche verstarb mein Bruder. Es war für uns, besonders für meine Mutter, eine unvorstellbare Tragödie. Wir fragten uns, warum mußte dieser 15jährige Junge, der erst vor einem halben Jahr wieder zu leben anfing, der Junge, der die Hölle mitgemacht hatte, jetzt sterben. Schmulik war ein schöner Junge, begabt und klug, von allen geliebt – nur nicht von Gott. Warum? Nach seiner Beerdigung entstand eine Leere, die irgendwie gefüllt werden mußte. Also beschloß ich, meine Geburtsstadt Horochor und den Friedhof meiner Familie zu besuchen. Meine Mutter wollte auch mitkommen; sie war davon nicht abzuhalten. Ohne Erlaubnis konnte ich natürlich nicht vom Dienst wegbleiben, es war auch ausgeschlossen, ohne Marschbefehl und Papiere zu reisen. Nachdem ich meinem Vorgesetzten mein Vorhaben vorgetragen hatte, gab er mir einige Tage Urlaub und stellte die entsprechenden Papiere aus, in denen auch die Reise meiner Mutter genehmigt wurde.

Wir reisten mit dem Zug. Die Reise dauerte über sieben Stunden. Irgendwann in den frühen Morgenstunden kamen wir an. Die Bahnstation lag einige Kilometer vom Stadtzentrum entfernt. Die Verbindung zwischen dem Bahnhof und der Stadt wurde durch Pferde und Wagen hergestellt. Wir mieteten einen Wagen in die Stadt. Ich trug meine russische Uniform und war mit einer Pistole bewaffnet. Der erste Gang, den wir unternahmen, war der zum Haus meiner Großeltern, den Eltern meiner Mutter. Wir fanden das Haus unversehrt vor. Es war nicht zerstört.

Wir klopften bei den Bewohnern, und die Tür wurde geöffnet. Ein Mann mittleren Alters kam uns entgegen und fragte, was ich wollte. Ich antwortete, daß dieses Haus meiner Familie gehörte und ich einiges zu holen hätte. Der Mann wurde blaß. Er stand so, daß er uns den Weg ins Haus versperrte. Ich ging an ihm vorbei ins Haus, meine Mutter hinter mir. Drinnen saßen noch ein älterer Mann und zwei jüngere Frauen. Bevor wir etwas sagen konnten, sagte der Mann, der uns die Tür geöffnet hatte, zu den anderen: "Das sind die Eigentümer dieses Hauses. Sie wollen sich hier umsehen." "Ja, warum eigentlich nicht?" meinte der ältere Mann.

Ich ging direkt auf die Tür zu, die von der Küche in den Innenhof führte. Ich sah mich in diesem großen Patio um und sah, daß alles so war wie früher. Ich hielt Ausschau nach der Treppe, die von innen ins erste Obergeschoß führte.

Ich stellte mich vor die Treppe, die ins Obergeschoß führte, ging sechs Schritte nach rechts und dann zwei Schritte nach links. Dort blieb ich stehen. Im Befehlston verlangte ich von dem Ukrainer eine Schaufel und fing an zu graben. Als ich eine Tiefe von 40 oder 50 Zentimetern erreicht hatte, stieß ich auf Metall. Es kam eine grünblau lackierte Stahlkassette zum Vorschein. Es dauerte etwas Zeit, bis ich die Kassette draußen hatte. Ich schloß sie mit zwei Schlüsseln auf, die ich mitgebracht hatte. Drei Gegenstände befanden sich in der Kassette. Eine braune Ledertasche, ein in Stoff verpacktes Päckchen und ein kleines, verschnürtes Päckchen. Ohne sie aufzumachen, nahmen wir sie an uns. Die Kassette und das offene Loch ließ ich zurück, verabschiedete mich von den Ukrainern und verließ mit meiner Mutter das Haus.

Von dort begaben wir uns zu dem Haus, in dem wir gewohnt hatten, bevor wir ins Ghetto gezwungen worden waren, in unser eigenes Haus. Das Haus war unberührt, so wie wir es verlassen hatten. Die Tür wurde von einer älteren Bäuerin geöffnet. Das war die Nachbarin, die wir an dem Tag, als die Deutschen ihr Haus niederbrannten,

eingeladen hatten, bei uns zu wohnen. Mich erkannten die Bewohner nicht gleich wieder. Das war auch kein Wunder, denn ich hatte das Haus als Kind verlassen. Jetzt stand ich als russischer Soldat in voller Uniform vor ihnen. Mutter aber erkannten sie sofort. Das Unbehagen dieser Leute war in ihren Gesichtern zu lesen, obwohl sie uns nichts Böses getan hatten und wir ihnen auch keine Vorwürfe machten. Schließlich waren sie keine Eindringlinge, sondern von uns selbst eingeladen worden, in unserem Haus zu wohnen.
Langsam entwickelte sich ein Gespräch. Aus ihren Erzählungen erfuhren wir, daß sich weder bei ihnen noch in der ganzen Stadt während der deutschen Besatzung und danach Juden gezeigt hatten. Sie fragten uns, welche Zimmer sie frei machen sollten, weil sie glaubten, daß wir vorhatten, dort zu bleiben. Sie waren sehr beruhigt, als sie hörten, daß wir nicht vorhatten, in der Stadt zu bleiben. Ich packte den Inhalt der Ledertasche und des einen Päckchens in meine Offiziersmappe. Es waren wichtige Unterlagen und Dokumente. Das weitere Päckchen wurde nicht ausgepackt, es enthielt nämlich 30 Zwanzig-Dollar-Goldmünzen. Dies verstaute ich tief in der Tasche meines Militärmantels. Wir verabschiedeten uns und gingen in die Stadt zurück. Wir wurden das Gefühl nicht los, daß wir von vielen Augen beobachtet wurden. Die Leute wußten jetzt, wer wir waren – und zeigten ihren Unmut. Zwei Juden zuviel in der Stadt. Wir gingen betont "hochmutig" und taten so, als ob wir die uns begleitende Feindseligkeit nicht bemerkten. Wir hatten das Gefühl, daß nichts Gutes auf uns zukam. Der Versuch, einen Wagen zu bekommen und zur Eisenbahnstation zurückzufahren, scheiterte. Wir bekamen keinen Wagen. Wir entschlossen uns, zu Fuß zu gehen. Als wir ein Viertel der Strecke hinter uns gebracht hatten und schon außerhalb der Stadt waren, näherte sich von hinten ein Auto und hielt direkt vor uns an. Ein junger russischer NKDW-Offizier stieg aus und kam auf mich zu. Ich trug Offiziersuniform, aber keine Offizierspailletten, da ich kein Offizier war. Er fragte höflich, ob wir in der Stadt waren, was ich bejahte. Er wollte wissen, ob wir irgend etwas ausgegraben, irgend etwas mitgenommen hätten. Ich zeigte meine Ausweise und antwortete: "Ja, ich bin zurückgekommen, weil ich während der deutschen Besatzung meine persönlichen Papiere vergraben hatte", was nicht genau stimmte, denn mein Vater hatte dies noch während der russischen Besatzung in den Jahren 1939 bis 1941 getan. Es handele sich um Geburtsurkunden der Familie usw. Ich machte mei-

ne Offizierstasche auf und zeigte ihm die Papiere. Er sah hinein und sagte: “Alles in Ordnung.” und salutierte. Ich fragte, ob er uns zum Bahnhof fahren könne, er erklärte sich bereit. Wir stiegen ein, und er brachte uns zur Station. Von dort aus kehrten wir nach Rowno zurück.

In der Zwischenzeit hatten sich in Rowno um die 100 Juden zusammengefunden. Es waren Leute, die in den Wäldern der Ukraine überlebt hatten. Menschen, die sowohl die deutsche Tötungsmaschinerie als auch den ukrainischen Terror wie durch ein Wunder überstanden hatten. Eines Tages fragte mich mein Oberstleutnant, ob ich vielleicht nach Rumänien gehen wollte, um dort Kontakt zu meinen Bekannten aufzunehmen und den Kontakt zwischen ihnen und unserer Behörde herzustellen. Diese Idee unterstützte ich selbstverständlich enthusiastisch, jedoch ohne mir anmerken zu lassen, daß mich auch, oder sogar hauptsächlich, andere Gründe bewegten. Ich bekam einen militärischen Reisebefehl, ließ mir die entsprechenden Dokumente ausstellen und machte mich auf den Weg nach Rumänien.

Im Kriegsstab des Bezirks Lemberg traf ich einen jüdischen Oberst, mit dem ich mich nach einigen Unterhaltungen anfreundete. Ich erzählte ihm von meinen Erlebnissen und daß ich beim Militär tätig war, ohne ihm die Einheit preiszugeben. Ich sagte ihm, daß ich im Rahmen meiner militärischen Tätigkeiten auf dem Wege nach Czernowitz in Rumänien war. Dieser Oberst stammte aus der russischen Stadt Gomel, wo wir bis zum Krieg Angehörige hatten. Es stellte sich heraus, daß er diese Familie kannte, mit einigen von ihnen war er sogar befreundet. Ich blieb zwei Tage in Lemberg, und er besorgte mir einen kleinen Militär-Lastwagen, der mich direkt nach Czernowitz brachte.

In Czernowitz angekommen, versuchte ich Kontakt zu Juden zu finden. Das war jedoch nicht einfach, denn ich wußte nicht, an wen ich mich wenden, noch wo ich sie suchen sollte. Da kam mir der Zufall zu Hilfe. Auf einer Straße sah ich einen Juden mit Bart und schwarzem Hut, mit anderen Worten, einen orthodoxen Juden. Ich sprach ihn an. Im ersten Moment erschrak er, daß ihn ein uniformierter Russe anhielt. Als ich ihn aber auf Jiddisch fragte: “Jude?”, antwortete er prompt: “Ja, ich bin Jude.” Von ihm erfuhr ich, daß noch weitere Juden in Czernowitz seien. Er erzählte mir von einer Gruppe Rabbiner, die den Holocaust überlebt und sich jetzt in Czernowitz zusammengefunden hatten. Außerdem gab es einige jüngere Leute,

die aus den Wäldern gekommen waren, nachdem sie die Hölle überlebt hatten.
Nach einem Tag fand ich weitere Juden, drei Männer und eine Frau. Sie waren alle um die 25 Jahre alt. Ich stellte mich unter einem falschen Namen vor. Es dauerte etwas Zeit, bis die vier mir vertrauten und offen über ihre Ziele mit mir sprachen. Sie wollten so schnell wie nur möglich aus Czernowitz raus und nach Palästina gelangen. Nach dreitägigem Besuch in Czernowitz machte ich mich auf den Rückweg nach Rowno, nicht ohne in Czernowitz einen kleinen Kern von Mitarbeitswilligen zu lassen. Über Lemberg kehrte ich nach Rowno zurück.
Unter den wenigen Juden, die in Rowno lebten, befand sich auch ein junger Mann in meinem Alter mit seiner Mutter. Sie hatten auf wundersame Weise überlebt und waren mit der Roten Armee nach Rowno zurückgekehrt. Der junge Mann versuchte sich als Schwarzhändler und wurde dabei von der Miliz mit einem halben Kilo Hefe erwischt. Er wurde sofort in Arrest genommen. Der junge Mann saß in Haft, und die Mutter versuchte verzweifelt, ihn herauszuholen. Dabei trat sie an mich heran und fragte mich, ob ich ihr nicht helfen könnte. Ich ging zum Militärstaatsanwalt, der in Verbindung mit unserer Behörde stand, und bat um die Gelegenheit, mit dem jungen Mann zu sprechen. Der Militärstaatsanwalt telefonierte mit der zuständigen Miliz. Nach kurzer Klärung bat er den Stationskommandanten ans Telefon. Er verfügte, mir ein Treffen mit dem Häftling zu ermöglichen. Ich ging in Begleitung eines Soldaten der Staatsanwaltschaft dorthin. In der Milizstation ankommend, erklärte mein Begleiter dem diensthabenden Offizier die Weisung des Staatsanwalts. Nach einem kurzen Telefonat entließ der diensthabende Offizier meinen Begleiter und teilte mir einen neuen Begleiter zu. Wir gingen ins Städtische Gefängnis. Mein Begleiter berief sich auf das Telefonat seines Chefs mit dem Gefängnisleiter und sagte zu meiner Überraschung, daß wir den Gefangenen mitnehmen könnten. Ich glaubte meinen Ohren nicht. Es dauerte nicht lange, und der Gefangene wurde uns übergeben. Der mich begleitende Milizmann verabschiedete sich und ging. Ich sagte zu dem jungen Mann, er solle seine Mutter nehmen und sofort die Stadt verlassen. Fünf Jahre später erkannte mich der "Häftling" wieder – es war in Israel.
Der Kampf gegen die ukrainischen Banden breitete sich aus. Die Überfälle auf sowjetische Einrichtungen wurden häufiger und richte-

ten immer mehr Schaden an. Moskau verlangte ein rücksichtsloses Durchgreifen. Eine diesbezügliche Weisung, von Chruschtschow und Bereznow persönlich unterschrieben, verlangte, gnadenlos gegen die ukrainischen Terroristen vorzugehen. Ich hatte allen Grund, dieser Weisung zu folgen. Ich hatte das Gefühl, der Geschichte eine kleine Portion Gerechtigkeit zu verschaffen. Die Juden und ich persönlich hatten mit den Ukrainern eine Blutrechnung zu begleichen. Was aber das Sowjetregime den Ukrainern und anderen Völkern antat, war verbrecherisch. Die Verschickung von 400.000 Tschetschenen und 70.000 Anguschen nach Kasachstan und Sibirien oder die Vertreibung von 200.000 Tataren nach Asien erinnerten an die alten Zeiten meiner Erlebnisse unter der Sowjetbesatzung in den Jahren 1939 und 1941. Meine freiwillige Arbeit für das Regime, in dem auch ich viel gelitten habe, war für mich ein inneres Bedürfnis, eine Schuld gegenüber den Verfolgten, es den Verfolgern wenigstens auf diese Weise heimzuzahlen. Ich hatte eine Schuld zurückzuzahlen, die Schuld für meine Befreiung. Ich hatte aber auch einen mir selbst gegebenen Schwur zu erfüllen: Rache an den Tätern.

Am 6. Juni 1944 erfuhren wir, daß die Amerikaner, Briten, Franzosen und Kanadier in der Normandie gelandet waren. Obwohl eine Alliierten-Invasion zu erwarten war, kam diese Nachricht überraschend. Der endgültige Sieg über Deutschland wurde spürbar und greifbar nah. Im Juli 1944 begann die große Sommeroffensive der Roten Armee in Richtung Polen. Die Stadt Lublin wurde aus den Händen der Deutschen befreit. Die russische Armee kam bis an die Weichsel. In Warschau begann der Aufstand. Die Russen verharrten bis Januar 1945 an der Weichsel, das war eine politische und keine militärische Notwendigkeit: Die Sowjets ließen die Polen in Warschau ausbluten.
Mir wurde klar, daß ich in Rowno nichts mehr zu suchen hatte. Ich suchte nach einem Weg, die Stadt zu verlassen, ohne zu desertieren. Ich lud meinen Vorgesetzten, den Oberstleutnant, in unsere bescheidene Wohnung in Rowno ein und bereitete ein lukullisches Mahl mit viel Wodka und Wein vor. Dann sagte ich ihm, daß ich mich mit ihm beraten wolle. Ich erzählte ihm einige Einzelheiten über unsere Familie und die Familie meiner Mutter in Polen, und daß ich der einzige sei, der ihr noch geblieben war. Daß ich deswegen meine Mutter nicht alleine lassen konnte, sie aber als polnische Staatsbürgerin nach Polen zurückkehren müßte. Ich erwähnte noch, daß der Tod meines Bruders sie schwer belastete. Deswegen deutete ich an, daß ich mich offiziell von meiner Funktion befreien lassen wollte, um meine Mutter nach Polen zu begleiten.
Durch die Art und Weise meines Vorgehens in Sachen meiner Entlassung verfolgte ich zweierlei: Erstens wollte ich einen ehrenhaften Abgang vom Dienst. Zweitens war es für mich wichtig, bei Bedarf nach Rowno zurückkehren zu können.
Es war die Zeit der sowjetisch-polnischen Versöhnung. Auf Weisung Stalins wurden alle polnischen Vertriebenen und Häftlinge aller Art freigelassen und ihre Rückkehr nach Polen bevorzugt behandelt. Diese offizielle Haltung der Sowjet-Politik gegenüber Polen war bekannt, und ich rechnete damit, daß mein Vorgesetzter das berücksichtigen würde. Ganz unerwartet fragte er mich: “Was willst du denn in diesem verdammten Polen?” Ohne zu überlegen, sagte ich: “Eigentlich will ich nicht in Polen bleiben, ich will nach Palästina, aber nur über Polen kann ich dorthin gelangen.” Die Überraschung

war vollkommen. Der Oberstleutnant überlegte eine Weile und sagte zu mir: “Jascha, wenn du mir versprichst, daß du nach Palästina gehst, helfe ich dir, nach Polen zu kommen. Sollte ich dich aber irgendwann treffen oder erfahren, daß du in Polen geblieben bist, erschieße ich dich eigenhändig.” Mir war zum Weinen zumute. Ich konnte die Tränen in den Augen nicht verbergen. In den nächsten Tagen stellte mir mein Chef die Entlassung aus. Dieses Verhalten meines Vorgesetzten ist mir bis heute rätselhaft, insbesondere, da er ein Oberst des sowjetischen Geheimdienstes war.
Meine Abreise aus Rowno mußte ich etwas hinauszögern. Ich hatte in jenem Sommer meine Externa-Abiturprüfung bestanden und wollte nicht ohne Zeugnis abreisen. Es war kurz vor den Sommerferien. Wir bereiteten uns auf die Abreise vor. Einige Tage vor den Ferien konnte ich mein Zeugnis erhalten. Wir packten unsere wenigen Sachen und suchten nach einer Gelegenheit, in den Westen zu reisen. Wir hatten Glück. Wir trafen auf einen Lastwagen, der nach Lublin fuhr und uns mitnahm. Auf dem Weg zwischen Rowno und Lublin hielt der Lastwagen an vielen Städten und Stellen, zu denen er Dienstpost zu befördern hatte. Unzählige Kontrollen mußten wir überstehen, aber unsere Papiere waren einwandfrei. Ich wurde in “offizieller militärischer Mission” nach Lublin geschickt, und gemäß meinen Ausweisen durfte ich meine Mutter mitnehmen. Eine Sonderempfehlung bat alle militärischen Instanzen, uns zu unterstützen und jede Hilfe zu leisten, so daß wir keine Schwierigkeiten hatten, nach Lublin zu gelangen.

Trotz unserer Dokumente war mir nicht ganz wohl zumute. Auch wenn alles offiziell und formell in Ordnung war, hatten wir es mit einem unberechenbaren Regime zu tun. Am dritten Tag trafen wir in Lublin ein. Die Stadt war nur teilweise zerstört, einige Viertel waren unbeschädigt. Wir ließen uns am Bahnhof absetzen, nahmen unser Gepäck und suchten die Stadtverwaltung von Lublin auf. Dort erklärten wir, daß wir Juden polnischer Staatsangehörigkeit seien, die aus Rußland zurückkehrten. Wir baten um Hilfe, um ein Dach über dem Kopf und informierten uns darüber, ob sich weitere Juden in der Stadt befanden. Dabei erfuhren wir, daß es sogar ein Komitee jüdischer Rückkehrer gab. Der Beamte in der Stadtverwaltung wollte uns am nächsten Morgen eine Wohnung zuteilen. Wir baten ihn, unsere Sachen im Büro zurücklassen zu dürfen, um sie später abzuholen.
Lublin war damals die Hauptstadt Polens und der Sitz der polnischen Exilregierung, die gerade aus Moskau zurückkehrte. In der Stadt selbst herrschte zugleich eine russische Militärverwaltung.
Wir suchten so bald wie möglich das jüdische Komitee auf. Es arbeitete in einem Haus voller gestrandeter Existenzen. Manche trugen noch ihre gestreiften Jacken aus den Lagern. Sie waren von der Roten Armee befreit worden. Einige hatten in den Wäldern und einige wenige bei Christen überlebt.
Wir übernachteten die erste Nacht in einem der Räume des jüdischen Komitees. Am nächsten Morgen standen wir als erste vor der Tür in der Stadtverwaltung. Wie versprochen, wurde unsere Angelegenheit schnell und reibungslos geregelt. Wir füllten Formulare aus, und ein Beamter ging mit uns, um uns die Wohnung zu übergeben. Es war eine kleine Zweizimmerwohnung, jedoch voll möbliert, mit einer vollständig ausgestatteten Küche. Es stellte sich heraus, daß es ein jüdisches Haus war, in dem eine deutsche Familie gelebt hatte, deren Oberhaupt für die “Organisation Todt” gearbeitet hatte. In einem Schrank fanden wir zwei siebenarmige jüdische Leuchter aus Silber. Auf einem war auf hebräisch eine Inschrift eingraviert, aus der hervorging, daß es sich um ein Hochzeitsgeschenk handelte. Wir konnten uns lebhaft vorstellen, daß die beiden Leuchter nicht mit Geld gekauft worden waren.

Noch am gleichen Tag holte ich eine Garnitur meiner Uniform hervor, bestehend aus Wintermantel, Hose und Hemd, und ging damit auf den Marktplatz. Dort dauerte es nur wenige Minuten, bis ich die Uniform gegen Zivilkleidung eingetauscht hatte. Ich bekam einen dunkelgrauen Anzug, der nicht unbedingt neuwertig war, ein Hemd und einen alten Regenmantel. Zu Hause angekommen, versuchte meine Mutter, die Hose und die Jacke zu flicken und meiner Größe anzupassen.

Das war meine vierte Befreiung: Die Polen befreiten mich von den Sowjets. Ein neues Leben als Zivilist, als polnischer Staatsbürger begann. Meine neue Identität bereitete mir keine großen Schwierigkeiten. Ich versuchte, die Vergangenheit so gut es ging zu verdrängen und mich mit den aktuellen Fragen des Lebens zu beschäftigen.

Meine Mutter, die noch vor einigen Jahren die Grande Dame der Stadt war, eine hübsche und intelligente Frau, war in kurzer Zeit verwitwet und verlor auf tragische Weise ihren zweiten Sohn, der den ganzen tragischen Weg des Holocaust überlebt hatte und nach der Befreiung von uns ging. Sie war allein mit ihrem Schmerz und ihrer Trauer. Lublin war für sie genau wie für mich nur eine Übergangsetappe. Sie vermied Bekanntschaften und verzichtete bewußt auf Freundschaften. Mein Drang, nach Palästina zu gehen und für ein freies jüdisches Land zu kämpfen, wurde genährt durch meine Erziehung, die ich bis zum Beginn des Krieges genossen hatte. Die Kriegsereignisse, die brutale Verfolgung der Juden und schließlich der Holocaust, den ich in einigen Variationen miterlebt hatte, hatten in mir das Bewußtsein gestärkt, daß nur ein unabhängiges Volk, das ein eigenes Land und eine eigene Armee hat, seine Landsleute auch außerhalb des eigenen Landes schützen kann. Ich investierte all meine Gedanken, all meine Kraft, um dieses Ziel zu erreichen.

Die folgenden Tage verbrachte ich vorwiegend in den Räumen des jüdischen Komitees. Ich sprach die Leute an, junge und alte, und fragte sie, wie sie überlebt hatten, woher sie kamen und was sie taten. Dabei war meine wichtigste Frage, ob sie vorher einer zionistischen Organisation angehört hatten. Da täglich Juden in Lublin ankamen, dauerte es nicht lange, bis ich eine Gruppe von Leuten fand, die früher der “BETAR” angehört hatten. Ich erzählte den Leuten, daß ich vorhatte, in Lublin die Organisation wieder

aufzubauen und daß es mein einziges Ziel sei, uns selbst und alle Juden, die in Polen, Rußland und wo auch immer am Leben geblieben waren, nach Palästina zu bringen. Wir redeten über meine rumänischen Pläne und über die Kontakte, die ich dort geknüpft hatte. Ich erklärte ihnen, daß es unser Ziel sein müsse, nachdem die Rote Armee weitere Gebiete in Richtung Deutschland befreien würde, uns Richtung Westen und besonders Richtung Süden zu bewegen. Unser Ziel müsse der Balkan, und besonders Italien sein. Der Weitermarsch nach Israel würde von dort aus einfacher sein.
Gewiß, es gab damals in Lublin viel dringlichere Aufgaben, als Propaganda für Israel oder Palästina zu machen. Aus den befreiten Lagern von Sobibor und Majdanek kamen Überlebende zurück. Es waren Schatten von Menschen. Sie brauchten dringend Hilfe. Sie brauchten ärztliche, psychologische, materielle Hilfe. Ich gestehe, daß ich für viele dieser wichtigen und lebenswichtigen Aufgaben damals nicht genug Verständnis und keine Zeit fand. Ich beschäftigte mich wie verbissen nur mit zwei Dingen: dem Versuch, Wege zu finden, um die am Leben verbliebenen Juden nach Palästina zu bringen, und der Bestrafung von Tätern. Ich war nicht der einzige, der sich in diese Projekte verbissen hatte. Es gab noch andere junge Leute, die die gleichen Visionen, das gleiche Bedürfnis hatten. Gott sei Dank fanden sich auch solche, die sich ganz der Hilfe und der Pflege der Geretteten hingaben.
Viel später fragte ich mich: Welche treibende Kraft war das, die mich, einen 17- jährigen „erst Neugeborenen“ zu solchen Taten - die Mut, Wissen und vor allem Erfahrung voraussetzten – trieben. Wer autorisierte mich und die wenigen anderen dazu ? Die einzige Antwort war: Ich fand mich berufen.
Im Sommer 1944 kamen die ersten Juden aus Rußland nach Lublin. Es waren diejenigen polnischen Juden, die bei Kriegsausbruch mit der polnischen Armee Richtung Osten geflüchtet waren und sich in der Westukraine angesiedelt hatten. Der größte Teil dieser Flüchtlinge war in den Jahren 1940 und 1941 vom Sowjetregime nach Rußland, Asien und Sibirien verschleppt worden. Jetzt, nach der Rückkehr der polnischen Exil-Regierung und der Rückkehr der polnischen Armee, wurden auch diese Deportierten und Zwangsverschickten begnadigt und konnten nach Polen zurückkehren. Einige tausend dieser Flüchtlinge meldeten sich in der Sowjetunion

freiwillig in die polnische Armee, die Seite an Seite mit der Roten Armee gegen Nazi-Deutschland eingesetzt wurde. In Lublin nahm ich Kontakt zu einigen Soldaten und Offizieren der polnischen Armee auf. Viele von ihnen traten durch uns den Weg nach Palästina an.

Ende des Sommers 1944 hatte ich in Lublin eine gut organisierte Gruppe, die ca. 30 Leute zählte. Einige jüdische Offiziere aus der Armee und der Polizei schlossen sich meiner Gruppe an. Mit ihnen organisierte ich ein kleines Waffendepot und führte Übungen im Schießen und in der Benutzung von Gewehren durch. Im Januar 1945 wurde die Stadt Lodz befreit. Einige Tage nach der Befreiung entschloß ich mich, nach Lodz zu fahren, um zu sehen, ob es dort überlebende Juden gab.

Ich kam Anfang Februar in Lodz an. Ich fand dort eine Gruppe von 800 Juden, die in Verstecken im Ghetto überlebt hatten. Es war wie ein Wunder. Keine andere Stadt des deutschen Massakers hatte ein solches Glück. Im Ghetto von Lodz lebten 1941 165.000 Juden, das bedeutete, daß in Lodz 5% der Ghetto-Insassen die Judenausrottung überlebt hatten.

Einige der Überlebenden, die in einer besseren Verfassung waren, kehrten in ihre Häuser zurück, soweit sie nicht durch Polen besetzt waren. Meistens waren diese Wohnungen frei, weil sie von den Deutschen übernommen worden waren, die in der Zwischenzeit geflüchtet oder vertrieben worden waren. Diese Überlebenden, die genügend Kraft hatten, übernahmen die Verantwortung, organisierten ein Komitee und begannen, alles für die armen Menschen zu tun, die aus dem Ghetto und den Lagern um Lodz herum kamen.

Ich entschloß mich, meinen Wohnsitz von Lublin nach Lodz zu verlegen. Ich fuhr sofort nach Lublin zurück, packte meine Sachen und die Sachen meiner Mutter, und dann siedelten wir nach Lodz um. Bevor ich aus Lublin abreiste, hatte ich Kontakte und Verbindungswege mit der Organisation, die ich dort hinterließ, festgelegt.

Anfang März fand ich dort eine ganz andere Situation vor als Anfang Februar. Einige tausend Juden hatten sich inzwischen zusammengefunden. Der größte Teil von ihnen waren die, die aus den befreiten Konzentrationslagern nach Lodz kamen. Die anderen waren solche, die mit der polnischen Armee und der polnischen Regierung kamen. Die dritte Gruppe bestand aus denen, die aus dem schon vor einem halben Jahr befreiten Lublin nach Lodz strömten.

Lodz wurde für mich und meine Arbeit zu einer kurzen, aber entscheidend wichtigen Übergangsstation. Bevor ich Lodz wieder verließ, kam es noch zu einer zukunftsträchtigen Begegnung. Einer meiner Parteikollegen fragte mich eines Abends, ob ich nicht Lust hätte, mit ihm zu einer Verabredung zu gehen. Er hatte drei Mädchen kennengelernt, die gemeinsam in einer Wohnung lebten, und da ich nicht viel Besseres zu tun hatte, stimmte ich zu. In einem alten Haus, im Parterre, wohnten die drei Mädchen. Sie waren aus einem Konzentrationslager befreit worden und waren nach Lodz, ihrer Heimatstadt, zurückgekehrt. Eines der drei Mädchen war auffallend schön. Sie war blond und machte auch sonst einen besonderen Eindruck auf mich. Sie selbst stammte aus Lodz, ihre ganze Familie aber war in Auschwitz und Dachau umgekommen. Dieses Mädchen sah mehr nach einer Polin als nach einer Jüdin aus. Ihre grünen Augen strahlten Trauer aus. Sie hinterließ bei mir einen tiefen Eindruck. Wir verbrachten den ganzen Abend mit den drei Mädchen. Beim Abschied sagte ich, teils aus Höflichkeit, teils aus ernstgemeinten Gründen, daß es mir leid tue, daß ich sie nicht mehr sehen würde, weil ich in den nächsten Tagen Lodz verlassen würde und nicht wüßte, wann und ob ich überhaupt wieder nach Lodz zurückkommen würde. „Wer kann das schon voraussagen?” sagte die hübsche Blondine. Zwei Berge treffen nie zusammen, aber zwei lebende Menschen, wer weiß. Sie wußte es besser.

Zu jenem Zeitpunkt hätte ich mir noch nicht träumen lassen, daß auf dem Weg zu meinem Lebensglück, eben mit diesem Mädchen, noch ein märchenhafter Roman auf mich warten sollte.

IN UKRAINISCHER SPRACHE DIE AUFSCHRIFT HOROCHOV

WLADISLAV
WYBIERAZKI
UNSER RETTER

WLADEK
WYBIERAZKI
DER SOHN

FRAU VIKTORIA
WYBIERAZKI

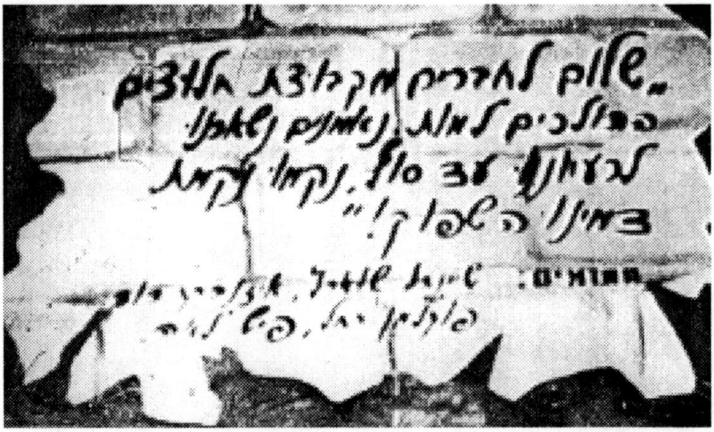

EINE HEBRÄISCHE AUFSCHRIFT AUF EINER WAND DER ZERSTÖRTEN SYNAGOGE (UMSCHLAGPLATZ FÜR DIE TODESTRANSPORTE):

„SCHALOM KAMERADEN. WIR SIND EINE GRUPPE HALUZIM (PIONIERE). WIR GEHEN DEM TODE ENTGEGEN UND BLEIBEN UNSERER IDEE TREU. RÄCHT UNSER VERGOSSENES BLUT“

EIN DENKMAL AUF EINEM DER MASSENGRÄBER UNSERER STADT

„HIER WURDEN 1942 3000 JUDEN DURCH DIE DEUTSCHEN ERMORDET“

IN ROWNO NACH DER BEFREIUNG 1944

MIT MEINER MUTTER 1945

ZWEI LIEBEN IN EINEM HERZEN

"Was ist ein Zionist?" fragt ein Jude den anderen. Die Antwort lautet: "Ein Zionist ist ein Jude, der einen anderen Juden überredet, einen dritten Juden zu überzeugen, Geld zu spenden, um einen vierten Juden nach Palästina zu schicken."

Es war 1945, kurz nach dem Zusammenbruch des Großdeutschen Reiches. Ich war 19 Jahre alt, voller Energie und patriotischer Träume, und ich war Zionist, ich wollte nach Palästina. Nicht nur, um andere dorthin zu schicken, sondern auch, um selbst dorthin zu gelangen. Aber nicht nur ich, auch die anderen wollten das gleiche.

Die Zeit des Alleinganges war vorüber. In Lodz fand ich eine Gruppe früherer Parteiaktivisten. Sie waren alle älter als ich. Wir gründeten ein erstes Nachkriegskomitee der Revisionistischen Partei, ein Komitee der ersten Stunde, wie wir das damals nannten. An einige Namen dieser Leute kann ich mich noch erinnern: Dr. Berkal, Uberbaum, Gardin, Urboch, Landau, Schulz, etwas später kamen Lasker, Wurman und andere.

Eine unserer größten Sorgen war die Kontaktaufnahme zu alten Parteimitgliedern, die noch in der Sowjetunion waren, um ihnen zu helfen, aus der Sowjetunion herauszukommen. Im Rahmen der Aufteilung der Arbeit im Komitee übernahm ich die Aufgaben der Leitung und Koordination des "ALIA"-Ressorts, was zu deutsch heißen wird: "Leitung des Exodus nach Palästina". Es brauchte etwas Zeit, um meine Kollegen zu überzeugen, meine Idee zu akzeptieren, daß ich illegal nach Rußland zurückkehren würde, um dort Kontakte mit Leuten unserer Partei aufzunehmen.

Zwei Wochen später hatte ich genügend Informationen und einen genau ausgearbeiteten Plan, wie ich mich nach Rußland hinein schmuggeln und wie ich dort vorgehen wollte.

Bevor ich nach Rußland abfuhr, beschloß ich, noch kurz Warschau zu besuchen, das erst vor kurzem befreit worden war. Ich kam am späten Nachmittag dort an und war vom Ausmaß der Zerstörung schockiert. Die Stadt lag in Schutt und Asche. Ich quartierte mich im Hotel "Polonia" ein, eines der wenigen "Luxushotels", die den Krieg einigermaßen unversehrt überstanden hatten. Im Hotel erwartete mich ein junger polnischer Hauptmann. Er hatte blondes, leicht gelocktes Haar, blaue Augen und einen großen, rötlich-blonden Schnurrbart. Sein Name war Kuba. Wir kannten uns noch nicht persönlich, aber der eine war über den anderen hinreichend informiert. Wir waren beide derselben Sache verbunden. Durch seinen Posten im polnischen Generalstab konnte Kuba unserer Sache sehr nützlich sein.

Obwohl Kuba äußerlich der klassischen Vorstellung eines polnischen Offiziers entsprach, war er alles andere, als man erwartet hätte. Kuba war Jude und Holocaust-Überlebender. Vom ersten Moment unserer Begegnung fühlten wir starke Sympathie füreinander. Nachdem ich mein Zimmer bezogen hatte, verließen wir das Hotel und spazierten lange durch die von Menschen bevölkerten Straßen, die durch die Ruinen der verbrannten und zerbombten Stadt führten. Ich glaubte, daß ich den Brandgeruch noch wahrnahm.

Kuba schlug vor, zum Abendessen ins Offizierskasino zu gehen. Ich wollte lieber im Hotel essen.

Nach dem Essen schlug Kuba noch einen Besuch in der Hotelbar vor. Die Bar war schummrig und brechend voll. Die Gäste waren junge polnische, meist uniformierte Offiziere. Ein Quartett spielte amerikanische Schlager. Die Tanzfläche war bis auf das äußerste vollgestopft. Mühsam bahnten wir uns einen Weg zur Theke. Nicht weit von uns saß eine Gruppe Offiziere in Begleitung einiger junger Damen. Mir gegenüber saß eine Dame, sehr gut gekleidet und auffallend attraktiv. Sie hatte ein hübsches, ovales Gesicht, dem leicht hervortretende Wangenknochen etwas leicht Exotisches gaben. Ihre rotbraunen Haare leuchteten in der Dunkelheit. Sie hatte große, braune Augen, die mich an Kastanien erinnerten.

Ich war von ihrem Anblick fasziniert und konnte meinen Blick von ihr nicht losreißen. Kuba bemerkte meinen Zustand. Er riet mir, mich zu beherrschen, in Warschau gebe es jede Menge schöner Frauen. Wir tranken Wodka, betrachteten die Tänzer und witzelten über die Frauen. Mein Blick wanderte aber immer wieder zu der rothaarigen Fee. Auf einmal stand sie auf, um mit einem der Offiziere tanzen zu gehen. Ich sah ihr direkt in ihre großen Augen, und um ihren Mund spielte ein kaum merkliches Lächeln, von dem ich nicht wußte, ob es spöttisch gemeint war. Dann verschwand sie im Gedränge der Tanzfläche. Kuba machte sich über mich lustig. Etwas später legte das Orchester eine Pause ein, und die Tanzpaare strömten zu ihren Sitzplätzen. Auch meine Kastanienfee näherte sich ihrem Tisch und blickte nicht ein Mal in meine Richtung. Kuba fragte mich: “Soll ich sie zum Tanzen einladen?”

“Wieso du?” fragte ich. “Ich tue es.”
Leicht gesagt. Das Tanzparkett war wahrlich nicht meine Domäne. Ich schaute in ihre Richtung. Sie sprach mit einer Tischnachbarin. Ich starrte die beiden an, und siehe da: Die Kastanienfee hob ihren Blick und schaute mich an. Ich traute mich, ein Lächeln anzudeuten. Auf ihrem Gesicht erschien wieder dieses kaum merkliche Grinsen, vielleicht Lächeln. Ich wurde etwas unsicher. Es erregte mich, und ich faßte einen Entschluß. Das Schlagzeug kündigte eine neue Tanzrunde an. Ich zögerte nicht lange, ging auf die Kastanienfee zu und verbeugte mich. Ich fragte den jungen Offizier, ob er gestatte, und streckte meine Hand dem Mädchen entgegen. Die Überraschung war vollkommen. Die jungen Offiziere starrten mich an. Die Kastanienfee stand langsam auf. Ich trat einen Schritt zurück, sie kam mir entgegen, und wir wendeten uns der Tanzfläche zu.
Da erklang eine Walzermelodie. Ich war erleichtert, denn den Tanz traute ich mir zu. Schweigend versuchten meine Partnerin und ich, im Gedränge einen Tanz zu kreieren. Ich sah ihr in die Augen.
Sie lachte und sagte: “Wer tanzen will, sollte das besser woanders tun.”
Ich fragte: “Wollen Sie tatsächlich tanzen? Ich hätte nichts dagegen, wenn wir woanders hingingen.”
Sie lachte wieder und sagte: “Oh, so schnell?”
“Was heißt, so schnell?” fragte ich. “Sie vergessen wohl, daß Krieg ist, und wer weiß, was der Morgen bringt. Man darf keine Zeit verlieren, und ich möchte doch mit Ihnen tanzen und Ihnen nicht nur auf die Füße treten. Hier ist das aber unmöglich.”
Sie sah mich an und fragte: “Übrigens, warum tragen Sie keine Uniform?”
“Ich will Sie nicht enttäuschen. Ich bin Pazifist.”
Sie hob ihre großen braunen Augen und sah mich fragend an. Ich lachte, und sie verstand den Witz. Nachdrücklich fragte sie: “Sind Sie überhaupt Pole?”
“Warum?” fragte ich, “Sehe ich wie ein Exot aus, oder bin ich in Ihren Augen ein typischer Ausländer?”
“Nein, das nicht”, sagte sie hastig, und dann wiederholte sie die erste Frage: “Warum tragen Sie keine Uniform?”
Ich sah sie ernsthaft an und antwortete: “Ich bin doch ein Exot. Ich komme aus einem Land, von dem Sie wahrscheinlich noch nie etwas

gehört haben. Ich komme aus einem Wüstenland und bin zur Hälfte Afrikaner und zur Hälfte Asiate. Ich komme aus Palästina", log ich.
Sie blieb abrupt stehen. Ihre Reaktion war für mich unerwartet, aber auch unverständlich. Sie starrte mich an, als wäre ich von einem anderen Planeten gekommen. Sie sagte lange Zeit kein Wort. Ihr Gesichtsausdruck wurde ernst und zu gleicher Zeit blaß, als ob sie erschreckt oder schockiert wäre. Sie schwieg.
Ich unterbrach die Stille und fragte: "Ist was? Habe ich etwas Falsches gesagt oder getan?"
Sie sah mich noch immer regungslos an. Auf einmal erwachte sie. "Nein", sagte sie, "Sie haben nichts Falsches gesagt und auch nichts Falsches getan."
Ein leicht gequältes Lächeln erschien auf ihrem Gesicht. "Sie sehen doch selbst", sagte sie, "es ist unmöglich, hier zu tanzen. Es hat keinen Sinn. Bringen Sie mich bitte an meinen Tisch zurück", bat sie und fügte bettelnd hinzu: "Bitte."
Da war ich an der Reihe, überrascht zu sein. Ich befand mich in einer befremdlichen Situation. Ich stand da, starrte sie an und wußte nichts zu sagen. Schließlich fiel mir nichts Besseres ein als: "Wenn das tatsächlich Ihr Wunsch ist, bringe ich Sie selbstverständlich sofort an Ihren Platz zurück", fügte dann aber hinzu: "Darf ich Sie nach dem Grund fragen?"
Wie aus der Pistole geschossen, antwortete sie: "Nein, das dürfen Sie nicht. Nicht heute, bitte."
Ich nahm sie am Arm, um sie an ihren Platz zurückzuführen, und fragte sie, ob ich sie später noch mal zum Tanz auffordern dürfe.
"Vielleicht", war ihre knappe Antwort. Bevor wir ihren Tisch erreichten, sagte sie mir direkt ins Gesicht: "Es tut mir wirklich leid, sehr leid. Vergessen Sie am besten diesen Vorfall."
Kuba fragte mich, warum wir den Tanz unterbrochen hätten. Ich erzählte ihm alles. Wir konnten uns keinen Reim auf ihr Verhalten machen. Kuba verfiel auf die Idee, die Kastanienfee selbst aufzufordern. Sie lehnte zwar ab, wollte aber den nächsten Tanz für ihn reservieren. Sie blieb während dieses ganzen Tanzes an ihrem Tisch sitzen. Nach einer Pause ging Kuba wieder zu ihr herüber, sie tanzten eine ganze Runde. Ich erwartete ungeduldig das Ende. Als Kuba zurückkam, berichtete er: Sie wollte wissen, ob wir Freunde seien. Kuba berichtete ihr, daß ich aus Palästina sei und einen Auftrag bei der polnischen Regierung habe. Er wollte dadurch klarstellen, daß es

sich um staatliche Beziehungen handele. Er hinterließ unausgesprochen den Eindruck, daß er mein offizieller Begleiter sei. Er sagte ihr, daß ich sehr von ihr beeindruckt sei, ihr Verhalten aber nicht verstehen könne. Sie sagte, daß sie sich bei mir entschuldigen wolle, könne dies aber nicht jetzt tun. Sie fragte Kuba, ob sie mich telefonisch erreichen könne. Kuba sagte, daß ich im Hotel wohne, und nannte ihr meinen vollen Namen.
Uns war ihr Verhalten unerklärlich. Gerade standen meine Fee und ihr Begleiter auf, um zu gehen. Ich sah sie an, sie lächelte breit und hatte das gleiche Blitzen in den Augen wie zuvor. Ich tat etwas Ungewöhnliches und schürzte meine Lippen zu einem Kuß. Noch ein Lächeln von ihr, und sie verschwand.
Wir blieben noch kurz in der Bar, dann gingen wir auch. Es war kurz nach Mitternacht. Kuba und ich verabredeten uns für den nächsten Morgen um halb zehn zum Frühstück. Ich konnte nicht einschlafen, die Kastanienfee ging mir nicht aus dem Kopf. Sollte ich mich Hals über Kopf verliebt haben? Irgend etwas war geschehen, was ich selbst nicht definieren konnte. Irgendwann schlief ich ein. Die Fee war dabei. Um sechs Uhr morgens wachte ich auf. Ich lag mit geschlossenen Augen und erlebte aufs neue den vergangenen Abend in allen Einzelheiten. Gegen meine Gewohnheit stand ich langsam auf und begann meine Morgentoilette. Nicht einmal die kalte Dusche machte mich wach. Schließlich, es war bereits neun Uhr, war ich fertig und ging ins Foyer hinunter, um die Morgenzeitung zu kaufen. Kurz darauf traf Kuba ein.
Das erste, was er sagte, war: "Hast du die Rothaarige schon vergessen?"
"Nein", antwortete ich lächelnd, "ich habe mit ihr geschlafen."
Wir betraten den Frühstücksraum und bestellten unser Frühstück. Wir sprachen über den Tagesablauf, kamen aber bald auf die Kastanienfee zu sprechen. Kurz nach zehn wurde ich ans Telefon gerufen, was mich überraschte, denn niemand kannte meinen Aufenthaltsort.
"Guten Morgen, Herr Berger", sagte eine angenehm klare, weibliche Stimme, die ich sofort erkannte. "Es spricht Maja, das Mädchen, das sich gestern so beschämend benommen hat."
"Oh", sagte ich, "wem gegenüber war dieses Mädchen denn so unzuvorkommend?"
Sie lachte laut: "Ihnen gegenüber. Haben Sie das schon vergessen, oder wissen Sie nicht, wer spricht?"

“Selbstverständlich weiß ich das. Wie könnte ich das vergessen. Sie sind doch die Kastanienfee.”
“Was”, fragte sie erstaunt, “wie kommen Sie darauf?”
“Worauf?” fragte ich. Sie schwieg. Nach einer kurzen Pause fragte ich sie, wie es ihr gehe und ob ihr der gestrige Abend gut bekommen sei.
“Gut”, sagte sie, “sehr gut. Und wie geht es Ihnen? Haben Sie gut geschlafen in Ihrer ersten Nacht in Warschau?”
“Was für eine Frage”, antwortete ich, “ich hatte eine phantastische Nacht, Sie waren doch die ganze Nacht bei mir. Das war keine Nacht, das war ein Traum.”
“Sie sind unmöglich”, sagte sie, “Sie bringen mich in Verlegenheit. Ein Glück, daß Sie mich jetzt nicht sehen können.”
“Dem kann schnell abgeholfen werden”, sagte ich. “Wann soll ich Sie abholen? Sofort?”
“Nein, das geht nicht”, sagte sie, “ich muß zur Universität.”
“Sie wollten sich bei mir entschuldigen”, sagte ich. “Das müssen Sie schon persönlich tun. Ich akzeptiere keine telefonischen Entschuldigungen. Sie verstehen das doch, oder?”
Sie schwieg einen Moment, dann sagte sie: “Na schön, Sie haben gewonnen. Wir können uns heute abend treffen.”
“Sie machen mir zwar den Tag kaputt”, sagte ich, “aber ich freue mich auf den Abend.”
Wir verabredeten uns um acht Uhr zum Abendessen im Hotel.
Kuba sah meinem Gesichtsausdruck an, wer am Telefon gewesen war. Er fragte mich, noch bevor ich mich wieder gesetzt hatte: “Sollen wir mit dem Frühstück warten? Kommt noch eine dritte Person hinzu?”
“Leider nein”, antwortete ich. “Aber vom heutigen Abendessen bist du wieder ausgeladen.”
Wir besprachen mehrmals die Geschehnisse des gestrigen Abends und den Telefonanruf. Um ein Detail war ich jedenfalls reicher: Ich wußte jetzt ihren Namen: Maja.
Den ganzen Tag war ich mit Kuba zusammen. Wir trafen einen weiteren polnischen Offizier, einen Freund von Kuba. Er war Major in der Panzertruppe und Jude aus einer in Warschau assimilierten Familie. Bis zum Einmarsch der Deutschen in Warschau wußte er nicht, daß er Jude war. Wir aßen im Kasino zu Mittag und besprachen, wie dieser Freund unserer Sache helfen könne. Um fünf Uhr brachte

mich Kuba ins Hotel, und wir verabredeten uns wieder zum Frühstück. Nach dem Frühstück wollte Kuba mich zum Zug begleiten.
Ich war etwas abgespannt und legte mich hin, konnte aber nicht einschlafen. Um sieben Uhr machte ich mich fertig und ging in die Empfangshalle hinunter. Ich spazierte vor dem Hotel auf und ab und war aufgeregt. Ich hatte mit Maja verabredet, daß ich sie in der Empfangshalle erwarten würde. Etwa fünf nach acht stand sie in der Eingangstür. Sie lächelte, und ohne zu überlegen umarmte ich sie und küßte sie leicht auf beide Wangen.
Sie war überrascht – nicht schockiert. “Wir kennen uns doch noch gar nicht”, sagte sie.
“Doch, immerhin weiß ich, daß Sie Maja heißen, und wie Sie selbst schon sagten, weiß ich auch, daß man Sie ‚Kastanienfee‘ nennt.”
“Das stimmt nur teilweise”, versetzte sie.
Wir gingen ins Restaurant, wo uns eine hübsche, junge Kellnerin zu unserem reservierten Tisch führte. Wir schwiegen einige Minuten. Maja brach als erste das Schweigen: “Warum betrachten Sie mich so genau?”
Darauf ich: “Bis jetzt habe ich Sie doch noch nie bei Tageslicht gesehen. Gestern abend war es erstens ziemlich dunkel, außerdem war ich selbst etwas benebelt. Jetzt kann ich Sie endlich in Ihrer ganzen Pracht anschauen.”
“Und Sie sind enttäuscht”, stellte sie fest.
Schweigend verzog ich das Gesicht und nickte. Sie verstand. Wir bestellten einen Aperitif und danach das Abendessen. Ich bat sie, mir zu erklären, warum sie auf meine Erklärung, daß ich aus Palästina komme, so schockiert reagiert habe.
“Nicht jetzt. Darüber können wir später reden”, war ihre kurze Antwort.
Während des Essens sprachen wir über belanglose Dinge. Sie lebte im Haus ihrer Mutter, die als Chefärztin in einem Krankenhaus arbeitete. Ihr Vater war gestorben, er war vor dem Krieg Bauingenieur und Bauunternehmer gewesen. Sie war ein Einzelkind und studierte im vierten Semester Medizin.
Nach dem Essen setzten wir uns in die kleine Bar neben dem Restaurant. Sie fragte nach meiner Familie und interessierte sich besonders für Palästina. Aus ihren Fragen sprach jedoch nicht mehr als das normale Interesse einer jungen Polin an diesem Thema.

Kurz nach Mitternacht sagte Maja zögernd: “Ich möchte mit Ihnen gern woanders, ohne Zuhörer, sprechen.”
“Wenn es Sie nicht stört, können wir auf mein Zimmer gehen.”
Sie nickte nur. Ich zahlte, und wir gingen nach oben. Maja sah sich in meinem Zimmer um und nahm auf einem Zweisitzer Platz. Meine Frage, ob ich etwas zu trinken bestellen solle, verneinte sie. Ich setzte mich neben sie, und so verharrten wir eine Zeitlang schweigend. Dann sah sie sich um, als ob sie sich vergewissern wolle, ob niemand zuhörte. “Ich bin Jüdin”, brachte sie leise heraus.
Die Überraschung saß. Ich sah sie lange schweigend an. Sie schaute mir direkt in die Augen. Dann fragte ich: “Aber warum denn bloß diese Geheimniskrämerei? Die Deutschen sind doch nicht mehr da. Wovor haben Sie denn Angst?”
“Ich wußte, es würde schwer zu verstehen sein. Eigentlich habe ich vor niemandem Angst. Aber diese Minute der Wahrheit machte mir unverständliche Angst.”
Ich wartete einige Minuten. Dann sagte ich: “Maja, erzählen Sie doch.”
Sie fing mit ihrer Kindheit an. Es wurde von Minute zu Minute spannender. Draußen dämmerte es schon. Der Morgen nahte, und mit ihm das Finale, das Ende ihrer rührenden und unglaublichen Geschichte. Sie endete und fing an zu weinen. Ich legte meinen Arm um sie und drückte ihren Kopf an meine Brust. Es dauerte einige Zeit. Maja beruhigte sich langsam. Sie hob den Kopf und sah mich an. Ich nahm ihren Kopf in meine Hände. Ich beugte mich langsam zu ihr hinunter und küßte sie auf den Mund. Anfangs leicht und langsam, dann leidenschaftlich. Sie legte ihr Arme um mich ...
Wir befreiten uns aus unserer Umarmung. Wir wußten, heute darf nichts mehr passieren. Das Licht des frühen Morgens kündigte den neuen Tag an. Ich sah auf die Uhr, es war halb sieben. Zeit, ins Badezimmer zu verschwinden. Ich mußte noch packen. Ich fragte Maja, ob ich sie schnell nach Hause bringen solle. Sie verneinte und sagte, sie werde mich zum Zug begleiten. Wir gingen zum Frühstück hinunter. Kuba war schon da. Er konnte seine Überraschung kaum verbergen, als er Maja in meiner Begleitung sah. Wir taten so, als sei das das Normalste von der Welt. Ich sagte, daß Maja mich zum Zug begleiten werde.
Darauf Kuba: “Ihr seid aber schnell gute Freunde geworden.” Ich erwiderte: “Ach, nicht nur gute Freunde, wir sind sogar verliebt.”

Maja wurde rot bis über die Ohren. Es wurde höchste Zeit, zum Bahnhof zu fahren. Der Zug hatte wie üblich Verspätung. Endlich kam er.
Ich sagte zu Kuba: "Paß mir bitte auf Maja auf." Nach einer Pause fügte ich hinzu: "Aber nicht zu gut."
Wir lachten. Maja trat an mich heran. Wir umarmten uns lange zum Abschied. Ich versprach ihr, nach dem Ende meiner langen Reise (sie wußte nicht, wohin die Reise ging) so schnell wie möglich wieder nach Warschau zu kommen. Eine verstohlene Träne, und der Zug setzte sich in Bewegung. Es war in den Tagen der großen russischen Siege und des Vormarsches auf Berlin, die Euphorie war grenzenlos. Ich ließ meine russischen Dokumente wieder aufleben und schlüpfte in meine alte Identität eines russischen Soldaten. Ich entschied mich, auf dem gleichen Wege nach Rußland zurückzugehen, auf dem ich nach Polen gekommen war, weil mir der schon vertraut war. Ich kam ohne Schwierigkeiten nach Lublin zurück, blieb einen Tag dort bei meinen Freunden der Organisation und war froh zu erfahren, daß die Arbeit hier in meinem Sinne weiterging und daß Lublin nach wie vor als eine Durchgangsstelle diente. In Lublin meldete ich mich beim Stadtkommandanten. Ich zeigte meinen Ausweis und erzählte, daß mein Marschausweis mir verlorengegangen sei. Ohne große Schwierigkeiten bekam ich von ihm einen Marschpaß nach Rowno ausgestellt. Innerhalb von 17 Tagen besuchte ich Lemberg, Lutzk, Rowno und Kiew. Es gelang mir, in allen Städten feste Kontakte zu knüpfen.
Die 17 Tage, die ich in der Sowjetunion verbrachte, erschienen mir endlos. Obwohl ich sehr angespannt war, mußte ich sehr vorsichtig agieren, um nicht vom KGB enttarnt zu werden, ich war mit meinen Gedanken dauernd in Warschau. Maja begleitete mich überall hin. Ich dachte an sie, ich sah sie vor mir, besonders nachts, in den Stunden und Minuten, in denen ich allein war. Es bestand die Gefahr, daß ich durch meine "geistige Abwesenheit" unvorsichtig würde. Ich hatte Sehnsucht. Nicht einmal telefonieren konnte ich mit ihr.
Ich beendete meine Rußlandmission, und am Tag der deutschen Kapitulation verließ ich Kiew auf dem Wege nach Lodz. In der Euphorie des Sieges wurde ich auf dem ganzen Rückweg nicht ein einziges Mal kontrolliert. In Lublin schlüpfte ich, wie schon einmal zuvor, wieder in meine zivile Kleidung und reiste nach Lodz zurück.

In der Zwischenzeit wuchs in allen größeren Städten Polens die Zahl der überlebenden Juden, die aus den Lagern und aus Rußland zurückkehrten und die bereit waren, jede Strapaze auf sich zu nehmen, um aus Europa zu entkommen und nach Palästina zu gelangen.
Der Druck auf die einzelnen Organisatoren des "Exodus" Richtung Palästina wuchs von Tag zu Tag. Wir waren überfordert, und auch, wenn zu dieser Zeit jeder einzelne von uns, der aus eigener Initiative und eigener Kraft tätig wurde, schon Helfer um sich hatte und meist schon einer Parteiorganisation seine Tätigkeit unterstellte, war es noch immer im großen und ganzen chaotisch und unkoordiniert und eine Herausforderung.
Einige Tage nach meiner Rückkehr nach Lodz traf ich einen englischen Soldaten, der aus Palästina kam. Sein Name war Eisig Pugan, und er war Vertreter der Untergrundorganisation "LECHI", auf deutsch "Kämpfer für die Freiheit Israels". Sie war eine Splittergruppe des "EZEL", auf deutsch "nationale militärische Organisation". Der "EZEL" war mir aus der Vorkriegszeit, als ich noch als Jugendlicher in der "BETAR" war, bekannt.
Der "EZEL" war in der Zwischenzeit in Palästina zur stärksten Untergrundorganisation geworden. Er kämpfte gegen die Briten und für die Unabhängigkeit Israels. Nach Ausbruch des Zweiten Weltkrieges war der "EZEL" bereit, für eine gewisse Zeit den Kampf gegen die Briten in Palästina einzustellen. Die Briten galten als Feind, aber man wollte ihnen bei ihrem Kampf gegen Hitler nicht in den Rücken fallen. Aufgrund dieses Beschlusses hatte sich eine kleine Gruppe Mitglieder unter der Leitung eines jungen, talentierten Schriftstellers namens Jair Stern vom "EZEL" abgespalten. Jair Stern war im Gegensatz zum größten Teil der "EZEL"-Führung der Meinung, daß man den Kampf gegen die Briten aktiv weiterführen sollte. Er glaubte einfach nicht, daß die Briten ihre Versprechungen einhalten und nach dem Krieg das Mandat über Palästina abgeben und dadurch die Errichtung eines israelischen Staates ermöglichen würden.
Jair Stern hatte leider recht. Wer war dieser Mann? Ende 1937 kam ein junger Mann namens Stern nach Polen. Er war Mitglied des Stabes der Untergrundorganisation "EZEL" in Palästina. Er unterbreitete der polnischen Regierung einen an für sich zu dieser Zeit abenteuerlichen Plan, nach welchem der "EZEL" einen Propagandafeldzug in Polen, Österreich, Rumänien, der Tschechoslowakei und Ungarn durchführen würde, der einen großen Teil der Juden, die in diesen

Ländern lebten, zur Auswanderung nach Palästina bewegen sollte. Es handelte sich um den sogenannten “Jabotinski-Evakuierungsplan”. Der immer stärker anwachsende Antisemitismus in diesen Ländern und die immer schärfere Verfolgung der Juden in Deutschland sollte diesen Plan rechtfertigen und beschleunigen.
Nach einigen Debatten im Kabinett stimmte die polnische Regierung diesem Plan zu. Es wurden einige Einzelheiten schriftlich vereinbart. Die polnische Regierung sollte den “EZEL”-Mitgliedern eine militärische Ausbildung zukommen lassen. Es sollten 20.000 junge Leute durch Offiziere der polnischen Armee innerhalb von fünf Jahren ausgebildet werden. Der “EZEL” würde in den Städten mit größeren jüdischen Zentren Büros eröffnen. Weiterhin sollten junge Leute in polnischen Offiziersschulen als Offiziere ausgebildet werden. Die Polen verpflichteten sich, diese 20.000 Mann starke Armee entsprechend zu bewaffnen. Der “EZEL” seinerseits verpflichtete sich, alles in seiner Macht Stehende zu tun, um den Polen eine einflußreiche Position im Nahen Osten zu verschaffen. Daß die Polen froh waren, einen Teil ihrer Juden auf diesem Wege loszuwerden, war klar, wenn auch nicht ausgesprochen.
Der “LECHI”-Kurier versuchte, mich als Mitglied zu gewinnen. Wir unterhielten uns länger. Ich versuchte, so viel wie möglich über die Differenzen zwischen dem “EZEL” und “LECHI” zu erfahren. Ich hatte das erste Mal die Gelegenheit, von kompetenter Stelle zu erfahren, wie es zu dem Konflikt zwischen Jair Stern und seinem Vorgesetzten David Raziel kam. Ein Konflikt, der zu der Spaltung des “EZEL” führte. Nach gründlicher Überlegung erklärte ich dem “LECHI”-Kurier, daß ich meine Entscheidung, welcher Organisation, dem “EZEL” oder dem “LECHI”, beizutreten, erst nach meiner Ankunft in Palästina treffen würde. Gleichzeitig erklärte ich mich bereit, den “LECHI” in seinen Tätigkeiten in Europa zu unterstützen. Ich bekam vom Kurier eine Reihe von Wünschen. Es ging um die Beschaffung von Nachrichten über britisches Militär, über britische Einrichtungen und Geheimdienste in Europa, zusätzlich um die Beschaffung von Waffen und Munition und militärischer Technik.
Sein Hauptanliegen aber war, Mitglieder des “LECHI” von Europa nach Palästina zu schleusen. Dabei durften die britischen Nachrichtendienste, die in Europa unter den jüdischen Flüchtlingen spionierten, nicht erfahren, welche von ihnen “LECHI”-Mitglieder waren, wenn sie in Palästina ankamen. Die von mir neu übernommene

Pflicht führte dazu, daß ich einen Teil meiner kurzfristigen Pläne korrigieren mußte.

Die Stunde des offenen Konfliktes, des bewaffneten Konfliktes gegen das britische Mandat, rückte näher. Die langjährige politische Auseinandersetzung wurde sinnlos und durch die Folgen des Holocausts nicht mehr vertretbar. Fast 30 Jahre versuchten die britischen Machthaber, die Juden in Palästina durch Trug und Betrug zu täuschen. 1917 übertrug der Völkerbund das Mandat über Palästina an die britische Regierung, mit der Auflage, dort einen nationalen Heimatsstaat für die Juden zu ermöglichen. Diesem Zweck diente auch die sogenannte "Balfour-Deklaration". In der ganzen Periode des britischen Mandates zwischen den Weltkriegen hatten die Briten nicht nur ihr Versprechen nicht eingehalten, sondern sogar kleinere Konzessionen, die unter internationalem Druck gemacht wurden, immer wieder hinausgeschoben und meist nicht eingehalten. Besonders kritisch wurde die Situation nach dem Sieg der Alliierten. Jetzt verweigerten die Briten endgültig die Einreise der überlebenden Juden aus Europa nach Palästina.

In Palästina selbst herrschten zu dieser Zeit zwei verschiedene, von sich extrem abweichende Ideologien. Die eine, die gemäßigte, vertreten durch Chaim Weizmann und David Ben-Gurion, wollte mit den Briten so weit wie nur möglich verhandeln und durch politischen und moralischen Druck Zugeständnisse erreichen. Die andere glaubte, daß von den Briten nichts mehr zu erwarten sei, wie es jahrelange Erfahrungen bewiesen hatten. Diese Ideologie wurde vertreten von Menachem Begin, dem späteren Premierminister Israels, und davor von eben diesem Jair Stern. Da die Briten auch jetzt, nach dem Holocaust, den Juden die Tore Palästinas versperrten, war es für mich leicht zu entscheiden, welcher Bewegung ich mich anschließen würde.

Ich war gerade von meiner "Mission" in der Sowjetunion zurückgekehrt. Es waren die ersten Tage nach dem deutschen Zusammenbruch. Die Freude machte wieder schnell den Realitäten Platz. Es war viel zu tun. Ich telefonierte zu dieser Zeit viel mit Maja, manchmal dauerten die Gespräche Stunden.

Es entstand eine Liebe, die sich zeitweise nur per Telefon artikulierte und sich trotzdem vertiefte. Für einen 19jährigen wie mich, der seine Kinder- und Jugendliebschaften stets unter dem Druck tragischer Ereignisse unterbrechen mußte, wurde diese "normale" Liebe zu einer UNRRAtionalen. Gibt es denn überhaupt eine rationale Liebe? Diese Frage hat sich für mich zu jener Zeit nicht gestellt. Ich entschloß mich, nach Warschau zu reisen. Ich rief Maja an. Ihre Mutter war am Telefon. Sie wußte, wer ich war. Sie war sehr höflich, sogar freundlich. Ich bat sie, Maja zu berichten, daß ich am nächsten Tag nach Warschau reisen würde. Majas Mutter lud mich daraufhin ein, bei ihnen zu Abend zu essen.

Am nächsten Tag kam ich am frühen Nachmittag in Warschau an. Maja erwartete mich am Bahnhof. Es war ein "heißes" Wiedersehen. Wir fuhren zum Hotel. Ich wurde mit Fragen überschüttet. Die Zurückhaltung, die sie am ersten Abend unserer Bekanntschaft gezeigt hatte, war verschwunden. Es hatte sich zwischen uns ein Zusammengehörigkeitsgefühl und Vertrauen gebildet, als wären wir schon seit langem zusammen. Trotzdem fiel es mir schwer, ihr zu antworten. Wenn es nach meinem Gefühl gegangen wäre, hätte ich ihr alles gesagt, aber mein Verstand verlangte, daß ich Rücksicht nahm. Ich versuchte, einen Kompromiß zu finden. Ich erzählte Maja, daß ich in die Sowjetunion gereist war. Sie erschrak und fragte, ob das nicht gefährlich gewesen sei. Ich stellte das Ganze als eine legale Reise dar. Ich erzählte ihr auch von meinem Treffen mit Juden, die meine Hilfe für ihre Auswanderung brauchten. Maja hakte mit ihren Fragen immer wieder nach, so daß ich merkte, daß sie schon ahnte, woher der Wind wehte. Maja war nicht nur schön, sie war auch klug. Maja nahm meine Hand, sah direkt in meine Augen, und mit klarer und ernster Stimme fragte sie: "Glaubst du nicht, daß wir etwas übertreiben. Wieso können zwei Menschen, die sich kaum kennen, die so kurz zusammen sind, sich so vertraut vorkommen. Meine Gründe", sagte Maja, "mich in deine Hände zu begeben, sind zu verstehen, aber warum du?" Das schmeichelte mir selbstverständlich, ich fragte mich aber: Ist das normal? Ich sah Maja an, ich verstand ihre Fragen, ich verstand ihr Problem, hatte aber keine vernünftige Antwort parat. Ich zog Maja an mich. Das war das einzige, was ich in dem Moment tun konnte.

Wir bestellten unser Abendessen aufs Zimmer. Nach dem Essen saßen wir eng aneinander gepreßt auf dem Sofa. Auf einmal sagte Maja leise: "Erzähl mir doch was von dir. Von deiner Kindheit, deinen Eltern und etwas mehr."

Ich begann, ihr meinen Lebenslauf zu erzählen. Um zehn Uhr rief Maja ihre Mutter an und sagte, daß sie an dem Abend nicht mehr nach Hause komme. Es wurde eine lange Nacht, die sich nicht oft wiederholt. Wir beschlossen, unser Frühstück unter Menschen einzunehmen. Wir saßen uns gegenüber und sahen uns ununterbrochen in die Augen.

Plötzlich fragte Maja: “Woher wußtest du, daß man mich ‚Kastänchen‘ nennt? Ich habe es dir doch nie gesagt.”

Seit unserer ersten Begegnung hatte ich sie nie mehr “meine Kastanienfee” gennant. Ich sagte, daß ich keine Ahnung hätte, daß sie so genannt wurde, und daß ich dachte, daß ich diesen Namen erfunden hätte, als Huldigung an die Farbe ihres Haares und ihrer Augen.

Maja sah mich lange an, ich wartete. Sie nahm meine auf dem Tisch ruhende Hand und sagte: “Eigenartig, in der Schule nannten mich die Kinder ‚Kaschtanek‘, zu deutsch ‚Kastänchen‘. Dann vergaß ich meinen Spitznamen und erzählte diese Geschichte erst vor einem Jahr wieder meinem Verlobten.”

Ich sah Maja verwundert, vielleicht sogar erschrocken, an.

Sie erwiderte meinen Blick, mit einem scharfen und zugleich milden Ausdruck. “Ja”, sagte sie, “das wollte ich dir schon lange sagen, schon, bevor du zum ersten Mal abgereist bist. Es kam leider nicht dazu.”

Sie hielt meine Hand, sah mich an und sagte: “Es ist vorbei. Ich habe gestern meine Verlobung gelöst.”

Ich senkte den Kopf. Ich war überrascht, wahrscheinlich sogar schockiert. Ich brauchte einen Moment zum Nachdenken. Ich mußte zuerst einmal begreifen, was das alles bedeutete.

Maja fing sich als erste und fragte: “Bist du schockiert?”

“Nein”, antwortete ich, “nicht schockiert, aber überrascht.” Das war das wenigste, was ich in diesem Moment sagen konnte.

“Ich habe nichts anderes erwartet”, sagte Maja und drückte fest meine Hand. Langsam erhoben wir uns von unseren Stühlen. Der Frühstücksraum war schon fast leer. Es war kurz vor elf. Wir gingen aufs Zimmer. Maja war ein wenig zurückhaltend. Ich nahm sie in meine Arme. Sie reagierte leidenschaftlich und sichtlich erleichtert. Nach einiger Zeit sagte Maja: “Es tut mir leid, ich konnte nicht anders. Ich konnte und wollte nicht mit einer Lüge leben. Ich habe mich entschlossen und nach meinem Gefühl gehandelt. Und jetzt bin ich überzeugt, daß du ein Recht auf die Wahrheit hast.”

Ich sagte: “Ich habe nichts zu beichten, jedenfalls nichts, was unsere Beziehung angeht. Ich habe dir zwar einiges verschwiegen, aber das

sind Dinge, die im persönlichen Bereich untergeordnete Bedeutung haben. Außerdem werde ich mich auch in dieser Hinsicht bessern."
Unerwartet fragte sie: "Bist du einverstanden, wenn ich meine beste Freundin jetzt anrufe und wir uns in einer Stunde zu einem Kaffee treffen? Das würde mir viel bedeuten."
"Nur wenn sie so schön, so klug und noch etwas besser ist als du."
"Scheusal", sagte Maja und ging ans Telefon. "Du kannst doch deine Freundin zum Mittagessen hierher einladen." Wir beschlossen, auch Kuba dazu einzuladen. Er war nicht zu Hause, so hinterließen wir eine Nachricht und baten um Rückruf.
Danach rief Maja ihre Mutter an. Sie sprach leise, lachte viel, und sagte ansonsten nur "ja, ja" oder "nein, nein", alles von ausgiebigem Kichern begleitet. Das ging so ungefähr 20 Minuten lang. Maja näherte sich mir und sagte: "Meine Mutter hat mich gebeten, ausdrücklich in ihrem Namen, dich für heute abend zum Essen einzuladen. Du mußt mir aber versprechen, achtzugeben, daß du dich nicht in meine Mutter verliebst. Sie ist eine bildhübsche, attraktive und jugendliche Frau. Viele meiner Verehrer haben sich in sie verliebt." Ich war gewarnt. Bevor wir das Zimmer verließen, um auf ihre Freundin zu warten, rief Kuba an. Er wunderte sich nicht, daß ich in Warschau sei und er davon nichts wisse. Er sei mir deswegen nicht böse, meinte er, und bereit zu verzeihen. Ich berichtete ihm, daß wir Majas Freundin zum Mittagessen eingeladen hätten und es vielleicht keine schlechte Idee sei, wenn er dazu stieße. "In einer halben Stunde bin ich da", sagte Kuba und hängte ein.
Majas Freundin war pünktlich. Sie war sehr hübsch, etwas größer als Maja, mit besonders langen Beinen. Sie hatte kohlschwarzes Haar, grünbraune Augen, eine fein geschnittene Nase, wenn auch eine Idee zu lang. Sie hatte einen langen, dünnen Hals, etwa so wie die Figuren von Modigliani.
Die zwei Freundinnen begrüßten und küßten sich. Dabei machte Maja eine Handbewegung in meine Richtung und sagte: "Darf ich bekannt machen: Herr Berger."
Ich war von dieser formellen Vorstellung etwas überrascht und überlegte, ob Maja das mit Absicht oder aus Gewohnheit getan hatte. Ich reichte der Freundin meine Hand und sagte: "Eine Freundin meiner Freundin soll auch meine Freundin sein."
"Hoho", sagte Maja, "so schnell?"

Nach einer kurzen Unterhaltung kam auch schon Kuba herein. Er sah schneidig aus in seiner Hauptmannsuniform. Wir gingen zu viert ins Restaurant und nahmen an unserem Tisch Platz.
Es entwickelte sich eine flüssige Unterhaltung. Kuba war ein guter Erzähler und beherrschte die Runde. Ich hielt mich zurück, da das Gespräch meistens auf die anwesenden Personen bezogen war. Es galt noch die Version, daß ich in Palästina geboren, jedoch in Europa, genauer in Rußland und Polen, den Krieg überlebt habe. Es war mir daran gelegen, darüber so wenig wie möglich zu sprechen. Ich mußte diese Version erst einmal bei Maja korrigieren. Maja wiederum faßte meine Zurückhaltung als einen berechnenden Zug auf, um Kuba die Möglichkeit zu geben, auf ihre Freundin Halina Eindruck zu machen. Damals wußte Halina noch nicht, daß Maja Jüdin war, und für sie waren Kuba und ich "reinrassige" Polacken.
Nach dem Essen bummelten wir durch die Straßen des zerbombten Warschau. Um fünf Uhr verabschiedeten wir uns voneinander. Kuba schlug vor, daß er Halina nach Hause bringe. Es gab keinen Widerspruch. Maja und ich gingen aufs Zimmer. Auf dem kleinen runden Tisch neben dem Sofa stand eine Vase mit wunderschönen roten Rosen.
"Wo kommen die denn her?" fragte Maja.
"Woher soll ich das wissen?" versetzte ich.
Maja ging näher an den Strauß heran und förderte einen Umschlag zutage. Sie schaute kurz hinein, drehte sich zu mir und fiel mir in die Arme. Sie war glücklich wie ein kleines Kind.
Bis zum Abendessen bei ihrer Mutter blieben uns noch zwei Stunden. Eigentlich noch viel Zeit – zu wenig aber für zwei verliebte junge Menschen. Um sechs Uhr fuhr Maja nach Hause. Sie wollte sich noch umziehen und mich erwarten. Auch ich mußte mich noch frisch machen. Um viertel vor sieben ging ich hinunter, holte im Blumengeschäft des Hotels den von mir bestellten Strauß, stieg ins Taxi und fuhr in die "unbekannte Zukunft".
Ich klingelte. Ein junges Dienstmädchen in dunklem Kleid und schneeweißer Schürze öffnete und bat mich hinein. Nach einigen Schritten kam mir Majas Zwillingsschwester entgegen, wie es schien. Sie war nur etwas kleiner und korpulenter, hatte aber vielleicht ein noch hübscheres Gesicht. Sie begrüßte mich mit den Worten: "Seien Sie willkommen in meinem Haus!"

Ich befreite den Strauß von seiner Verpackung und überreichte ihn der Gastgeberin. Da kam schnellen Schrittes Maja heran und küßte mich auf den Mund. Ich erwiderte den Kuß, war aber verwundert über ihre Unbekümmertheit in Anwesenheit ihrer Mutter. Ich wurde in einen kleinen Salon geführt. Ich bedankte mich bei Majas Mutter für die Einladung. Langsam entwickelte sich ein Gespräch.
Zu meinem Staunen sagte Majas Mutter: “Ich weiß, ich darf nicht zu viele Fragen stellen. Deswegen schlage ich vor, daß Sie nicht alle meine Fragen beantworten. Ich bin deswegen nicht böse.”
Ich sah Maja lächelnd an und sagte: “Nein, Madame, das ist überholt. Sie dürfen alles fragen, und ich werde alles so weit wie möglich beantworten. Und Maja weiß das inzwischen.”
“Ach so”, meinte die Mama, “das ist wunderschön”.
Während des Essens wurde nur über belanglose Dinge gesprochen. Die Ähnlichkeit der beiden Frauen war frappierend. Ich fragte sie, ob sie nicht öfters verwechselt würden. Mama lächelte: “Bestenfalls als ältere beziehungsweise jüngere Schwester.” Das war sehr diplomatisch gesagt.
“Zwillinge verfolgen mich seit meiner Kindheit”, sagte ich.
Beide Frauen sahen mich gleichzeitig an.
“Schon in der Volksschule, als ich zehn oder zwölf Jahre alt war, war ich in ein Zwillingsmädchen in meiner Klasse verliebt. Die beiden waren fast nicht auseinanderzuhalten. Ich wußte öfters nicht, welche ich von den beiden liebte.”
Dazu sagte Mama: “Da haben Sie ja tatsächlich schon sehr früh Erfahrungen gesammelt.”
Und bevor ich noch etwas sagen konnte, sagte Maja: “Ich habe dich ja gewarnt, vergiß das nicht!”
Nach dem Essen sagte Mama zu mir: “Da Sie ja eine strenge Zensur über Ihre Person als nicht mehr notwendig erklären, erzählen Sie uns vielleicht etwas über sich selbst.”
Ich sagte nach kurzer Pause: “Ich hoffe, ich werde Sie nicht enttäuschen. Eigentlich habe ich keine besonderen, spannenden oder interessanten Erlebnisse zu berichten.” Ich fing mit meinem Lebenslauf an, Kindheit, Kriegsausbruch, russische und deutsche Besatzung, Ghetto, Flucht und Versteck, mein Versuch, Rache an Tätern zu üben, und meine fixe Idee, so viele Juden wie möglich so schnell wie möglich nach Palästina zu bringen. Die Frauen lauschten meiner Erzählung schweigend. Als ich meine Schilderung beendet hatte, fragte

Majas Mama, ob meine Mutter noch lebe und was sie mache. Maja fragte nach einigen Details zum Tode meines Bruders. Als ich auf die Uhr sah, war es kurz nach ein Uhr morgens. Ich stand auf und sagte, es sei Zeit, die Gastgeber von meiner Person zu befreien. Mama und Maja erhoben sich ebenfalls. Ich bedankte mich für den besonders schönen Abend und drückte gegenüber der Mutter die Hoffnung auf weitere und häufigere Begegnungen aus. Maja sah mich an und Mama antwortete: “Ich hoffe das sehr.” Maja verschwand kurz und kam mit Jacke und Tasche in der Hand wieder. Sie küßte kurz ihre Mutter, und wir verließen das Haus.
Als wir im Hotel ankamen, war es weit nach zwei Uhr. Maja fragte mich, wie lange ich diesmal in Warschau bleiben werde.
Ich zog sie heran und fragte sie: “Willst du mich schon loswerden?”
“Ich will wenigstens wissen, *wann* ich dich loswerden kann”, sagte sie.
“Eigentlich wollte ich schon heute morgen fahren, aber jetzt tue ich dir den Gefallen nicht mehr”, sagte ich. “Ich werde erst morgen mittag abreisen. Und wenn du mich weiter so ärgerst, bleibe ich noch einige Tage.”
Als das Telefon klingelte, schliefen wir noch tief. Es dauerte eine Weile, bis ich den Hörer abnahm.
“Ich verbinde”, sagte eine Frauenstimme. Dann hörte ich die Stimme von Kuba. “Bist du betrunken, oder schläfst du noch?” fragte er. “Es ist ein Uhr mittags.”
Maja umarmte mich im Halbschlaf, und der Hörer entglitt mir.
Kuba rief ins Telefon: “Aufstehen, ihr Penner, ich komme gleich zu euch.”
“Nein, gib uns noch eine Stunde”, rief ich.
“Gut, aber keine Minute länger”, so Kuba.
“Das ist doch unanständig”, sagte Maja. “Solche Freunde brauchen wir nicht.” Sie gab meinen Körper frei und sagte mit betont launischer Stimme: “Ich will aber nicht aufstehen.”
Wir bestellten uns Omelettes und Kaffee aufs Zimmer und machten uns fertig.
Kuba kam um drei Uhr. Es war ein schöner Tag, und er schlug eine Fahrt ins Grüne vor. Wir stimmten sofort zu.
Kuba sagte: “Moment noch. Ich rufe Halinka an und frage sie, ob sie mitkommt.”

Maja spottete: “Ach so ist das. Sie heißt jetzt nicht mehr Hala, sie heißt schon Halinka. Das ging ja schnell.”
“Mußt du gerade sagen. Du scheinst ein kurzes Gedächtnis zu haben”, versetzte Kuba.
Maja lachte. Halinka kam tatsächlich mit. Es wurde ein schöner Nachmittag und ein noch schönerer Abend.
Ich verließ Warschau nach weiteren zwei Tagen. Jedesmal, wenn wir auf den Termin meiner Abreise zu sprechen kamen, wurde es dramatisch. Aber es half nichts, ich konnte höchstens fünf Tage in Warschau bleiben. Es war ein tränenreicher Abschied. Maja begleitete mich noch zur nächsten Station. Während dieser kurzen Fahrt erzählte ich Maja von meinen Plänen, nach Schlesien zu fahren und eventuell dorthin zu ziehen. Maja wurde traurig und fragte, ob ich schon wüßte, in welche Stadt ich ziehen wollte. Es wäre schön, wenn es dort eine medizinische Fakultät gäbe.
In diesem Moment blieb ein junger polnischer Offizier vor unserem Abteil stehen und schaute sich nach einem Sitzplatz um. Er bemerkte Maja und begrüßte sie mit lautem “Hallo, Maja. Wohin fährst du denn?”
Maja antwortete nur kurz: “Nicht weit, nur bis zur nächsten Station.” Sie glaubte, damit die Unterhaltung beendet zu haben.
Der Offizier dachte aber nicht daran. Er sah mich an und fragte Maja: “Wie geht´s denn deiner schönen Freundin?”
“Ich habe viele schöne Freundinnen”, versetzte Maja, “welche meinst du denn?”
“Ach, die Brünette, du weißt schon. Die Schiduwka.” Dann verbesserte er sich: “Ach, ich meine die Schiduwetschka.” Das heißt auf deutsch “kleine Jüdin”.
“Ach, die meinst du. Der geht´s sehr gut. Warum interessiert sie dich überhaupt. Sie ist nichts für dich. Sie ist doch eine Schiduwetschka.”
“Ich will sie doch nicht gleich heiraten”, antwortete der Offizier. “Und für das andere ist auch eine Jüdin gut”, meinte er grinsend. “Dich hätte ich gerne geheiratet, aber leider bist du schon vergeben.”
“Oh, nein. Ich habe meine Verlobung aufgelöst und bin frei. Trotzdem würdest du mich nicht heiraten. Oder besser gesagt: Ich würde dich nicht heiraten.”
“Warum nicht?” fragte der Offizier erstaunt.
“Ganz einfach”, weil ich genau wie meine Freundin Jüdin bin, und sogar eine stolze. Ich hoffe, du hast mich verstanden.”

Der Offizier riß seinen Mund weit auf und starrte Maja mit großen Kuhaugen an. Sie genoß diesen Augenblick. In diesem Moment hätte ich dieses aufgerissene Maul gerne mit einem schmutzigen Lappen gestopft. Maja wandte sich mir zu, und wir redeten weiter, als wäre nichts geschehen. Der Offizier verschwand.

An der nächsten Station verabschiedeten wir uns. Es war ein wehmütiger Abschied. Maja klammerte sich bis zum allerletzten Moment an mich. Sie blieb, und ich fuhr zurück, um mich von dort in eine unbekannte Zukunft zu begeben.

Ich mußte mich zwischen einer lebendigen und einer erträumten Liebe entscheiden. Ich hatte mich für die erträumte, phantasievolle und unbekannte entschieden. Und was war mit Maja, was war mit ihrer Liebe? – Sie liebte nur mich, sie hatte keine Ersatzliebe. – Und warum war ihre Liebe zu mir so kompromißlos? Gewiß, wir waren jung und lebensfroh. Andererseits war ich nicht Majas sogenannte erste Liebe. Und doch, ihre Liebe zu mir war so stark, daß es dafür eine Erklärung geben mußte. Ich glaubte, den Grund zu kennen. Majas Liebe zu mir bestand nicht nur aus normalen menschlichen Zuneigungen oder einer glücklichen körperlichen und geistigen Korrespondenz. Es steckte ein zusätzliche, tiefere seelische Dimension dahinter.

Maja lebte seit ihrer Kindheit in zwei Welten, in der realen Welt, in der sie keine Jüdin war, und in einer anderen, mehr erahnten Welt, in der sie ihre Identität nicht erkennen konnte. Sie wußte, daß sie keine Jüdin war, aber auch keine Christin. – Was war sie dann? Schon in ihrer Kindheit und frühen Jugend hatte sie sich diese Frage insgeheim gestellt. Irgendwann hatte sie instinktiv begriffen, daß sie Jüdin war – mußte diese Vermutung aber tief in ihrer Seele begraben. Sie wußte, daß sie mit einer Lüge lebte. Am Anfang war es gefährlich, danach zu fragen. Dann war es zu spät. Sie lebte mit der Lüge, die sie wie eine tückische Krankheit von innen auffraß. Die durch mich hervorgerufene seelische Befreiung war gefühlsmäßig stärker als alles andere.

Auf der ersten konstituierenden Sitzung der Revisionistischen Partei in Lodz wurden Adam Gardin, Mejer Schulz, Izchak Sgerski, Dr. Berkal, Israel Margalit, Uberbaum und ich in die erste Übergangs-Parteizentrale gewählt. Ich wurde zum Leiter der Emigration, oder wie wir es nannten, der Repatriierung der Juden, nach Palästina gewählt. Damit endete mein über ein Jahr dauernder Alleingang und meine Selbstberufung zu dieser Funktion. Ich beschloß unverzüglich, Richtung tschechischer Grenze zu fahren, um dort festzustellen, welche Möglichkeiten es gab, Juden über die Tschechoslowakei nach Westdeutschland zu schleusen. Damals kontrollierten bereits die Sowjets die Bewegungen von Osten nach Westen und verhinderten, daß wir unsere Leute über Ostdeutschland nach Westdeutschland schicken konnten.

In Waldenburg, oder Walbschych, wie es die Polen nannten, machte ich Station und beschloß, dort zunächst meinen Stab aufzubauen. Ich hatte zwei Mitarbeiter aus Lodz mitgebracht. Alle anderen mobilisierte ich in Waldenburg. Einige Tage lang inspizierten wir die polnisch-tschechische Grenze. In Friedland und in Waldenburg mußte ich erst Bekanntschaften schließen und Freunde gewinnen. Ohne diese war es unmöglich, eine Untergrundorganisation aufzubauen. Kurze Zeit später erfuhr ich, daß der stellvertretende Bürgermeister von Waldenburg Jan S. war. Er war ein Rechtsanwalt aus Auschwitz, den ich schon in Lublin kennengelernt hatte. Ich meldete mich bei ihm, und die Wiedersehensfreude war groß. Ich hatte keine Hemmungen, ihm, einem polnischen Beamten, die Wahrheit zu erzählen, weil ich wußte, daß er unsere Sache unterstützte.

Ich erzählte ihm von meinen Plänen. Selbstverständlich sagte er mir jede Unterstützung zu. Als erstes bat ich ihn, mir eine Wohnung zu beschaffen. Ich bekam tatsächlich zwei Tage später von der Stadt eine schöne Wohnung zugewiesen, in der früher ein Nazi-Funktionär gelebt hatte. Es war eine vollmöblierte Dreizimmerwohnung. Merkwürdiger Zufall – auch in dieser Wohnung fand ich, wie früher schon in Lublin, einen siebenarmigen jüdischen Leuchter aus Silber. Auch dieser Leuchter war ein Geschenk zu einer jüdischen Hochzeit. Ich fand auch einen goldenen Ring mit einem Stein und hebräischen Buchstaben, in dem der Mädchenname Chiffra eingraviert war. Diesen Ring trug später meine Mutter 52 Jahre lang, bis zu ihrem Tod im Januar 1997.

Meine Mutter kam aus Lodz nach Waldenburg. Ich baute in relativ kurzer Zeit eine konspirative Organisation auf. Um eine Organisation vor allen möglichen Überraschungen zu schützen, mußte ich auch die Flanken absichern, wie es militärisch heißt. Der polnische Geheimdienst, der vom russischen Geheimdienst unterstützt wurde, war nicht zu unterschätzen. Der größte Teil unserer Arbeit war illegal und gegen die geltenden Gesetze.

Durch meinen Freund, den Vizebürgermeister, bekam ich Kontakt zum Chef der UB, dem polnischen Geheimdienst. Der Chef, ein Major, war ein sehr angenehmer und anständiger Mensch und hatte Verständnis für die Probleme der Juden. Das erleichterte unsere Tätigkeit. Ich freundete mich mit ihm an. Es war jedoch nicht zu erwarten, daß er etwas Ungesetzliches tat. Unsere tatsächliche Tätigkeit blieb im Verborgenen. Ich deutete jedoch an, daß wir Aktionen durchführten, die zwar nicht gegen den polnischen Staat gerichtet waren, aber auch nicht gerade ganz legal waren. Einer der Stellvertreter war ein Herr Juzek Neuhaus. In kurzer Zeit gelang es mir, ihn für unsere Sache zu gewinnen. Er war eingeweiht und deckte unsere Tätigkeiten. Inzwischen kamen die ersten Rückkehrer aus Rußland. Einige von ihnen waren solche, die ich während meines illegalen Besuches in Rußland kontaktiert hatte. Unter den Rückkehrern waren einige frühere Aktivisten der Revisionistischen Partei und “BETAR”. Sie wurden sofort aktiv. Felix Teichner wurde zu meinem Stellvertreter, Munio Cohen und Sarah und Jeehiel Libermann machten sich sofort an die Parteiarbeit. Andere verstärkten die Parteiaktivitäten in anderen Städten Polens. Die Zentrale in Lodz, die mittlerweile auch durch den Zufluß verstärkt wurde, reorganisierte sich permanent. Ich fand kein Interesse an der nach meiner Meinung überflüssigen politischen Arbeit. Ich verweigerte meine Wahl in Parteigremien und behielt die Leitung der “separaten BRICHA”.

Mit Hilfe des Vizebürgermeisters gelang es mir, ein Haus in der Stadtmitte von Waldenburg zu mieten. Dieses Haus sollte der Durchgangspunkt für diejenigen werden, die nach Deutschland geschickt würden. In den Jahren 1944 und 1945 wurden die verschiedenen Initiativen von einzelnen oder Gruppen, die “BRICHA”-Aktivitäten tätigten, finanziert. Niemand von den Mitarbeitern dieser Organisationen bekam ein Entgelt für seine Arbeit. Nur Spesen, und auch die mußten so niedrig wie möglich gehalten werden, wurden erstattet. Ich selbst lebte davon, daß meine Mutter mit anderen Leuten in Waldenburg ein Lebensmittelgeschäft eröffnet hatte, das gut lief. Mit Maja telefonierte ich täglich, manchmal zwei- oder dreimal. Es war eine heiße Liebe, die aber leider nur vermittels eines kalten Drahtes lebendig gehalten wurde.

Dr. Felix Teichner, der aus Rußland nach Waldenburg kam, war Zahnarzt. Ich mobilisierte ihn sofort für unsere Arbeit, und er wurde mein Stellvertreter. Zusammen mit ihm kam die Familie Dr. Schapiro nach Waldenburg. Dr. Schapiro war Gynäkologe und hatte mit dem Zionismus nicht viel im Sinn; er war aber bereit, unsere Organisation zu unterstützen, und wurde außerdem der inoffizielle Arzt unserer Organisation, ohne jegliche Vergütung. Wir konnten durch seine guten Verbindungen – die meisten Frauen in der polnischen Verwaltung zählten zu seinen Patientinnen – unsere Kontakte weiter ausbauen. Meine ersten Schritte in Waldenburg bestanden darin, an drei Grenzübergängen von Polen in die Tschechoslowakei meine Leute zu postieren und Übergangsstationen aufzubauen, und zwar in Friedland, in Klazko und in Jelenia-Gura.

Durch die Hilfe des UB-Chefs in Waldenburg und seines Stellvertreters konnten wir auf der polnischen Seite unbeobachtet arbeiten. Jetzt mußte aber eine entsprechende Organisation in der Tschechoslowakei aufgebaut werden. Zunächst einmal an der Grenze, an der man die Aussiedler aus Polen empfangen und weiter nach Deutschland schicken konnte. Zu diesem Zwecke fuhr ich nach Prag. Dort hatten wir einen alten Parteigenossen, der den Krieg in einem Konzentrationslager überlebte. Es war Walter Vogel. Walter hatte eine einflußreiche Position in seiner Heimat. Einerseits war er mit fast allen westlichen Botschaftern befreundet, andererseits hatte er beste Kontakte zu den Machthabern und der hohen Verwaltungsbürokratie in Prag. Besonders nützlich erwies sich seine Freundschaft mit Maria Romana De Gasperie, Tochter des Ministerpräsidenten Italiens.

Ich blieb zwei Tage in Prag, es waren zwei produktive Tage. Wir hatten einen operativen Plan ausgearbeitet. Die ersten Gruppen von Überlebenden konnten Polen verlassen und über die Tschechoslowakei nach Österreich und Deutschland mit Ziel Italien geschickt werden. Im Spätsommer 1945 hatten sich die verschiedenen zionistischen Organisationen darauf geeinigt, eine Koordinierungsstelle für die "BRICHA" zu etablieren. Ich stellte die von mir aufgebaute Organisation und meine Leute der neu gegründeten Dachorganisation zur Verfügung. Aus Gründen der Unabhängigkeit und des Mißtrauens, besonders aber wegen der Geheimhaltung trat ich nicht selbst in das Komitee der Koordinierungsverwaltung ein. Ich behielt meine Selbständigkeit und zum Teil meine Verbindungen. Die Zentrale akzeptierte meinen Entschluß, war mit ihm sogar zufrieden. Das war die Situation "de jure". De facto beeinflußte ich jetzt sowohl die "koordinierte BRICHA" und selbstverständlich die eigene Partei. Tag für Tag kamen immer mehr Menschen nach Waldenburg. Es waren Parteigenossen und solche, die über unsere Partei nach Palästina wollten. Das Haus, das ich ausgerüstet hatte, wurde zu eng und konnte nicht alle aufnehmen. Die logistischen Probleme wie Verpflegung, Transport oder der Abtransport zur Grenze waren von Tag zu Tag schwieriger zu lösen. Der größte Teil dieser Leute verließ Waldenburg Richtung Tschechoslowakei im Rahmen der koordinierten gemeinsamen "BRICHA". Da die Emigrationsmöglichkeiten verschiedentlich begrenzt waren, mußte ich ab und zu unsere Leute auch außerhalb des Rahmens der offiziellen "BRICHA" schleusen. Der Grenzübergang über Klazko wurde vollständig von der Koordinationsorganisation "BRICHA" übernommen. Über Friedland und Jelenia-Gura konnte ich nur wenige kleine Gruppen durchschmuggeln.

Ich suchte fieberhaft nach neuen Wegen. Eines Tages erzählte mir unser Freund Dr. Schapiro, daß der Direktor des staatlichen Amtes für Repatriierung, "PUR", das für die Aussiedlung von Deutschen aus Schlesien zuständig war, sein Patient sei. Mir fiel ein, daß sich hier vielleicht eine Lösung für einen Teil unserer Probleme bot. Ich überlegte mir, ob es nicht möglich sei, die Züge, die die deutschen Aussiedler nach Deutschland brachten, auch für unsere Zwecke zu nutzen. Rein psychologisch war das eine makabere Idee. Die Juden, die erst vor kurzem in deutschen Waggons zu den Gaskammern geführt worden waren, sollten jetzt wieder in geschlossenen Waggons nach Deutschland gebracht werden.

Mir war nicht ganz wohl bei diesem Gedanken. Ich beriet mich mit meinem Stellvertreter, Dr. Teichner, und mit Dr. Schapiro. Beide waren der Meinung, daß diese Gelegenheit genutzt werden müsse, wenn sie praktikabel sei. Dr. Schapiro bestellte mich zu dem Zeitpunkt zu sich, als dieser Direktor der "PUR" ebenfalls bei ihm angemeldet war. Ich kam zu der verabredeten Zeit. Doktor Schapiro stellte mir den Direktor der "PUR" vor und erläuterte ihm, daß ich ihn in einer Angelegenheit sprechen wollte, in der er mir helfen konnte und helfen würde. Daraufhin verließ er den Raum und ließ uns allein. Ich eröffnete dem Direktor ohne Umschweife, worum es ging. Ich sagte ihm, daß die Juden nicht in Polen bleiben wollten. Da er, wie jeder Pole, zumindest ein kleiner Antisemit war, glaubte ich, daß ihn das allein schon positiv stimmen würde. Ich schlug ihm vor, an jeden seiner Aussiedlungstransporte zwei oder drei Waggons mehr als für seine Zwecke notwendig, anzuschließen und diese mir

zur Verfügung zu stellen. Ich würde mit eigenen Transportmitteln unsere Leute zu den Waggons bringen. Ich sagte ihm, daß ich wüßte, daß diese "Operation" Geld kosten würde und daß ich bereit sei, diese Kosten zu tragen.
Der Direktor überlegte kurz und meinte, daß wir diese Transaktion pro Kopf abrechnen würden. Ich war einverstanden. Wir einigten uns auch über die Pro-Kopf-Summe. Danach besprachen wir den technischen Ablauf. Ich sagte ihm, daß wir für den ersten Transport probeweise einen Waggon mit unseren Leuten mitschicken wollten. Unsere Leute würden erst kurz vor der Abfahrt dorthin gebracht, sagte ich ihm, so daß sie keinen Kontakt zu den anderen Reisenden hätten. Ihm gefiel dieser Vorschlag. Nur die Namensliste der Leute brauchte er zwei Tage vorher, um sie beim "UB" und bei den Emigrationsbehörden abstempeln zu lassen.
Noch am gleichen Tag traf ich mich mit Neuhaus, unserem Mann bei der UB, und erzählte ihm von dem Plan. Ich fragte ihn, was man tun könnte, damit die Leute im Zug nicht einzeln kontrolliert würden. Wir fanden eine Lösung für diese Frage. Es wurde beschlossen, das Gepäck einen Tag vorher zu verladen und nur einen Wächter im Waggon zu lassen. Unsere Mitreisenden, die ohne Gepäck sein würden, sollten kurz vor der Abreise des Zuges den Waggon besteigen und als letzte die Kontrolle des Grenzschutzes passieren. Darauf hatte unser Mann vollen Einfluß. Daraufhin würde der Zug sofort abfahren. Am nächsten Tag traf ich erneut den "PUR"-Direktor. Ich legte ihm unseren Plan vor.
Nachdem die erste Probe gelungen und ein Transport mit den zusätzlichen Waggons ohne große Probleme in Deutschland angekommen war, nutzten wir diesen Weg eine Zeitlang. Von Anfang 1945 bis Mitte 1946 versuchten verschiedene internationale Organisationen, die Bewegungen von Millionen von Flüchtlingen, Vertriebenen, Zwangsarbeitern und Befreiten aus verschiedenen Konzentrations- und Arbeitslagern in den Griff zu bekommen und in ihre Heimat zurückzuführen. Die drei wichtigsten Organisationen, die sich mit dieser Problematik beschäftigten, waren: das Internationale Komitee des Roten Kreuz (IKRK), die Alliierte Kommission und die amerikanische Organisation "UNRRA" (United States Relief and Rehabilitation Administration).
Es war nur logisch, diese Massenwanderung für die "BRICHA"-Ziele zu nutzen. Ich war nicht der einzige, der diese Chance nutzte.

Es dauerte nicht lange, bis ich Muster der verschiedenen Dokumente, die das Internationale Rote Kreuz, die "UNRRA" oder der Rat der Siegermächte nutzten, besaß. Das war ein internationales "permit" in vier Sprachen, das die Alliierte Kommission ausstellte. Das war ein individuelles Dokument, das man dem einzelnen Flüchtling auf seinen Namen und seine Person ausstellte. Das "IKRK" stellte Kollektivdokumente für ganze Gruppen aus. Das waren Listen mit Namen und Personalien der Reisenden. Bei der "UNRRA" waren es auch zum größten Teil Gemeinschaftslisten, aber auch viele Individualdokumente.

In einem kleinen Zimmer in der Wohnung hinter dem Laden meiner Mutter entstand bald eine Fälscherwerkstatt, in der diese Dokumente und Stempel jeder Art hergestellt wurden. Die ersten Gruppen, die nach Waldenburg kamen, schickte ich in die Tschechoslowakei, über den Grenzübergang Friedland. Diese Grenze hatte ich mit zwei Freunden und drei Mädchen, die mit unserer Sache nichts zu tun hatten, ausgekundschaftet. Zu sechst machten wir einen Ausflug entlang der Grenze bei Friedland. Wir suchten nach Stellen, an denen keine Grenzpolizisten zu sehen waren. Am Anfang war es auch nicht schwer, da noch sehr wenige Grenzsoldaten ihren Posten angetreten hatten. Einige Male überschritten wir die Grenze zur CSSR. Wir spazierten hinüber und zurück, aber keiner hatte uns aufgehalten. So gingen auch die Gruppen von Polen in die Tschechoslowakei ohne jede Störung hinüber. Diese Gruppen waren relativ klein. Es waren meist zwischen sechs und zehn Leute.

Es wurde klar, daß wir Wege finden mußten, durch welche wir größere Gruppen hinüberschicken konnten. Unter den Dokumenten, die wir als Muster für die Fälschungen bekommen hatten, um danach die Fälschungen anzufertigen, befand sich ein Dokument des "IKRK". Das war eine Liste von mehr als 30 Personen, denen bescheinigt wurde, daß sie von Polen, aus einem Arbeitslager kommend, nach Griechenland in ihre Heimat zurückkehren konnten. Dieses Dokument brachte uns auf die Idee, eine nächste größere Gruppe als Griechen in Richtung Tschechoslowakei und Österreich zu schicken. Einer unserer ersten und besten Mitarbeiter, Abraham Kaspi, übernahm die Verantwortung, so eine Gruppe vorzubereiten. Nach einigen Tagen kam Kaspi zu mir und berichtete, daß alles fertig und vorbereitet sei. Er hatte eine Liste von 40 Personen zusammengestellt. Es waren meist junge Männer und Frauen ohne Kinder. Jeder hatte einen “griechischen” Namen. Diese hätten wir am liebsten aus einem Telefonbuch entnommen, nur hatten wir leider kein griechisches.

So hieß also jeder von diesen Leuten Okulopoulus oder Populopulus, 40mal griechische Namen. Weiterhin erzählte mir Kaspi - er war sehr groß und hatte ein Gesicht, das alles andere als jüdisch aussah -, daß alle dahingehend geschult seien, einen Griechen zu mimen. Irgend jemand glaubte, daß Griechen viel reden, deswegen hatte Kaspi sie instruiert, ununterbrochen miteinander zu sprechen, wenn man sie an der Grenze anhielt. Da aber niemand Griechisch konnte, wurden sie angewiesen, Hebräisch zu sprechen. Der Haken dabei war, daß 99 Prozent der Leute auch kein Hebräisch konnten. Jeder konnte aber irgend etwas auf Hebräisch, auch wenn er es nicht verstand. Meistens waren es Gebete oder hebräische Lieder, die jeder einmal in seiner Kindheit gelernt hatte.

Einige weitere Details der “Schulung”, die Abraham Kaspi ersonnen hatte, sind mir bis heute rätselhaft. So sollten die Männer Baretts auf dem Kopf und um den Hals rote Schals tragen. Möglichst viele sollten Pfeife rauchen. Heute weiß ich, daß ein richtiger Grieche seine echten Landsmänner nach diesen äußeren Zeichen nicht erkannt hätte.

Ich ging mit Abraham Kaspi in das Haus, in dem die Leute auf ihren Weitertransport vorbereitet wurden. Dort sollte ich bei einer Generalprobe dabeisein. Dieses Spektakel werde ich mein ganzes Leben lang nicht vergessen. Die Leute sahen wie “richtige” Griechen aus, zumindest nach dem Verständnis von Abraham Kaspi. Jeder sprach zu jedem, aber was sie sagten, hätte kein Philologe der Welt verstanden.

Gespannt warteten wir, bis diese Gruppe die Grenze passieren würde. Mit dem Zug fuhren sie bis zur nächsten Grenzstation, mit Abraham Kaspi als Gruppenleiter. Er begleitete die Leute über die Grenze bis zur nächsten Bahnstation in der Tschechoslowakei, dort brachte er sie zum tschechischen Zug. Niemand hielt sie auf, niemand fragte irgendwas. Die Operation “Jvanim” verlief erfolgreich. “Jvanim” nennt man auf hebräisch die Griechen. Die Operation “Jvanim” hielt eine Zeit an. Auch andere Organisationen und auch die entstandene koordinierte “BRIHA” hatten sie benutzt. Es gab auch Zwischenfälle: Eine Gruppe von 25 Leuten, die aus Waldenburg wegfuhr, wurde an der Grenze festgehalten. Der zuständige Offizier des Grenzpo-

stens schöpfte Verdacht, und die Papiere des Roten Kreuzes allein genügten ihm nicht. Ein Begleiter kam zurück und erzählte uns, was passiert war. Ich setzte mich auf mein Motorrad und fuhr zur Grenze. Erst unterwegs überlegte ich, wie ich vorgehen sollte.
Ich kam an der Grenzstation an, stellte mein Motorrad ab und ging hinein. Im Dienstzimmer saßen zwei junge Offiziere. Ich erzählte ihnen folgende Geschichte: Ich sei Pole, meine Schwester habe vor einem halben Jahr einen Griechen geheiratet, der vor einem Tag verschwunden sei. Wir machten uns Sorgen um ihn und hätten bei seinen Kollegen festzustellen versucht, wo er geblieben sei. Dabei hätte sich herausgestellt, daß er wahrscheinlich, ohne ein Wort zu sagen, nach Griechenland verschwinden wollte. Deswegen sei ich gekommen, um zu fragen, ob nicht am gestrigen oder am gleichen Tag ein Herr namens Columbo Jakopolus die Grenze passiert habe. Einer der Offiziere fragte mich, ob ich Griechisch spreche. Ich verneinte, aber etwas würde ich schon verstehen. Das hätte ich in der Zwischenzeit von meinem untreuen Schwager gelernt.
Einer der Offiziere bat mich, ihm zu folgen. Wir gingen in eine zweite Baracke. Die Tür ging auf, und ich sah die Gruppe. Sofort, nachdem sie uns sahen, fingen alle an zu reden. Das waren Gebete in Hebräisch oder Psalmen, Zitate aus der Bibel und so weiter. Es fiel mir nicht leicht, mein Lachen zu unterdrücken. Der polnische Offizier wandte sich an mich und sagte: "Ja bitte, fragen Sie doch nach Ihrem Schwager." Ich tat so, als ob ich nach Worten suchen müßte, und fragte halb Hebräisch und halb Jiddisch, so daß man mich verstünde.
Ich war nicht sicher, ob jemand von diesen Leuten mich je gesehen hatte und wußte, wer ich war. Also versuchte ich, mich zu erkennen zu geben. Ich sagte: "Ich bin aus Waldenburg." Ich nannte den Namen Abraham Kaspi. Dies tat ich auf eine Weise, daß der polnische Offizier überhaupt nichts verstand. Einer von den Leuten begriff sofort und sprach zu mir halb unverständliche Worte, halb-Jiddisch, halb-Hebräisch, mehr konnte er wahrscheinlich nicht. Ich wiederholte zweimal den Namen meines angeblichen Schwagers und sagte zu dem polnischen Offizier, daß ich leider von diesen Leuten nichts erfahren konnte. Wir verließen die Baracke.
Auf dem Weg zurück fragte mich der Offizier: "Sagen Sie bitte, sind das tatsächlich Griechen?" Ich tat verwundert und sagte: "Was heißt tatsächlich? Sicher sind das Griechen. Was meinen Sie, was sie wären?" "Ich weiß nicht", meinte er, "ich hatte den Eindruck, daß die

Papiere der Leute nicht in Ordnung sind und habe unsere Zentrale verständigt. Bis jetzt habe ich aber noch keine Antwort."
"Ach", sagte ich, "wenn es nur darum geht, da brauchen Sie sich keine Sorgen zu machen. Das sind Griechen, so wie ich Pole bin!" (Ich habe dabei nicht einmal gelogen.)
Er lächelte, bedankte sich bei mir und sprach zu sich selbst: "Na, dann sollen die Teufel weitergehen!"
Ich fuhr ein Stück auf meinem Motorrad zurück, blieb stehen und beobachtete den Grenzposten. Nach ungefähr einer halben Stunde verließ die Gruppe den Posten. Ich kam zurück nach Waldenburg. Einige Leute saßen dort und warteten ungeduldig auf meine Rückkehr. Ich sagte zu ihnen: "Alles in Ordnung, ich wußte gar nicht, daß ich so gut Griechisch kann!"
Am 4. Juli erreichte uns die Nachricht, daß in der polnischen Stadt Kielce ein Pogrom gegen Juden stattgefunden hatte. 39 Kinder, Frauen und Männer waren ermordet worden. Obwohl wir wußten, daß der Antisemitismus in Polen nicht kleiner geworden war nach dem Holocaust, hatten wir so etwas nicht erwartet. Es kam wie ein Blitz. Ich war schockiert. Ich hatte das nicht vorausgesehen, aber im Unterbewußtsein erwartet.
Es mußte schnell gehandelt werden. Es durfte nicht passieren, daß Juden in Polen ermordet werden. Aus allen jüdischen Organisationen kamen Delegierte zu einer Sitzung zusammen, und wir beschlossen, eine Miliz aus jungen jüdischen Leuten, teils aus denen, die bei uns arbeiteten, teils aus denen, die in Waldenburg lebten, und teils aus denen, die in dem Übergangsheim auf die Weiterschleusung nach Deutschland warteten, zusammenzustellen. Ich selbst meldete mich offiziell bei dem Bürgermeister der Stadt Waldenburg an. Es kam zu einem Treffen mit dem Chef der "UB" und Herrn Neuhaus, wir beantragten Genehmigung für Waffen und Munition. Es wurden uns einige Karabiner mit Genehmigungen ausgehändigt. Das genügte uns als Tarnung, um unsere eigenen Depots, die wir bereits angelegt hatten, zu öffnen und von dort automatische Gewehre der russischen Armee, die wir gesammelt und gekauft hatten, um sie nach Palästina zu schicken, herauszuholen, zu reinigen und an die Leute zu verteilen. Ich selbst und einige meiner Leute trugen Pistolen. Ich schickte demonstrativ Patrouillen durch alle Straßen der Stadt.
Obwohl die meisten Gewehre und Maschinenpistolen ohne Genehmigung getragen wurden, wagte niemand von der "UB" oder den

Milizen, danach zu fragen. Wir wußten, daß in Kielce die Miliz durch schweigendes Zusehen eine bedrohliche Situation provozierte. Deswegen erklärte ich während des Treffens mit den “UB”-Leuten, daß unsere Leute angewiesen seien, sich nicht provozieren zu lassen und sich so weit wie möglich zurückhaltend zu verhalten. Sollte es aber zu ernsthaften Ausschreitungen kommen, bei welchen Juden angegriffen würden, so würden mehr Polen als Juden sterben. Ich sagte, daß unter den Patrouillierenden viele erfahrene ehemalige Frontsoldaten und Offiziere der Roten Armee seien, und ich hoffte, daß die “UB” und die Miliz ihre Pflicht erfüllen würden und dies nicht uns überließen.

Wir erfuhren, daß der “UB”-Chef K. sofort nach Bekanntwerden der Nachricht von Kielce die Offiziere der “UB” und der Polizei zusammenrief und ihnen befahl, jegliche Anzeichen von Pogrom-Klima oder Hooliganismus im Keim zu ersticken. Die Entschlossenheit und die Chuzpe, die meine Männer auf den Straßen zeigten, waren ohne Zweifel ein entscheidender Grund dafür, daß es in Waldenburg zu keinem Pogrom kam, obwohl ein solcher geplant war. In den Dörfern standen schon polnische Gespanne bereit, um jüdisches Gut zu rauben. Es fielen einige Schüsse, das war in Situationen, in denen unsere Leute das Gefühl hatten, daß größere Gruppen von jungen Polen zusammenkamen und bedrohlich wurden. Diese Schüsse taten ihre positive Wirkung. Der Tag, an dem das Pogrom geplant war, wie wir wußten, verlief gespannt, aber friedlich. Die ganze Woche über war die Situation merklich angespannt.

In einem Viertel der Stadt behauptete ein kleines Mädchen, daß ein Jude sie entführen wollte. Daraus sollte sich die Blutlegende weiter entwickeln. Das wurde jedoch im Keim erstickt. Am sechsten Tag, als wir die Patrouille schon abziehen wollten, und die Miliz in den Straßen nicht mehr präsent war, geschah noch ein Zwischenfall. Drei junge Polen, um die 18 Jahre alt, warfen Steine auf das Haus, in dem unsere Flüchtlinge versammelt waren. Die drei wurden gefaßt und blutig geschlagen, damit war dem Zwischenfall ein schnelles Ende bereitet worden.

Ich war Tag und Nacht beschäftigt. Ich glaube, ich schlief damals nicht mehr als vier oder fünf Stunden. Ich reiste auch viel zwischen Waldenburg und der Tschechoslowakei hin und her, auch nach Deutschland und Paris. Ich war nicht nur mit der “BRICHA”, sondern auch mit der Beschaffung von Ausrüstung für Palästina beschäftigt. Viele Freunde waren dazugekommen, denen überließ ich die Beschäftigung mit der Parteiarbeit. Eines Abends kam Juzek Neuhaus zu mir. Ich erkannte schon an seinem Gesicht, daß etwas Ernstes passiert war. Er begann damit, daß er sofort Waldenburg und Polen verlassen müsse, da sein Chef und die Geheimpolizei, der er selber angehörte, auf seine illegale Arbeit bei uns aufmerksam geworden seien. Es war keine Zeit mehr zu verlieren. Diese Entdekkung hätte ihn den Kopf kosten können und uns die Liquidierung einer Organisation, die mit viel Fleiß und Arbeit aufgebaut worden war.

Wir beschlossen, daß er noch in der gleichen Nacht Polen verlassen mußte. Mit den Bahntransporten konnten wir ihn nicht schicken, weil an diesem Tag kein Transport mehr fuhr, abgesehen davon wäre es für ihn unmöglich gewesen, mit einem solchen Transport mitzufahren. Der einzige Weg war, ihn über Kudova nach Prag zu bringen.

Ich nahm Kontakt mit unserem Mann am Grenzübergang in Klazko auf. Ich sagte, daß ich spätestens am nächsten Morgen in Prag sein mußte. Er sah ein, daß es sich hierbei um eine dringende Angelegenheit handelte. Ich bat ihn auch, Kontakt mit Menachem S. aufzunehmen, der fast unbegrenzte Möglichkeiten hatte.

Juzek Neuhaus ging nach Hause und packte das Nötigste. Ich rief einen Freund an, der einen kleinen Lastwagen hatte. Dieser Lastwagen gehörte ursprünglich einer Brauerei und diente zur Zeit mir und meinen Freunden. Da wir nicht sicher waren, ob Juzeks Haus beobachtet wurde, fuhren wir mit einigen Kisten Bier hin. Wir luden die Bierkisten aus und Juzeks Sachen ein. Dann fuhren wir wieder weg.

Juzek ging später mit seiner Frau und einem wunderschönen Schäferhund, den er mir später schenkte, spazieren. Unterwegs wartete unser Brauereiwagen und nahm ihn und seine Frau auf. Wir fuhren geradewegs nach Klazko. Um sechs Uhr in der Früh überschritten Juzek und seine Frau die Grenze, fuhren direkt zum Bahnhof von Nachod und von dort aus nach Prag.

Ich bedauere sehr, daß ich Juzek und seine Frau nie mehr gesehen habe.

Ich weiß nur, daß er in Amerika erfolgreich wurde. Es kostete mich einige Mühe, den Kommandanten der "UB", Herrn K., zu überzeugen, daß wir mit dem Verschwinden von Juzek Neuhaus nichts zu

tun hatten. Er war sehr verärgert, blieb unserer Sache gegenüber aber bis zum Ende gewogen.
Nachdem Juzek Neuhaus nicht mehr da war und uns nicht mehr schützte, mußten wir die Zugtransporte durch die "PUR" einstellen; sie waren viel zu gefährlich geworden. Am meisten bereute das der Direktor der "PUR", der seine Slotis pro Kopf nicht mehr kassieren konnte. Ich suchte nach Ersatzmöglichkeiten. Eines Tages besuchte mich ein junger Mann von etwa 35 Jahren, er war gutaussehend und sehr gut gekleidet, sprach nicht schlecht Russisch, sehr gut Tschechisch, aber noch besser Englisch. Da ich damals relativ gut Tschechisch sprach, unterhielten wir uns auf Tschechisch. Er überbrachte mir Grüße von einem guten Freund von mir, der eine gewisse Zeit mit mir in Waldenburg zusammengearbeitet hatte und danach in die Tschechoslowakei und nach Deutschland weitergereist war. Dieser sogenannte Tscheche erzählte mir, daß mein Freund viel mit ihm in München zusammengearbeitet habe. Den Andeutungen entnahm ich, daß es sich um geheime Dinge handelte. Weiterhin erzählte er mir, daß mein Freund ihm empfohlen habe, sich mit mir zu treffen, weil er mir bei der Überführung von Leuten aus Polen in die Tschechoslowakei behilflich sein könne. Es dürfe sich aber nur um Gruppen von sechs bis zehn Leuten handeln. Er betonte, daß es sich dabei größtenteils um Männer handeln müsse, eventuell auch um einige junge Frauen, aber keine Kinder.
Ich wollte wissen, wie und auf welchem Wege er die Leute rüberbringen wolle und wie sicher das Ganze sei. Das wollte er mir beim zweiten Treffen beantworten. Ich konnte meinen früheren Mitarbeiter, der damals angeblich in München lebte, nicht danach fragen. Ich hatte das Gefühl, daß es sich nicht gerade um "koschere" Dinge handelte. Besonders war es wichtig zu erfahren, mit wem ich es zu tun hatte. Das einzige, woran ich instinktiv glaubte, war, daß dieser Mann aus dem einen oder anderen Grund unserer Sache nahestand und uns helfen wollte und konnte. Der "Tscheche" überließ mir keine Adresse und sagte, daß er sich einige Tage später bei mir melden würde.
Nach einigen Tagen besuchte mich wieder mein sogenannter "tschechischer Freund". Er sei bereit, mir zu sagen, wie er unsere Leute in die Tschechoslowakei bringen würde, allerdings wollte er vorher wissen, ob ich auf seine Bedingungen eingehen wolle. Zu jeder Gruppe, die er mitnahm, sollten mindestens zwei demobilisierte oder

desertierte Soldaten gehören, am besten Offiziere aus der russischen oder polnischen Armee. Ich sagte, daß ich das nicht garantieren könne, erstens, weil ich nicht immer wußte, woher die Leute kamen, zweitens, weil ich niemanden zwingen konnte, Informationen preiszugeben. Ich sagte, daß ich darüber mit den Kandidaten sprechen würde. Es war mir klar, daß ich mich auf eine gefährliche Intrige einließ.

Der Weg in die Tschechoslowakei war tatsächlich hundertprozentig sicher. Polen exportierte zu dieser Zeit täglich mehrere Züge mit polnischer Kohle in die Tschechoslowakei. Jeder der Züge konnte einige Leute als "Zugbegleiter" mitnehmen. Auf mir unbekannte Weise war mein "tschechischer Freund" in der Lage, dies zu beeinflussen. Wir nutzten diesen Weg relativ kurze Zeit. Eines Tages verschwand mein "tschechischer Freund" ohne Vorwarnung. Die Kohle-Transporte gingen weiter, jedoch ohne jüdische Flüchtlinge.

Ich übertreibe sicherlich nicht, wenn ich sage, daß zu dieser Zeit in ganz Europa und am Mittelmeer, vom Balkan bis nach Palästina, keine Organisation, auch kein Geheimdienst, über ein so gut aufgebautes Netz wie die "BRICHA" verfügte. Mit einem entsprechenden Kennwort, mit einer Parole oder mit einem einige Zentimeter großen beschriebenen "Papierdokument" konnten unsere Kuriere leichter und schneller reisen als manche mit diplomatischem Paß. Aber auch über Pässe und Visa jeder Art verfügten wir. Daß diese fast weltweit operierende Organisation namens "BRICHA" nur von einigen wenigen Jugendlichen, die erst vor kurzem in Not und Hunger täglich dem Tod gegenüberstanden, aufgebaut wurde, daß diese dies alles initiierten, ohne jegliche zentrale Steuerung, ohne materielle Mittel, ist schwer zu begreifen. Im Zusammenhang damit erinnere ich mich an eine kuriose Geschichte: Eines Tages erzählte mir meine Mutter, daß bei ihr ein Mann erschienen war und sich als ein aus Palästina kommender Journalist vorstellte. Ihm sei empfohlen worden, sagte er, mit mir über meine Tätigkeiten zu sprechen. Meine Mutter empfahl ihm, zu einer bestimmten Uhrzeit abends in unsere Wohnung zu kommen. Ich erwartete den Mann wie verabredet. Nachdem er hereingekommen war und mich fragte, ob ich hebräisch spräche, wollte er wissen, ob er meinen Vater sprechen könne. Ich sagte, daß ich es sehr bedauere, aber daß mein Vater schon seit 1941 nicht mehr am Leben sei. Der Mann war eine Sekunde lang betroffen, sah mich an und sagte: "Ich habe gedacht, daß ich heute Herrn Jakob Berger hier treffen würde." "Ja", sagte ich, "ich bin das". Der Mann stand mit offenem Mund da und meinte: "Das darf doch nicht wahr sein, wie alt sind Sie denn, bitte?" Ich lächelte: "Ich bin schon ganze zwanzig." So sahen wir aus, so alt waren wir alle, die, die zu dieser Zeit die "BRICHA" ins Leben riefen, sie leiteten und die "schwarze" Arbeit an den Grenzen machten. Erst zum Jahresende 1945 kamen die organisierten Emissäre aus Palästina und übernahmen die Leitung der "BRICHA".

Zwischen Februar 1944 und Mai 1945 lag die "Emigrations"-Initiative in den Händen einiger weniger charismatischer junger Leute, die durch die Rote Armee aus der Westukraine, Wilna und Teilen Polens befreit wurden. Andere waren jüdische Partisanen, die aus den Wäldern herauskamen.

Es waren Einzelgänger, die durch einen gesunden, lebensbejahenden Instinkt ihr eigenes Leben und das der anderen Überlebenden nur in einem eigenen Staat sahen. Zu den ersten, zu denen auch ich gehörte, gehörten die Brüder Lidowski, Chaim Lasar, Aba Klurman und andere.

Zwischen Mai und Herbst 1945 begannen Initiativen zur Vereinigung der einzelnen "BRICHA"-Tätigkeiten. Es entstanden teils sporadische, teils initiierte allparteiische Emigrations-Komitees und gemeinsame Evakuierungs-Aktionen.

Eine Generation von Holocaust-Überlebenden, fast noch Kinder, war gerade dabei, ein neues Kapitel jüdischer und den Anfang einer israelischen Geschichte zu schreiben.

Der Druck auf England wurde stärker und stärker, die Briten verweigerten jede Aufnahme von Flüchtlingen in Palästina. Die britische Armee enterte die "BRICHA"-Schiffe mit Flüchtlingen meistens schon in der Nähe der palästinensischen Grenze. Vielen Flüchtlingen gelang es jedoch, an abgelegenen Stränden an Land zu gehen. Der Kampf der jüdischen Untergrundorganisationen in Palästina nahm stetig zu. Militärische Einrichtungen der Briten wurden attackiert und in die Luft gejagt. Der "EZEL" und "LECHI" trugen ihren Kampf gegen die Briten auch nach Europa. In Deutschland und in Österreich wurden Züge mit britischen Soldaten und Munition gesprengt. Die Briten fühlten sich nirgendwo mehr sicher.

Als Folge dessen übten die Briten auf verschiedene Regierungen Druck aus, insbesondere auf die Franzosen, Italiener und Tschechen. Obwohl keines dieser Länder bereit war, nachzugeben, war doch

spürbar, daß uns da und dort Steine in den Weg gelegt wurden. Die generell positive Haltung wurde jedoch beibehalten. Italiens Premierminister Bonomi "Ivano" sagte im April 1945 infolge des massiven britischen Drucks: "Italien wird die katastrophalen Fehler, die es während des Krieges als Reaktion auf den deutschen Druck den Juden gegenüber gemacht hat, nicht wiederholen." Er fügte hinzu: "Der Antisemitismus war schon immer der Tradition und der Natur des Italieners und des italienischen Volkes fremd."
Und dies war nicht nur ein Lippenbekenntnis. Italien, trotz anhaltender britischer Pressionen, unterstützte ehrenhaft bis zum Ende die illegale Emigration nach Palästina. Das gleiche taten auch die Franzosen, von deren Häfen illegale Schiffe mit jüdischen Emigranten und mit Waffen nach Israel ausliefen. Auch die Amerikaner änderten ihre Palästina-Politik. Im Jahre 1944, nachdem die Ausrottung der europäischen Juden durch die Deutschen zur Gewißheit wurde, änderte sich die öffentliche Meinung der Amerikaner schlagartig. Die liberale, humane und echte demokratische Denkungsart (und nicht die Wählerzahl der Juden) übte einen massiven Druck auf die Abgeordneten von Senat und Repräsentantenhaus aus. Die amerikanische Regierung mußte ihre Politik ändern.
Eines Tages rief Maja mich an und erklärte, daß sie am nächsten Tag nach Waldenburg komme. Ich war von ihrem entschlossenen Ton und ihrer kurzfristigen Ankündigung überrascht, trotzdem freute ich mich sehr.
Am darauffolgenden Nachmittag holte ich Maja vom Bahnhof ab. Meine Mutter fragte Maja über ihre Mutter und über ihr Studium aus. Maja war von meiner Mutter begeistert; warum auch nicht, sie war ja noch nicht ihre Schwiegermutter. Noch am gleichen Tag beschlossen wir, meine Freunde zu besuchen. Maja wollte mit meinem Motorrad zu unserem Besuch fahren. Dr. Felix Teichner und Dr. Schapiro mitsamt Ehefrauen begrüßten Maja herzlich und sagten ihr gleich, daß sie sehr viel über sie wüßten. Sie "bedauerten außerordentlich", daß Maja ausgerechnet in meine Hände gefallen sei. Maja bedankte sich schlagfertig für das "Mitgefühl" und versicherte, daß sie sich keine Sorgen zu machen brauchten. Sie sei schon längst "gewarnt" und habe entsprechende Vorsichtsmaßnahmen getroffen.
Die zum Teil großen Altersunterschiede zwischen uns waren dem Übermut der Runde nicht abträglich. Maja paßte in die Freundschaft zwischen mir und den beiden etwas älteren Ehepaaren gut hinein. Als

Maja nicht mithören konnte, fragte mich Frau Schapiro: “Womit hast du dir so ein prächtiges Mädchen verdient?” Ich antwortete: “Glück muß der Mensch haben, so etwas kann man nicht verdienen.” Am nächsten Morgen besuchten wir das Haus der “BRICHA”. Wir nannten dieses Haus den “Kibbuz”. Maja war neugierig auf jedes Detail unserer Arbeit. Sie plauderte mit allen. Ich hatte in diesen Tagen dringend in Prag zu tun und schlug Maja vor, mich dorthin zu begleiten. Ich bereitete für sie die benötigten Dokumente vor und benachrichtigte meinen Freund Walter in Prag, ich bat ihn, ein Hotel zu reservieren. Am vierten Tag nach Majas Ankunft in Waldenburg brachen wir nach Prag auf.
Ich liebte Prag, es war eine wunderbare Stadt, und die Tschechen waren liebenswürdige Menschen. Ich reiste immer wieder besonders gern dorthin. Das Hotel am Wassertor war im Zentrum der Stadt, unweit vom Hauptbahnhof, inmitten prächtiger Häuser mit wunderschönen Fassaden. Maja war wie verzaubert. Ihr waren die Bilder des ausgebrannten und zerbombten Warschau gegenwärtig, und sie traute ihren Augen nicht. Sie drückte meine Hand und sagte immer wieder, wie schön und prächtig alles sei. Im Hotel rief ich Walter an, und wir verabredeten uns bei ihm zu Hause um sieben Uhr abends. Wir aßen etwas im Hotel und machten uns auf, Prag zu “inspizieren”. Wir gingen die Hauptstraße hinunter und dann durch kleinere Straßen Richtung Altstadt, am Klementinum vorbei und durch die Paritzkastraße Richtung Fluß Valtava bis zur alten Synagoge. Wir besuchten auch den jüdischen Friedhof, den ältesten Europas. Maja wanderte zwischen den Grabsteinen umher, die teilweise ganz umgefallen waren und sich teils in verschiedene Richtungen neigten. Sie war nicht zum Verlassen des Friedhofs zu bewegen. Kurz vor sechs sagte ich, daß wir jetzt gehen müßten.
In Walters Wohnung wohnte auch seine Cousine, die an der Prager Universität studierte. Ich hatte schon immer eine Schwäche für sie. Jahre später kam sie an Walters Seite als seine Frau nach Israel. Bei Walter trafen wir einen Parteifreund von mir aus Lodz, dessen Frau sowie einen Herrn. Der Herr hieß Altmann und kam aus Palästina. Es handelte sich um den Vorsitzenden der Revisionistischen Partei in Palästina. Ich sprach ihn auf Hebräisch an. Er fragte mich, ob ich aus Palästina komme. Perez Lasker, mein Parteifreund, lächelte und sagte in seinem gebrochenen Hebräisch: “Nein, aber er ist unser Hebräist.” In Prag waren zu dieser Nachkriegszeit kaum gute Restaurants

vorhanden. Walter brachte uns zu einem “Hausrestaurant”, das aus einigen Tischen in einer Privatwohnung bestand. Das Essen war exquisit. Danach beschlossen wir, in die Bar “Ambassador” zu gehen. Wir gingen zu Fuß, obwohl es nicht ganz nah war. Wir wollten von Prag so viel wie möglich sehen und mitnehmen. In der Hotelbar fanden wir eine nette Sitzecke. Am Anfang sprachen wir über unsere Arbeit und politische Dinge. Die drei Damen waren daran weniger interessiert. Nach einiger Zeit bemerkten wir diese Situation. Wir änderten das Thema. Walter stellte zu mir gewandt fest: “Du hast doch dem Club der Junggesellen Treue geschworen. Wer ist also deine charmante Begleitung? Ist das vielleicht deine Schwester, die ich noch nicht kenne?” “Nein, nur eine Cousine”, antwortete ich. “Das dürfte für dich doch nicht fremd sein, oder?” Allgemeines Gelächter. Walter setzte nach: “Ist sie hier inkognito, oder darf man mehr erfahren, als daß sie rothaarig, jung und hübsch ist und Maja heißt?”
Ich erzählte von unserem ersten Treffen im Club des Hotels in Warschau, vor allem von Majas Schock, als sie hörte, daß ich aus Palästina käme. Auch über ihren Anruf am nächsten Morgen, unser Treffen im Hotel und ihre Erzählung bis zu ihrer Mitteilung, daß sie Jüdin sei. Maja saß angespannt auf ihrem Stuhl und sah mich ununterbrochen an. Nach einem allgemeinen Schweigen sprach Walters Cousine als erste. Sie fragte mich: “Wissen Sie denn heute, was Maja schockiert hatte, als Sie ihr sagten, daß Sie angeblich aus Palästina kommen?” Ich sah Maja an und sagte: “Sag du ihnen doch den Grund.” Arme Maja. Sie sah mich verzweifelt an. Ich mußte ihr aushelfen. Ich sagte zu ihr beruhigend: “Liebling, erzähl doch einfach deinen Lebenslauf. Es ist doch nichts dabei.” Sie grinste und sagte: “Hmm. Warum?” Dann sagte sie: “Andererseits – warum nicht?” Ich fügte noch hinzu: “Du mußt dabei nicht unbedingt dein Alter verraten.”
Sie lachte: “Selbstverständlich nicht. Ich wurde 1925 in Warschau in eine assimilierte jüdische Familie geboren. Meine Eltern haben ihr Judentum niemals geleugnet, aber sich auch nicht öffentlich dazu bekannt. Der Freundeskreis meiner Eltern und der weitere Bekanntenkreis bestand aus Polen, ebenso wie der meiner Freundinnen und Freunde. Ich kann mich auch nicht an irgendeinen Familienangehörigen erinnern, der sich als Jude bezeichnete. Meine Eltern hatten, soweit ich mich erinnern kann, Schwierigkeiten, mir zu erklären,

warum wir nicht zur Kirche gingen, und besonders, warum ich nicht getauft war. Ich fragte einmal meine Mutter, warum ich keine Patentante habe. Ich kann mich an die Antwort nicht erinnern. Irgendwie haben sie mir das alles aber so erklärt, daß ich mir darüber kein Kopfzerbrechen machen mußte. Ich hatte bis zum 14. Geburtstag und bis zur Besatzung Warschaus durch die Deutschen eine glückliche Kindheit.

Kurze Zeit nach der deutschen Besatzung fingen unsere Probleme an. Ich erfuhr, daß die Deutschen die Juden in Warschau wie auch an anderen Orten verfolgten. Meine jüdischen Klassenkameraden mußten die Schule verlassen. Ich merkte, daß meine Eltern immer besorgter wurden. Vieles wurde vor mir verheimlicht, sie unterhielten sich leise. Auf meine wiederholten Fragen bekam ich nur gereizte, unvollständige oder sogar sinnlose Antworten. Etwa ein halbes Jahr nach dem Beginn der deutschen Besatzung kündigten meine Eltern unvermittelt an, daß wir in ein weit entferntes Viertel umziehen würden, und zwar schon am folgenden Morgen. Auf meine Frage, warum wir denn so plötzlich umziehen müßten, erhielt ich zur Antwort, daß Mama eine neue Stelle in einem anderen Krankenhaus bekommen habe und daß wir aus Gründen der Besatzung kein Auto mehr unterhalten dürften. Deshalb müßten wir in der Nähe des Krankenhauses wohnen. Am nächsten Morgen fuhr ein großer Umzugswagen vor dem Hauseingang vor. Vier Arbeiter verpackten alles in Kisten, die Möbel wurden zerlegt und ins Auto verfrachtet. Nach zwei Tagen war unsere Wohnung leer. Wir fuhren mit einem Taxi in die neue Wohnung.

Die Gegend war nicht so vornehm und ärmlicher als unser altes Viertel. Das Haus war viel kleiner. Einen Teil der Möbel mußten wir im Keller und in einer leerstehenden Garage abstellen. Einige Tage später, als wir uns schon halbwegs wohnlich eingerichtet hatten, rief mich meine Mutter zu sich. Mein Vater stand am Fenster und sah hinaus. Meine Mutter bat mich, mich hinzusetzen. Sie setzte sich mir gegenüber auf das Sofa. Nach einer kurzen Pause sagte sie: ‚Mein Kind, ich glaube, daß du erwachsen genug bist, um die Umstände der deutschen Besatzung zu erkennen und zu verstehen. Die deutsche Rassenpolitik stellt auch unsere Familie vor große Probleme. Mit anderen Worten, wir müssen unseren Familiennamen ändern. Von sofort an mußt du unseren bisherigen Namen vergessen, aber ich hoffe, nur vorübergehend. Streich ihn aus deinem Gedächtnis, vergiß ihn einfach. Wir haben dich unter deinem neuen Namen in der Schule angemeldet.'

Ich saß wie angewurzelt auf meinen Händen und sagte nichts. Vater stand am Fenster und sah schweigend hinaus. Meine Mutter fuhr fort: ,Von diesem Sonntag an werden wir jeden Sonntag zur Kirche gehen, und du darfst nicht vergessen, daß du katholisch bist. Jedem, der danach fragen sollte, sagst du, daß wir bis jetzt in Lemberg gelebt haben. Wegen des Polenhasses der Ukrainer seien wir nach Warschau umgezogen.' Mutter gab noch einige weitere praktische Hinweise und Ratschläge, ich hörte gespannt zu. Zum Schluß fragte ich: ,Warum eigentlich das Ganze? Wir sind doch keine Juden, oder?' ,Nein', beeilte sich meine Mutter zu versichern, ,das sind wir nicht'. Mein Vater drehte sich plötzlich um und sagte: ,Mama hat schon recht, aber so einfach ist das alles nicht. Wir sind auch keine Christen, aber das ist zu kompliziert und vor allem zu gefährlich, um es dir jetzt alles zu erklären. Deswegen bitte ich dich: Akzeptiere jetzt, um was man dich bittet. Ich verspreche dir, mit der Zeit erfährst du viel mehr.'

Mir schwirrte der Kopf. Ich nickte nur und stellte keine weiteren Fragen. Ich ging zur Schule und zur Kirche, ich bekam neue Schulfreunde, es bildete sich ein neuer Bekanntenkreis meiner Eltern, unter anderem auch durch die Stelle meiner Mutter in einem neuen Krankenhaus. So wuchsen wir allmählich in die Rolle einer im Viertel angesehenen ,normalen' polnischen, katholischen Familie hinein. Ich wurde in den Schoß der Kirche aufgenommen, auf dem Gymnasium befreundete ich mich mit einigen Mitschülern, das Leben nahm seinen Lauf unter der deutschen Besatzung. So vergingen mein 16., 17., 18. Geburtstag. Liebschaften und politisches Engagement kamen als neue Elemente meines Lebens hinzu. Der überwiegende Teil meiner Jugendfreunde war nationalistisch und antisemitisch eingestellt. Am Anfang bemerkte ich diese letztere Einstellung nicht, dann gewöhnte ich mich daran, und schließlich lachte ich mit, wenn antisemitische Witze erzählt wurden. Im Warschauer Aufstand gegen die Deutschen fiel mein Vater. Dieses traurige Ereignis bestärkte mein Zugehörigkeitsgefühl zum polnischen Nationalismus.

Dann kam endlich der Tag der Befreiung. Ich war 20 Jahre alt. Meine Freunde, die größtenteils im Untergrund gekämpft hatten, wechselten sofort zum polnischen Militär. Einige wurden Offiziere. Meine Mutter und ich zogen nach einiger Zeit wieder in unser altes Haus,

das während der Besatzung von Deutschen bewohnt worden war. Alles sollte so werden wie früher. Allerdings störten zwei Dinge die erträumte Idylle: die Tatsache, daß mein Vater nicht mehr da war, und die Notwendigkeit, wieder unseren alten Namen anzunehmen. Die allermeisten unserer alten Freunde und Bekannten wußten nicht, daß wir unseren Namen geändert hatten. Wieso auch? Sie hatten angenommen, daß wir aus irgendwelchen Gründen vor der Okkupation aus Warschau geflohen seien. Niemand vermutete, daß unser Judentum der tatsächliche Grund war. Deshalb sprachen uns natürlich alle mit unserem alten Namen an. Wir mußten schnell handeln und unseren alten Namen wieder annehmen. Das war alles verwirrend. Wofür der ganze Aufwand? fragte ich mich. Wir sind doch Christen. Jetzt sind wir frei. Was haben wir zu verstecken? Erst legen wir unseren alten Namen ab, jetzt den neuen – so meine Gedanken. Im Unterbewußtsein kannte ich die Antwort, im Alltagsleben verdrängte ich sie aber, und zwar bis zum bewußten Abend auf der Tanzfläche im Club im Hotel ‚Polonia‘."
Soweit Majas Geschichte. Ihre Zuhörer schwiegen. Ich stand auf, ging auf Maja zu, umarmte sie. Sie sagte nur ein Wort: "Danke". Ein Wochenende darauf kehrten wir nach Waldenburg zurück. Maja blieb noch drei Tage, dann fuhr sie nach Warschau zurück.
Mitte 1946 war unsere Organisation so stabil, daß ich fast hätte sagen können, sie war ein Staat im Staate, sowohl in Polen als auch in Deutschland, Italien und Frankreich. Ich kam zu dem Schluß, daß ich jetzt mehr in Palästina als hier in Europa gebraucht wurde, ich wollte nicht länger nur andere nach Palästina schicken, ich benachrichtigte meine Kollegen in der Zentrale, daß ich die Absicht hatte, so schnell wie möglich nach Israel zu gehen. Die Wege, die zu dieser Zeit die Juden nach Palästina führten, waren verschieden, fast alle illegal.
Immer häufiger wurden die Schmuggelschiffe von der britischen Marine gekapert und die armen Flüchtlinge nach Zypern in Internierungslager gebracht. Ein weiterer illegaler und doch sicherer Weg war der, mit echten Papieren, die durch Manipulation beschafft wurden, nach Palästina zu gelangen. So reiste ich mit meiner Mutter.
Meine Tante, die uns kurz vor dem Krieg besucht hatte und wegen der Kriegsgefahr gleich wieder nach Palästina zurückgefahren war, wurde der Aufhänger für die Manipulation. Im Emigrationsamt in Jerusalem wurde die Rückkehr meiner Tante gelöscht. Zusätzlich

wurde ihr “auf dem Wege” ein Sohn mitgegeben. Ein Sohn, den sie nie hatte. Meine Mutter wurde als Sarah Berger deklariert, es wurden ihr entsprechende Papiere ausgestellt, und ich mußte mich drei Jahre jünger machen. Zu dieser Zeit bestanden in Polen keine großen Schwierigkeiten, solche Papiere zu bekommen. Diese Papiere hatte mein Onkel in Palästina eingereicht und verlangte ein Rückkehr-Visum für seine Frau und seinen Sohn. Einige Zeit später bekamen wir das Rückkehr-Visum und traten die Reise nach Palästina an.

Die “BETAR”-Zentrale in Polen wollte, daß ich noch länger blieb und weiterhin die illegalen Transporte nach Palästina leitete. Ende 1946 bis 1947 wurde der Terror gegen die Briten verstärkt, und der Kampf zur Befreiung Palästinas war in vollem Gange. Ich wollte nicht mehr abseits stehen. Es war an der Zeit, das Schicksal unserer Geschichte an dem Platz der Entscheidungen eigenhändig zu beeinflussen.

Ich verließ Europa und zog dabei Bilanz über das für mich wichtigste Kapitel meines Lebens, über meine Eigeninitiative bei der Gründung der Anfangsbewegung zur Evakuierung der Überlebenden des Holocaust nach Palästina, einer Bewegung, die wir später “BRIHA” nannten. Niemand weiß, wo und wann der Name “BRIHA” für die Flüchtlingsorganisation erfunden wurde. Das hebräische Wort “Bricha” – “Flucht” – steht in diesem Zusammenhang für Fluchtbewegung. Ich benutzte diesen Terminus das erste Mal im Monat Februar 1945 in Lodz, wo ich den ersten Versuch machte, meine “Ein-Mann-Organisation” zu einer Institution aufzubauen. Die ersten Ideen bezüglich der “Flucht” nach Palästina waren bei mir schon 1944 in Rowno herangereift. Es war die Initiative einzelner. Diese Initiative ging nicht von irgendeinem Establishment in Palästina aus. Sie wurde in den Köpfen der Überlebenden geboren und von diesen in die Wirklichkeit umgesetzt.

Im Frühjahr 1944 begann ich mit meiner Tätigkeit in Rowno. Zur gleichen Zeit war eine Gruppe jüdischer, in der Mehrheit links orientierter Partisanen mit den gleichen Ideen beschäftigt. Obwohl wir die gleichen Ziele verfolgten, wollte ich mich dieser Gruppe nicht anschließen. Parteiideologische Diskussionen – über die Verbundenheit mit dem sowjetischen Regime als Folge des gemeinsamen Kampfes gegen Deutschland – waren mir zuwider. Der für mich aber entscheidende Grund war, daß diese Gruppe sofort nach ihrer Ankunft in Rowno Kontakte zu den antifaschistisch-kommunistischen Komitees in Moskau aufgenommen hatte. Ich fand das politisch falsch und inakzeptabel und in der Praxis gefährlich, ich traute dieser Koalition nicht. Es stellte sich schnell genug heraus, daß ich recht behalten hatte. Obwohl ich zu dieser Zeit erst 18 Jahre alt war und davon fünf Jahre in einer "totalen Isolation" von der Welt verbracht hatte, zog ich es vor, meinen eigenen Weg zu gehen. Diese Entscheidung war eine Folge meiner Erfahrungen mit dem kommunistischen Regime, beruhte aber auch auf einem Instinkt, der sich bei mir in den vorangegangenen Jahren entwickelt hatte.

Eine andere Partisanen-Gruppe, die in Rowno kurz tätig wurde, war die unter der Leitung von Chaim Lasar. Sie kam etwas später, wie auch ich, im Alleingang über Rowno nach Rumänien. Aba Klurman und Sissel Likwornik, die später seine Frau wurde, waren die Hauptpersonen, die die Bewegung in Rumänien aufbauten.

Ich mußte zu jener Zeit alle möglichen Tricks, Umwege und Manipulationen nutzen, um den Judentransfer nach Palästina zu ermöglichen. Mit der Zeit bekam diese Initiative viele Helfer, und nicht nur Juden, Polizisten, Grenzpolizisten, Zollbeamte, Mitarbeiter des "IKRK", Konsuln und Konsulatsmitarbeiter, Botschafter, Minister und Staatsoberhäupter, wie die schon erwähnten Bonomi und De Gasperi, oder der Franzose Georges Bidault und der Tscheche Jan Masarik. In den Jahren 1945 bis 1946 mußten in Europa über 12 Millionen Flüchtlinge "befördert" werden, um das Menschen-Chaos, das die Deutschen angerichtet hatten, zu ordnen, und um Vertriebene, Kriegsgefangene, Zwangsarbeiter, aus den Konzentrationslagern Befreite und andere in ihre Heimat zurückzubefördern. Diese kolossalen Bewegungen nutzten wir, um unsere Ziele zu erreichen.

Und noch zwei Bemerkungen: 1. Erst Ende 1945 kamen aus Palästina die ersten Kuriere und Emissäre, die die "Jewish Agency" in Palästina nach Europa schickte, um die Koordinierung der schon längst funktionierenden, obwohl auch manchmal "quietschenden" "BRIHA" zu übernehmen. "Artur" Ascher Ben-Natan - später erster israelischer Botschafter in der Bundesrepublik - übernahm das Kommando über die "BRICHA" in Österreich im November 1945.
2. Sowohl meine Tätigkeit, wie auch die der vielen anderen, die später kamen, betraf "nur" die Organisation des Netzwerkes von Stützpunkten in vielen Ländern Europas, die als Drehscheibe für den Transit notwendig waren, um die Flüchtlinge etappenweise ihrem

Ziel näher zu bringen. Am Schluß wurden die Holocaust-Überlebenden nach Italien, Griechenland und Frankreich geschleust, zu den Ausgangspunkten, von wo aus sie verschifft und nach Palästina gebracht werden konnten. Die Organisation der Schiffstransporte war ein ganz anderes Kapitel, an dem ich nicht beteiligt war. Die Organisation dieses Teiles lag ganz in den Händen der Emissäre aus Palästina. Diese waren durch den "Mossad le Alia" abgesandt. In einem geringeren Maße wurden die Schiffstransporte auch durch Mitarbeiter der Untergrundorganisation "EZEL" durchgeführt.

Meine Rolle in Europa näherte sich dem Ende. Ich traf die notwendigen Vorbereitungen für den Aufbruch nach Palästina. Maja wußte über meine Pläne Bescheid. Ich fuhr nach Warschau, um mich von Maja zu verabschieden. Die Fahrt dorthin war bedrückend. Ich wußte, wie schwer der Abschied werden würde. Ich mußte ihr klarmachen, daß ich ins Ungewisse, in einen Krieg aufbrechen würde. Nicht nur, daß ich nicht wußte, wann und wie dies alles enden würde, ich wußte nicht einmal, was auf mich in der nächsten Zukunft zukommen würde.

Maja erwartete mich am Bahnhof. Sie merkte sofort, daß ich angespannt war. "Was hast du denn?" fragte sie.

"Ach nichts, ich bin nur ein wenig müde", antwortete ich.

Im Hotel versuchte ich, mich so aufgeräumt und fröhlich wie möglich zu geben.

Maja klammerte sich an mich und fragte leise: "Wie lange bleibst du denn?"

Ich stutzte. Noch nie hatte sie mich schon während meines Ankommens so etwas gefragt. Um die Atmosphäre aufzulockern, fragte ich zurück: "Warum? Willst du mich gleich loswerden?"

Sie sagte: "Ja, selbstverständlich."

Zunächst schlug sie vor, zum Abendessen zu ihrer Mutter zu gehen, dann entschlossen wir uns aber, im Hotel zu bleiben. Maja telefonierte mit ihrer Mutter und bat sie, das Abendessen auf den nächsten Tag zu verschieben. Ich war entschlossen, die ersten zwei Tage lang meinen Entschluß, nach Palästina zu gehen, nicht zu erwähnen.

Maja kam immer wieder auf unsere Prag-Reise zu sprechen. Besonders die jüdische Vergangenheit Prags beschäftigte sie sehr. Wir sprachen über den alten jüdischen Friedhof, über die Synagogen und die Legenden des Golem. Es war erstaunlich, was sie alles über das Judentum wissen wollte. So kamen wir auch auf die jüdische Geschichte der Gegenwart zu sprechen, und selbstverständlich auch auf Palästina und die Vision eines jüdischen Staates. Ich redete lange darüber und hoffte so, Verständnis für meinen Entschluß zu erzeugen. Diese Nacht gehörte unserer Liebe und unseren Träumen. Am nächsten Morgen rief Maja ihre Freundin Halinka an. Kuba war bei ihr, wie Maja vermutet hatte. Wir verabredeten uns zum Mittagessen, Kuba war leider verhindert. Das Gespräch mit Halinka drehte sich hauptsächlich um ihre Beziehung zu Kuba. Sie waren verliebt und unzertrennlich. Halinka war ohne Familie und allein in Warschau. Kuba und sie schmiedeten Pläne, zusammen nach Palästina zu gehen. Halinka kam auch auf unsere Reise nach Prag zu sprechen, über die Maja ihr ausführlich berichtet hatte. Prag habe sie verhext und bei ihr zu einem "Judentick" geführt. "Du hast gut reden", sagte Maja zu Halinka, "es ist leicht, als Jude geboren zu sein, aber als Erwachsener einer zu werden, ist ganz was anderes."

Ich wußte, daß Halinka, Majas beste Freundin, Jüdin war. Von Majas Judentum erfuhr sie jedoch erst nach unserer Begegnung. Auch für sie war das ein Schock.

Um vier Uhr stieß Kuba zu uns. Er kannte meine Pläne und fragte mich bei der ersten Gelegenheit: "Weiß sie es schon?" Ich verneinte.

Am Abend besuchten wir Majas Mutter. Wir saßen im Salon und plauderten über alles mögliche, auch über unsere Reise nach Prag. Majas Mutter war offenbar genauestens informiert, so auch über das Treffen mit Walter, Lasker und Altmann. Von diesen war sie sehr beeindruckt. So kam unser Gespräch ganz von selbst auf die Lage der jüdischen Flüchtlinge in Europa, auf Palästina, den Partisanenkampf gegen die Briten und auf meine Arbeit und Pläne.

Es wäre mehr als unanständig gewesen, über meine Absichten zu schweigen. Also nutzte ich die Gelegenheit und sagte, daß auch für mich die Uhr langsam ablaufe und ich meine Koffer packen müsse. Maja sah mich erstaunt an. Ihre Mutter sagte, halb fragend und halb feststellend: "Aber bis dahin ist doch wahrscheinlich noch ein langer Weg? Ich nehme an, daß die Koffer noch nicht sofort gekauft werden müssen?"

Ich reagierte mit den Worten: "Wer weiß" und wollte zunächst das Thema damit beenden. Dann aber überlegte ich mir das noch einmal und sagte: "Wißt ihr, eigentlich ist meine Abreise schon längst fällig. Es ist tatsächlich schon Zeit, daß ich aufbreche. Aber es gibt zwei Gründe dafür, daß sich meine Abreise verzögert. Der erste Grund ist

der, daß meine Zentrale meint, daß ich hier unentbehrlich sei. Ich sehe das aber nicht so, deswegen ist diese Schwierigkeit überwindbar. Der zweite Grund ist etwas komplizierter, und ich kann ihn leider nicht beeinflussen. Mein Rückkehr-Visum gilt nur bis September, und eine weitere Verlängerung ist unmöglich."
Damit war die Katze aus dem Sack. Im Salon herrschte langes Schweigen. Maja brach das Schweigen: "Na schön", sagte sie, "September ist noch nicht morgen".
Ihre Mutter fügte hinzu: "Du hast recht, mein Kind."
Ich kann nicht behaupten, daß die Stimmung gehoben war. Ich versuchte, das Eis zu brechen und fragte "Mama", ob sie je eine Auswanderung nach Palästina erwogen habe.
Sie dachte kurz nach und sagte: "Um die Wahrheit zu sagen: Nein. Ich kann es mir auch kaum vorstellen, obwohl ich inzwischen gelernt habe, daß man nie ‚nie' sagen soll. Beispielsweise zerbreche ich mir schon den Kopf darüber, was mit mir geschehen soll, wenn Maja einmal dorthin auswandert. Wie es aussieht, ist das ja wohl unvermeidlich."
"Du zäumst das Pferd von hinten auf", sagte Maja zu ihrer Mutter. "Morgen bin ich sicher noch hier, Mama." Zum ersten Mal erlebte ich in diesem Hause eine gereizte Stimmung. Mein Versuch, dies zu ändern, war mißlungen.
Um elf verabschiedeten wir uns und begaben uns zu Fuß zum Hotel. Es war etwas Bedrückendes in unserem stummen Hand-in-Hand-Gang. Nach einiger Zeit sagte ich: "Es ist sinnlos, Trübsal zu blasen, überlegen wir doch lieber, wie wir aus dieser Situation das Beste machen können."
"Was ist denn noch zu machen?" fragte Maja nach einer Weile. "Du verabschiedest dich, ob jetzt, ob in einem oder in einigen Monaten, und ich bleibe. Das ist die einzige Tatsache" sagte Maja.
"Nicht ganz", sagte ich. "Ich werde mich tatsächlich verabschieden, das stimmt. Aber doch nicht für immer. Du willst doch auch nach Palästina. Es ist aber leider unmöglich, daß wir das zusammen machen."
Sie drehte sich abrupt zu mir und fragte: "Wer hat hier von zusammen gesprochen?"
"Beruhige dich", sagte ich.
Sie drückte meine Hand etwas stärker und sagte: "Schon gut."

Ich fragte sie: “Wärst du schon bereit, in Kürze nach Palästina zu gehen? Dann würde ich natürlich alles tun, um das zu beschleunigen. Dann müßtest du hier alle Zelte abbrechen, nach Waldenburg kommen. Ich würde dich nach München bringen und dafür sorgen, daß du von dort auf dem schnellsten Weg nach Italien gelangst. Ich weiß nicht, wie lange du dort warten müßtest. Meine Freunde würden alles versuchen, um den Aufenthalt möglichst zu verkürzen, aber es kann auch lange dauern. Die größte Gefahr besteht darin, daß die Engländer dein Schiff erwischen und zurückschicken oder die Passagiere in Internierungslager auf Zypern bringen. Aber das mußt du selbst entscheiden.”

“Darüber sprechen wir morgen”, sagte sie.

Im Hotel schnitten wir das Thema meiner Abreise nicht mehr an. Wir sprachen über Kuba und Halinka, über Prag, über Majas Studium und über vieles andere. Die Spannung zwischen uns löste sich. Es war wie ein schöner Traum.

Am nächsten Morgen trafen wir uns mit Kuba zum Frühstück. Maja fragte ihn: “Sag mal, kannst du zwei Bräute gebrauchen?”

“Warum?” meinte Kuba und tat so, als ob er nicht verstünde, worum es ging.

“Ach, nur so, einfach aus Neugier?”

Ich warf schnell ein: “Maja hat mir gekündigt und sucht sich einen neuen ...”

Maja unterbrach mich: “Du bist ein Scheusal. Mir ist zum Weinen zumute, und du machst dich lustig über mich.”

Sie erklärte Kuba, daß ich ihr schonend beigebracht hätte, daß ich nach Palästina gehe.

“Bist du nicht ein bißchen zu streng mit deiner Behauptung?” fragte Kuba.

“Vielleicht”, sagte Maja, “das ändert aber nichts an der Tatsache, daß er geht und ich hierbleibe.”

Ich mischte mich ein: “Das ist doch Unsinn, was du da redest. Wenn du bereit bist, kannst du sofort aufbrechen. Zusammen können wir leider nicht reisen. Das ist eine Tatsache, die nicht ich, nicht du, die niemand ändern kann. Dieser Streit hat doch keinen Sinn. Versuchen wir lieber, heute oder morgen die Lage noch einmal genau zu analysieren. Laß uns zu einem gemeinsamen Schluß darüber kommen, was erreichbar ist.”

Wir besuchten an diesem Vormittag die Gegend des ehemaligen Ghettos. Am Nachmittag blieb ich mit Maja allein. Ich schlug ihr vor, in Ruhe über unser Problem zu reden. Maja sagte, sie sei bereit, ihr Studium zu unterbrechen und sofort nach Palästina zu kommen.

Das wäre mir auch am liebsten, sagte ich, sei aber leider unmöglich.

“Ich weiß”, sagte sie.

Sie umarmte mich nur, und wir erwähnten an diesem Tag unsere baldige Trennung nicht mehr. Es folgte ein letztes Frühstück im Hotel und danach der Abschied auf dem Bahnhof.

Ich saß wieder im Zug Richtung Waldenburg. Aber diesmal war Waldenburg nur eine Transitstation für meine baldige Weiterreise. Ich sah Palästina schon am Horizont.

DIE „BRICHA“ - AKTIVISTEN IN PALÄSTINA 1947

DAS GELOBTE LAND

Ich reiste über Paris nach Marseille. Dort nahmen wir die "Providence" Richtung Palästina. Gewiß, es war nicht gerade klug, eine Waffe bei sich zu tragen. Trotzdem fuhr ich nicht unbewaffnet nach Palästina. Ich besaß einen Bambus-Spazierstock, der in Wirklichkeit ein Gewehr war. Dieses Gewehr, mit einer Kugel im Lauf, hatte einmal der deutschen Abwehr gehört.

Als harmloser Spazierstock begleitete er mich nach Palästina. Meine Mutter und ich hatten eine Erste-Klasse-Kabine. Wir schwammen vornehm einem neuen Leben und einer ungewissen Zukunft entgegen. Die Überfahrt war nicht ganz unproblematisch. Auf dem Schiff waren einige Leute, die mich und meine illegale Tätigkeit kannten. So kam es, daß ich schon am zweiten Tag das Gefühl hatte, beobachtet zu werden. Es wurde schnell bekannt, daß auf dem Schiff jemand mitfuhr, der für die illegale Emigration gearbeitet hatte. Für mich war das eine unangenehme Situation, denn auf dem Schiff wimmelte es von britischen Geheimdienstlern, die nur darauf aus waren, illegale Einreisende nach Palästina zu entdecken.

Am zweiten Reisetag kam ein junger Mann auf mich zu: "Entschuldigen Sie, Sie waren doch in Waldenburg für die Transporte nach Deutschland oder Italien verantwortlich. Ich reagierte und sagte: "Nein, ich bin es nicht, aber Sie haben schon recht. Ich habe einen Zwillingsbruder, und er ist es, den Sie meinen." Der junge Mann entschuldigte sich und ging weiter.

Das Schiff näherte sich der Küste von Haifa. Eine prächtige Aussicht bot sich uns vom Deck des Schiffes aus. Man sah zuerst die graue Landschaft der Hafengebäude und die grauen Kräne vor einem eigenartigen Horizont, der ohne sichtlichen Übergang in eine grüne, mit Blumen geschmückte Landschaft überging. Bei genauerem Hinsehen konnte man die Konturen einer Vielzahl von Häusern aus rotem Ziegelstein, teils aus Naturstein mit weißen, geometrischen Flachdächern erkennen. Etwa auf halber Höhe des grünen Carmel-Gebirges glänzte eine riesige goldene Kuppel in der Sonne, gestützt von weißen Säulen inmitten eines Blumenmeeres. Es war der Bahai-Tempel und das Grab des armenischen Glaubensfürsten. Dieser phantastische Anblick war meine erste optische Konfrontation mit einer bisher nur erträumten Wirklichkeit.

Zwei Boote kamen uns entgegen. Eines das des Lotsen, das andere ein Boot der britischen Polizei von Palästina. Die Paßkontrolle wurde auf dem Schiff durchgeführt. Die Ankömmlinge wurden in drei Gruppen aufgeteilt, in Einwanderer, Rückkehrer und Touristen. Wir stellten uns in die Reihe der Rückkehrer.
Der britische Offizier, der mich kontrollierte, ein großer, rothaariger, mit riesigem roten Schnurrbart und rotem, dicken Gesicht, sah mich lange an, als ob er versuchte, mein tatsächliches Alter einzuschätzen, da ich laut Paß siebzehn, in Wirklichkeit aber zwanzig Jahre alt war. Er sprach mich auf Hebräisch an. Seine erste Frage lautete: "Wieso kehren Sie erst jetzt heim, das sind doch schon immerhin anderthalb Jahre nach dem Krieg, warum sind Sie noch solange in Europa geblieben?"
Ich antwortete frech: "Sie stellen diese Fragen besser Ihren Behörden und nicht mir. Wir haben den Antrag sofort nach Ende des Krieges gestellt. Ihre Behörde war es, die so lange brauchte, bis sie unsere Rückkehr ermöglichte."
Der Offizier war wahrscheinlich von meinem fließenden Hebräisch beeindruckt. Er ließ jedoch nicht locker und fragte: "Wo haben Sie denn bis zu Ihrer Abreise nach Polen gelebt?" Schon in etwas milderem Ton, aber dennoch schroff, sagte ich: "Wieso ‚wo habe ich gelebt'? Wo meine Familie noch heute lebt, wir leben schon seit vielen Jahren in Herzelia." Und ohne gefragt zu werden, nannte ich die Straße und die Hausnummer dazu. Seine letzte Frage war: "Erwartet Sie denn jemand dort?" "Bestimmt, soweit ich weiß, hat sich mein Vater nicht von mir losgesagt, genau so wenig von seiner Frau, meiner Mutter, die auch mitgekommen ist."
Der Offizier mußte sich wohl ein Lächeln verkneifen, gab mir meinen Paß zurück und ließ mich gehen. Meine Mutter, die von einem anderen, jüngeren Offizier kontrolliert wurde, war schon durchgelassen worden und wartete auf mich.
Der erste Teil der Kontrolle war geschafft. Wir mußten längere Zeit bei der Zollkontrolle warten, bis unser Gepäck vom Schiff kam. Eine Klippe mußten wir noch überwinden: mein Bambus-Gehstock mußte noch durch den Zoll. Ich stützte mich auf den Stock, so daß dem Zollbeamten bezüglich der Funktion des Stockes keine Zweifel kamen. Ich hatte mich darauf vorbereitet, in allen Situationen zu demonstrieren, daß ich eine Narbe hatte und ohne Stock nicht gehen konnte – es handelte sich um die Narbe, die mir 1941 durch den

Schuß ins Bein zugefügt worden war. Es kam nicht dazu. Der Zollbeamte kontrollierte zwar unser Gepäck, aber der Stock interessierte ihn nicht. Alle bürokratischen Hindernisse lagen hinter uns.
Es war meine fünfte Befreiung. Diesmal befreite ich mich selbst.
Draußen warteten meine Tante und mein Onkel, der "Bigamist". Er war zum Schiff gekommen, um seinen "Sohn" und "seine Frau" zu erwarten.
Wir fuhren mit dem Taxi von Haifa nach Herzelia. Wir waren wie berauscht. Ein Jahre währender Traum wurde Wirklichkeit. Onkel und Tante bedrängten uns mit Fragen. In unseren Köpfen wechselten Szenen der Vergangenheit mit denen der vor unseren Augen ablaufenden Gegenwart. Ein langer, endloser Film lief vor unseren inneren Augen ab. Ich versuchte, durch diesen Nebel hindurchzusehen. Ich sah aus dem Fenster des Taxis und betrachtete dieses gelobte Land einmal in Wirklichkeit. Linker Hand unserer Fahrtrichtung war das Carmel-Gebirge, ein teils kahler, teils bewaldeter Höhenzug, rechter Hand erstreckte sich das Mittelmeer. Es war ein schöner, sonniger Tag. Bald ging die Berglandschaft in flaches Land über, wir fuhren zwischen Feldern und Olivenplantagen. Wir kamen durch ein oder zwei arabische Dörfer, die sich schon von weitem durch ihren besonderen Geruch ankündigten, den ich damals noch nicht kannte, der mir aber später sehr vertraut wurde. Er kam von der Holzkohle in den offenen Kaminen, den Pita-Backöfen. Wir fuhren durch viele jüdische Siedlungen und Orangen- und Bananenplantagen; fast überall waren die Plantagen und die Felder bewässert. Es fiel mir auf, daß wir auf dem ganzen Weg zwischen Haifa und Herzelia kein einziges Gewässer überquerten. Die relativ kleinen, gelb-braunen, ausgetrockneten Landstreifen, die ab und zu zwischen den grünen Feldern und Plantagen wie Inseln im Meer herausragten, unterstrichen den Wassermangel.
Zweimal wurden wir unterwegs gestoppt. Britische Soldaten kontrollierten die Insassen und das Gepäck; dies gehörte zu den täglichen Maßnahmen gegen den israelischen Freiheitskampf. Als wir in Herzelia ankamen, waren wir wie in Trance.
Die ersten Wochen wohnten wir bei meinem Onkel in Herzelia. Es war ein unendliches Reden, unendliche Fragen und eine Neugier, zu erfahren, was geschehen war, wie alles im einzelnen gewesen war. Die ersten und am häufigsten gestellten Fragen betrafen die verschiedenen Familienangehörigen, wer am Leben geblieben war, wie

die anderen umgekommen waren. Dann folgten genauere, präzisere Nachfragen, wie und wo und wann jemand überlebt hatte, und wie es im Ghetto gewesen war. Obwohl die Verwandtschaft sich bemühte, mit Fragen zurückhaltend umzugehen, sprudelten die Fragen unbedacht nur so heraus, das war auch unvermeidlich. Wir versuchten, so weit es ging, emotionslos zu erzählen. Ab und zu überwältigten uns die Gefühle, das ließ sich nicht vermeiden.

Am dritten Tag sagte ich zu meinem Onkel, daß ich gerne mit ihm zur Arbeit fahren würde, um mich umzusehen. Er hatte große Orangenplantagen in Herzelia und Bananenplantagen außerhalb des Städtchens. Herzelia war eine Kleinstadt, eine "Moshawa" (Siedlung). Sie lebte zu 80 Prozent von Zitrusplantagen.

Mein Onkel war in Herzelia ein angesehener Mann, Mitglied des Stadtrats und des Stabes der "HAGANA". Außerdem war er Friedensrichter. Da er so bekannt war und wir ab und zu ins Zentrum der Siedlung gingen, wurde er von allen angehalten, denn jeder wußte, daß er Verwandte hatte, die den Holocaust überlebt hatten und zu ihm gekommen waren. Ich mußte eine Vielzahl von Fragen über mich ergehen lassen.

Die Arbeit auf den Plantagen gefiel mir gut. Ich freundete mich mit dem Verwalter an und glaubte damals, in den Plantagen arbeiten zu wollen. Auch eine Karpfenzucht gehörte meinem Onkel. Diese Idee hatte er wahrscheinlich aus der Zeit vor seiner Emigration nach Palästina mitgebracht.

Der größte Teil der hier lebenden Familien waren Immigranten, die Ende der 20er und in den 30er Jahren nach Palästina ausgewandert waren. Es waren sogenannte "Kapitalisten", die Zertifikate oder Einwanderungsgenehmigungen von den Briten bekommen hatten, weil sie nachweisen konnten, daß sie über genügend finanzielle Mittel verfügten, um sich eine unabhängige Existenz aufzubauen. Ein Teil der Einwanderer waren amerikanische Juden, ein anderer Teil war deutschstämmig, ein dritter wohlhabende Juden aus Polen oder anderen europäischen Ländern. Der größte Teil der Bevölkerung bestand aus Farmern, Besitzern von Orangen- oder Bananenplantagen, zu einem kleineren Teil betrieben sie auch Milchwirtschaft. Mein Onkel hatte zusammen mit einem amerikanischen Verwandten große Orangen- und Bananenplantagen angelegt, außerdem besaß er noch eine Hühnerfarm und eine Viehfuttermühle.

Über die in Herzelia und anderen Teilen Palästinas lebenden deutschen Juden kursierten viele Witze und Anekdoten. Eines Tages, erzählte mein Onkel, fuhr er von Herzelia nach Tel Aviv. Es regnete in Strömen, es war ein richtiger Wolkenbruch. Als er an der Bushaltestelle an der Hauptstraße vorbeikam, stand dort ein Mann ganz durchnäßt im Regen und wartete auf den Bus. Mein Onkel erkannte ihn, hielt an und rief ihm zu: "Herr Cohen, Sie wollen doch wahrscheinlich nach Tel Aviv? Bitte kommen Sie, ich nehme Sie gern mit!" Daraufhin näherte Herr Cohen sich dem Wagen, zog einen Fetzen Papier aus der Manteltasche und sagte: "Herr Berger, es tut mir so leid, ich wäre sehr gern mitgekommen. Aber was soll ich machen – ich habe schon eine Busfahrkarte gelöst. Aber trotzdem vielen Dank."

Oder folgender Witz: "Eines Tages, früh morgens, spaziert ein ‚Jecke' am Strand des Mittelmeeres. Auf einmal hört er Schreie. Er dreht sich um und sieht im Wasser zwei Hände und ab und zu einen Kopf aus den Fluten auftauchen. Jemand ruft in Hebräisch um Hilfe: ‚Rettet mich, ich ertrinke! Rettet mich, ich ertrinke!' Daraufhin ruft der ‚Jecke' vom Strand zurück: ‚Hallo du, anstatt Hebräisch hättest du lieber schwimmen lernen sollen!' und geht weiter." Sicher kein subtiler Witz, aber bezeichnend für die Art und Weise, wie man in Palästina zu der Zeit die deutschen Juden, denen man den Spitznamen "Jeck" oder "Jeckes" gegeben hatte, sah. Die "Jeckes" haben einen wichtigen Beitrag zum damaligen Aufbau Palästinas geleistet.

Nach einer Woche in Palästina fühlte ich mich, als wäre ich schon immer dagewesen, als wäre ich tatsächlich dort geboren und nur zurückgekehrt. Mein Onkel merkte das und bewunderte die rasche Eingewöhnung. Ich schlüpfte schnell in die Haut eines "Sabre", eines in Israel Geborenen. "Sabra" bedeutet wörtlich "Kaktus". Die in Israel Geborenen heißen so, weil sie so sind wie die Kaktusfrüchte: außen stachelig und innen süß.

Am vierten Tag nach unserer Ankunft in Herzelia fuhr ich nach Tel Aviv. Mein Onkel wollte mich begleiten, um mir die Stadt zu zeigen, aber ich wollte alleine fahren. Ich kam an der zentralen Busstation an, stieg aus und drehte mich einige Male um die eigene Achse, um mich zu orientieren. Die zentrale Busstation war sehr groß. Der Personenverkehr innerhalb wie auch zwischen den Städten und Ortschaften wurde nur mit Bussen bestritten.

Ich fragte nach dem Weg zur Allenbystraße, so genannt nach dem britischen General Allenby, der die Türken besiegt und aus Palästina vertrieben hatte, was zu der Übergabe Palästinas unter britisches Mandat geführt habe. Die Allenbystraße machte einen großstädtischen Eindruck, die Läden und Geschäfte waren ausgestattet wie in Europa, aber mit einem gewissen orientalischen Flair. Ansonsten war Tel Aviv die europäischste Stadt im Nahen Osten. Ich las die Schilder über den Geschäften und betrachtete die Schaufenster, die vielen Menschen, die sich schnellen Schrittes in den Straßen bewegten, Europäer und Araber. Besonders fiel mir die Bekleidung der Männer auf. Die meisten liefen in kurzen Hosen und weißen oder khakifarbenen Hemden mit kurzen Ärmeln herum. Die Frauen dagegen waren unterschiedlich gekleidet. Gegenüber den Frauen sahen die Männer fast wie Uniformierte aus.
Ich überlegte, ob ich schon jetzt, bei diesem ersten Besuch, in Tel Aviv Kontakte zu Untergrundorganisationen aufnehmen sollte. Nach kurzer Überlegung gab ich diesen Gedanken auf. Ich kam zu der Überzeugung, daß ich noch etwas Zeit brauchte, um mich besser einzuleben. Ich marschierte hauptsächlich durch die Hauptstraßen von Tel Aviv. Ab und zu bog ich in eine Nebenstraße ab, um mich auch dort umzusehen. Erst am Abend ging ich müde zur Busstation zurück, um nach Herzelia zurückzufahren. Auf dem Weg nach Herzelia wurden wir an einem Kontrollpunkt von Polizisten und britischem Militär gestoppt. Wir mußten aussteigen, und jeder mußte sich ausweisen. Ich zeigte dem Polizisten meinen polnischen Paß mit dem palästinensischen Einwanderungs-Visum und auch meinen internationalen Flüchtlingsausweis, der auch in englischer Sprache ausgestellt war. Die Dokumente waren für die Polizisten wahrscheinlich neu. Sie drehten den polnischen Paß und den internationalen Ausweis hin und her, und zum Schluß gingen sie auf einen Offizier zu und zeigten sie ihm. Er kam auf mich zu und fragte mich, wann ich nach Palästina eingereist sei. Ich sagte: "Vor vier Tagen." Nach weiterem kurzen Betrachten der Dokumente gab er mir diese zurück. Alle durften in den Bus zurück, und 30 Minuten später kamen wir in Herzelia an.
Bei meinem Onkel erzählte ich von meinem ersten Besuch in Tel Aviv, nannte einige der Straßen, die ich besucht hatte. Die Anwesenden staunten über mein Hebräisch und wollten nicht glauben, daß ich mich erst seit vier Tagen in Palästina befand. Unter den Gästen

war auch ein Jugendfreund meiner Mutter. Er war der Stadtdirektor von Giwataim.
Einige der Besucher blieben zum Abendessen. Es entspann sich eine Diskussion. Es ging um den Kampf der jüdischen Organisationen gegen die Briten. Dieses Thema war zu jener Zeit in Palästina sehr umstritten. Die offizielle Vertretung der Juden in Palästina war die "Jewish Agency", sie galt als die legitime politische Vertretung. An ihrer Spitze stand David Ben Gurion. Die offizielle Politik der "Jewish Agency" war auf einen Kompromiß mit den Briten ausgerichtet. In den Augen der Untergrundkämpfer waren das die Unbelehrbaren. Denn obwohl die Briten während der Übernahme des Mandats über Palästina und danach in der Balfour-Deklaration einem jüdischen Nationalstaat in Palästina völkerrechtlich zugesagt hatten, bestand aber ihre gesamte Politik darin, die Entstehung eines jüdischen Staates und selbst nur einer jüdischen nationalen Heimat zu verhindern. Dieser Politik dienten das Weißbuch und die vielen tausend britischen Soldaten und Fallschirmjäger in Palästina.
Trotz allem war die offizielle jüdische Führung in Palästina der Meinung, daß nur mit passivem Widerstand die nationalen jüdischen Ziele in Palästina erreicht werden könnten. Die anderen Gruppierungen, die Abweichler, wie die offiziellen jüdischen Repräsentanten diese nannten, waren in der Minderheit. Sie führten einen erbitterten Kampf gegen die Briten. Dieser Kampf setzte auch terroristische Mittel ein, es wurde aber darauf geachtet, daß Unbeteiligte und die Zivilbevölkerung des Feindes, der Briten, soweit wie möglich nicht betroffen würden.
Ich hielt mich der Diskussion fern. Ab und zu fragten mich mein Onkel oder einer der Anwesenden, warum ich mich nicht zu diesen Fragen äußerte. Meine Antwort war: "Ich bin noch zu kurz hier, um mich schon über politische Dinge äußern zu können."
Unter den Gästen befand sich auch der Bezirkskommandant der "HAGANA". Die "HAGANA" war eine paramilitärische Organisation der offiziellen "Jewish Agency", die jedoch im verborgenen arbeitete. Es war ungewiß, wann die Briten Schritte gegen sie unternehmen würden. Die "HAGANA" blieb meistens, was den aktiven Widerstand gegen die Briten betraf, passiv. Sie wurde vor allem dort aktiv, wo arabische Übergriffe drohten. Die Briten tolerierten die "HAGANA" bis zu einem gewissen Grad. Diese Politik verschaffte

den Briten einen freien Rücken im Kampf gegen die kämpfenden Untergrundorganisationen "EZEL" und "LECHI".
Es war ein Doppelspiel, in dem einer den anderen betrog. Die "HAGANA" ihrerseits war daran interessiert, daß die Briten den "EZEL" und "LECHI", die sogenannten "Abweichler" oder "Terroristen", schwächten (nicht liquidierten), um der Stärkere zu sein, wenn der Tag der Befreiung kommen würde, um die Macht an sich zu ziehen.
Während der Verabschiedung sagte der Bezirkskommandant der "HAGANA" zu meinem Onkel: "Ihr Neffe sieht mir nach einem intelligenten Burschen aus, ich glaube, er sollte sich bei mir melden, man sollte ihm doch einen angemessenen Platz in der ‚HAGANA' geben."
Ein kalter Schauer lief mir über den Rücken. Dieses Angebot konnte katastrophale Folgen haben. Wenn ich mich nicht meldete, würde ich verdächtigt werden, einer anderen Organisation als der "HAGANA" anzugehören. Das wäre gefährlich. Ich sagte dem Bezirkskommandanten der "HAGANA", daß ich sehr froh wäre über seinen Vorschlag und ihn akzeptierte, nur wollte ich davon absehen, dies sofort oder in den nächsten Tagen zu tun, da ich nicht wüßte, ob wir, gemeint waren meine Mutter und ich, in Herzelia wohnen blieben. Es hätte doch keinen Sinn, hier etwas anzufangen und nach ein paar Wochen woanders hin überwiesen zu werden. Damit schien diese Sache erst einmal erledigt.
Wir blieben weitere zwei Wochen in Herzelia. Meine Mutter und ich kamen zu dem Schluß, daß wir etwas unternehmen, eine Wohnung und Arbeit suchen müßten, weil es keinen Sinn hatte, auf längere Sicht bei unserer Familie zu leben. Meine Mutter, eine sehr stolze Frau, damals erst 43 Jahre alt und seit sechs Jahren Witwe, wollte nicht länger Gast sein und auch nicht vorübergehend ausgehalten werden. Wir hatten etwas Geld mitgebracht, nicht viel. Es war das, was meine Mutter in Waldenburg verdient hatte, und hauptsächlich die Dollar in Gold, die wir von daheim mitgebracht hatten. Nicht genug, um eine Wohnung zu erwerben oder ein Geschäft anzufangen.
In der Zwischenzeit fuhren meine Mutter und ich einige Male zu verschiedenen Bekannten und Verwandten nach Tel Aviv, unter anderem auch zu Freunden meiner Mutter, dem Stadtdirektor in Giwataim. Eines Tages sagte er, daß er eine sehr billige Wohnung für uns

bekommen könnte. Es handelte sich um eine kleine Holzbaracke unter einem riesigen Schwarzbeerbaum mit einer großen Terrasse. Wir entschieden uns an Ort und Stelle, dieses Haus zu mieten. Mein Onkel und meine Tante waren überrascht und enttäuscht, sie waren jedoch besänftigt, als sie hörten, daß meine Mutter durch die Vermittlung des Stadtdirektors als Schulsekretärin in Giwataim Arbeit bekommen hatte.

Schon am nächsten Tag zogen wir von Herzelia nach Giwataim um. Wir richteten uns sehr schnell und eher bescheiden in unserer neuen Wohnung ein. Etwa einen Monat nach unserem Eintreffen in Palästina gaben wir unseren Emigranten-Status auf und wurden zu selbständigen und unabhängigen Bürgern Palästinas.

Ich telefonierte mit Maja. Sie sagte, daß sie beschlossen habe, ihr Studium zu unterbrechen, Warschau zu verlassen und von Prag aus zu versuchen, nach Palästina zu kommen. Es war mir klar, daß meine Einwände keinen Sinn hätten. Ich sagte, daß auch ich Entscheidungen treffen müsse. Ich hätte vielleicht nicht unbegrenzt Zeit – eben wegen meiner Untergrundtätigkeit, was ich aber nicht sagte. Unser Kontakt könnte schwieriger werden, wenn sie, anders als in Warschau, unter keiner Adresse mehr erreichbar wäre. Ich hatte den Eindruck, daß sie verstand, worum es ging. Sie wollte sich bemühen, mich so schnell wie möglich zu benachrichtigen, wie wir unseren Kontakt weiterführen könnten. Sie dachte wahrscheinlich in diesem Moment nicht daran, daß es sehr schwer werden würde, mit mir Kontakt herzustellen. Wir wußten damals nicht, daß es unser letztes Gespräch war.

Ich stand vor einer schicksalhaften Entscheidung. Ich wollte mich so schnell wie möglich einer der beiden kämpfenden Organisationen anschließen. Von meiner Kindheit und meiner Tätigkeit in Europa her stand ich dem “EZEL” nahe, auch ideologisch war ich dort zu Hause, andererseits nahmen die “STERN”-Leute als erstes Kontakt zu mir auf. Als ich in Palästina eintraf, kämpften beide Gruppierungen gleichermaßen gegen die Briten. Die ideologische Argumentation der “STERN”-Gruppe lag mir jetzt näher als die des “EZEL”. Der überwiegende Teil der “EZEL”-Mitglieder war extrem rechts orientiert. Dies widerstrebte meinen politischen und sozialen Vorstellungen.

Bei den Mitgliedern des “LECHI” gab es das ganze sozialpolitische Spektrum von rechts bis extrem links, auch solche mit kommunisti-

scher Denkungsart. Ich entschied, mich der “STERN”-Gruppe anzuschließen. Vor der formalen Aufnahme mußte ich noch einige Treffen mit verschiedenen Leuten absolvieren. Diese liefen folgendermaßen ab: An einem bestimmten Tag und zu bestimmter Uhrzeit mußte ich in einem öffentlichen Park auf einer vorbezeichneten Bank eine verabredete Zeitung lesen und warten. Eine mir unbekannte Person setzte sich mit einer ebenfalls bestimmten Zeitung neben mich. Sie flüsterte mir zu, ihr in sicherem Abstand zu folgen. An einer günstigen Stelle verschwand die Person, worauf ich mich im Gleichschritt mit einer “zufällig” dort vorbeigehenden weiteren Person befand, von der ich erfuhr, daß dies mein Treffen war. Mein nächstes Treffen fand an einer Baustelle statt, es verlief ähnlich wie das erste. Jedes dieser Treffen war mit zwei bis drei Alternativen abgesichert. Es dauerte einige Zeit, bis man sich an das streng konspirative Leben gewöhnte. Ich mußte noch viel lernen und dieses Leben Teil meines Wesens werden lassen. Ich mußte üben, wie man eine unerwünschte Beschattung feststellt und los wird, wie man geheime Nachrichten erhält und übergibt, und vieles mehr, das in einem streng konspirativen Leben lebensrettend sein kann.
Obwohl ich für die Organisation kein unbeschriebenes Blatt war, dauerte es zwei oder drei Wochen, bis ich formell aufgenommen wurde. In diesen Wochen kam es fast täglich zu konspirativen Treffen, meistens mit der Frau, die mich angeworben hatte. Frau H. war eine der ersten und engsten Mitarbeiterinnen des ermordeten Jair Stern.
Gleich nach meiner Aufnahme traf ich mich mit den Verantwortlichen für den Nachrichtendienst und für die Abwehr. Es ging um meine Kenntnisse, besonders die, die sich auf Osteuropa bezogen. Wir vereinbarten, daß ich mich weiterhin um die Angelegenheiten der Emigration kümmern würde. Nach der Aufnahme war es an der Zeit, Arbeit zu suchen. Ich fand einen Arbeitsplatz in einer Aluminiumfabrik. Diese Arbeit vermittelte mir die Untergrundorganisation. Die Fabrikarbeit verlief in der Regel in drei Schichten. Ich war bereit, nur in der Nachtschicht zu arbeiten. Ich brauchte die Tage für meine Untergrundarbeit und war bereit, die Nächte durchzuarbeiten. Ich begann meine Schicht um zehn Uhr abends und beendete sie um sechs Uhr morgens, so daß ich immer noch genug Zeit hatte, jeden Tag ein paar Stunden zu schlafen.

Der Kampf gegen die Briten verschärfte sich von Tag zu Tag. Die britische Armee und die britische Polizei wurden immer öfter und heftiger angegriffen. Am häufigsten die Dienststellen der "CID", des verhaßten Geheimdienstes. Ihre Kommandostellen in Jerusalem und in Jaffa wurden gesprengt, den Briten wurden Waffen abgenommen. Durch Entsendung weiterer Fallschirmjäger nach Palästina verschärften die Briten den Druck. Sie schlossen sich eigenhändig in Ghettos ab. Diese erinnerten mich an die deutschen Ghettos, nur zwang niemand die Briten, in diesen Ghettos zu sitzen, sie brauchten nur ihr Gepäck zu packen, Palästina zu verlassen und nach Hause zu gehen. Die materiellen und menschlichen britischen Verluste wurden von Tag zu Tag größer, aber die Prestigeverluste des britischen Imperiums waren noch größer und schmerzhafter.
Im britischen Parlament wurden immer öfter Stimmen laut, die den Abzug aus Palästina forderten. Unser Befreiungskampf diente anderen Völkern als Vorbild, vor allem in Afrika. Der Aufstand in Kenia, die ersten Unruhen auf Zypern waren direkte Auswirkungen des israelischen Guerillakrieges gegen die Briten. Die brutalen Methoden des britischen Imperiums kannten keine Grenzen. Denunzianten und Provokateure wurden immer häufiger in die Gesellschaft geschleust. Alleine die Tatsache, daß ein junger Mann nicht der "HAGANA" angehörte, war Grund genug, ihn zu verdächtigen und ohne gerichtliches Verfahren zu internieren.
Aus Gründen einer moralischen Verpflichtung gegenüber meiner früheren Arbeit, aber auch aus Tarnungsgründen, beschloß ich, in der "ALIA", also in der Emigrationsorganisation, tätig zu bleiben. Eines Tages im Sommer 1947 traf ich mich im Arbeitszimmer des Direktors der Emigrationsbehörde, der ein wichtiges Mitglied der "HAGANA" und der verantwortliche Chef der "ALIA" in Palästina war, mit einigen "BRICHA"-Mitarbeitern aus Europa, um über die wirtschaftliche Integration unserer Kollegen zu sprechen.
Wir erwähnten gerade, daß einige Tage zuvor ein Schiff angekommen war, das einige von unseren Mitarbeitern an Bord hatte. Während dieser Unterhaltung ging die Tür auf, und zwei Leute kamen herein. Einer von ihnen war ein junger Mann, der an den Grenzübergängen tätig gewesen war, und mit dem ich befreundet war. Er hieß Abraham R.
Mit ihm kam ein hübsches, blondes Mädchen herein. Ich hatte das Gefühl, sie irgendwo schon einmal gesehen zu haben. Nach einer

Minute ging sie auf mich zu und fragte: “Wieso erkennst du mich nicht?” Es war jenes Mädchen, das ich an einem Abend während meines Aufenthaltes in Lodz besucht hatte. Sie wandte sich an Abraham und sagte: “Sag mal, ist das der Janek, von dem du immer sprachst? Ist das euer großer Führer, in den du deine ganzen Hoffnungen legst?”

Es stellte sich heraus, daß mein Freund Abraham und Kenda, meine spätere Frau, einige Tage zuvor nach Palästina gekommen waren. Kenda wohnte bei ihrer Tante in Giwataim. Wir blieben den ganzen Tag zusammen. Am Abend begleitete ich Kenda zu ihrer Tante. Und dann dauerte es noch zweieinhalb Jahre, bis wir heirateten. Ein halbes Jahr nach unserer ersten Begegnung erfuhr ich, daß Kenda auch der Untergrundorganisation “LECHI” angehörte. Die Nachtschicht in der Fabrik, der Kampf gegen die Briten, dazu noch die Liebe, das war schon ein volles Programm.

MIT ZWEI KOLLEGEN VON DER „BRIHA", MAREK UND JULEK,
IN WALDENBURG, 1945

„BRIHA"-ENTKOMMENE AN DER
SCHWARZEN GRENZE ZWISCHEN
ÖSTERREICH UND ITALIEN, 1947

KUBA

HOLOCAUST-ÜBERLEBENDE
ILLEGAL AM STRAND VON NAHARIA ANKOMMEND, 1948

„BRIHA“ - ANKOMMEN

WIE SARDINEN IN DOSEN GEPRESST
KAMEN SIE IN IHRE HEIMAT

DIE „BRIHA“-FOLGEN

ANGEKOMMEN – HUNGRIG ABER ZUFRIEDEN

DIE ÜBERLEBENDE – KRANK UND HUNGRIG

BRITISCHE DEPORTATIONSLAGER IN ZYPERN

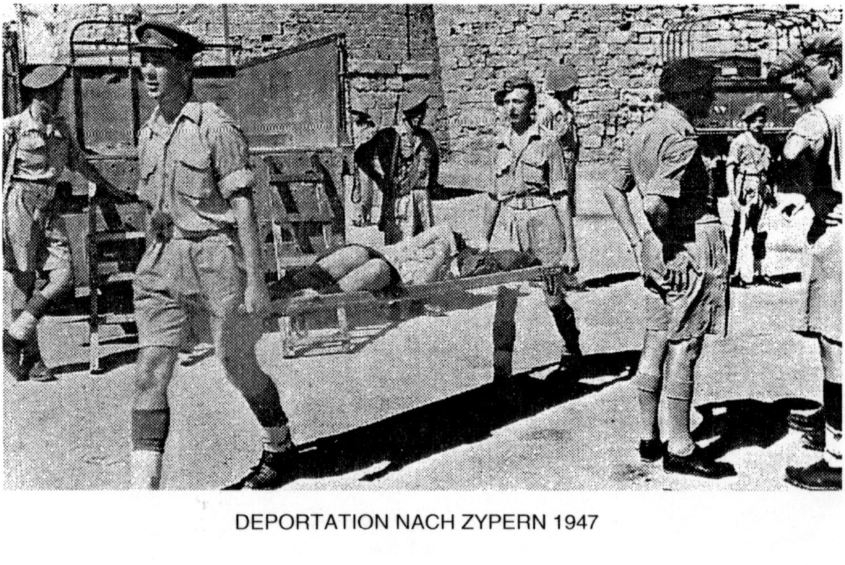

DEPORTATION NACH ZYPERN 1947

DIE SECHSTE UND ENDGÜLTIGE BEFREIUNG

Am 29. November 1947 warteten auf den Straßen der Städte und Dörfer 600.000 Menschen, jung und alt, auf die erlösende Nachricht aus Amerika, aus Lake Success, von den Verhandlungen der Vereinten Nationen über die Frage des britischen Mandates über Palästina. Die Nacht verging, ohne daß eine Nachricht kam. Aber niemand gab das Warten auf. Am Sonntag, dem 30. November, in der Morgendämmerung, hatte das Warten ein Ende. Die Musik aus den Lautsprechern, die auf den Straßen aufgestellt worden waren, hörte abrupt auf. Die bis zum Zerreißen gespannten Nerven lösten sich in einem Schrei aus tausenden Kehlen, unbekannte Menschen fielen sich in die Arme. Es war ein Weinen, Küssen, Singen und Klatschen. Eine unvorstellbare Freude, die man nur einmal im Leben erleben kann. Feuerwerke, Musiker mit verschiedensten Instrumenten spielten auf den Straßen. Die Menschen tanzten überall. Niemand hörte mehr den Details des Beschlusses zu.
Die Vollversammlung der Vereinten Nationen hatte die Teilung von Palästina in einen jüdischen und einen arabischen Staat beschlossen. War das tatsächlich das Ende des 2.000jährigen Leidens des jüdischen Volkes? Oder war das erst der Anfang? Der Anfang der Gründung einer neuen israelischen Gesellschaft? War das der erste Schritt, um die Juden wieder in die Völkergemeinschaft der selbständigen Staaten aufzunehmen? Viele Fragen, aber wer war schon bereit, in diesem glücklichen Moment nach Antworten zu suchen? Ich war damals verwundet und bettlägerig. Trotzdem verließ ich mein Bett und ging auf die Straße. Die Freude und die Genugtuung waren endlos. Erst als ich mich viele Stunden später mit schmerzendem Kopf wieder hinlegte, war mir bewußt, daß schon bald große Probleme auf uns zukommen würden. Heute, 50 Jahre nach diesen Ereignissen, drängen sich mir Fragen und Vergleiche auf. Ich erinnere mich an Oktober 1989, als die Mauer fiel und Berlin wiedervereinigt wurde. Es waren die gleichen Szenen, die ich 40 Jahre zuvor in Tel Aviv erlebt hatte. Enthusiasmus und allgemeine Zustimmung. Die Wiedervereinigung von Berlin wurde als langerwartete Selbstverständlichkeit gefeiert. Niemand fragte damals, warum es eigentlich so selbstverständlich ist, daß die geteilte Stadt, die zwei getrennten Gesellschaften diente, sich vereinigen muß. Warum kann Deutschland nicht für immer nur mit einem Teil Berlins leben?

Nun frage ich mich, warum nicht alle Deutschen, vor allem die Politiker, die 40 Jahre lang mit solch guten Argumenten für die Wiedervereinigung Berlins geworben und gekämpft hatten, nicht wie ein Mann hinter Israel stehen: Jerusalem kann und darf nicht geteilt werden.

Ich kenne die Antworten. Nicht eine davon ist historisch relevant oder gar logisch. Die erste lautet: Jerusalem ist eine heilige Stadt; sie ist heilig auch für die Moslems. Sie ist die drittwichtigste der heiligen Stätten der Moslems.

Ja, liebe Leser, die drittheiligste. Da muß man erst zwei weitere heilige Städte haben, wie Mekka und Medina. Die Juden haben aber nur eine heilige Stadt: Jerusalem. Und wenn die Stadt wegen des Heiligtums geteilt werden soll, warum nicht auch wegen des christlichen Heiligtums? Warum soll die Stadt dann nicht in drei geteilt werden, in einen jüdischen, einen arabischen und einen christlichen Teil?

Nein, mit diesen Argumenten kommt man nicht weiter. Aber ich lebe in der Hoffnung, daß sich in Deutschland noch ein Gewissen regt, das über arabischem Öl, deutschen Exporten und verdeckten deutschen Interessen, auch über Dankbarkeit für arabische "Treue" im Zweiten Weltkrieg, und möglicherweise doch tiefgreifender Feindseligkeit gegenüber Juden, steht. Also hoffe ich, daß die Deutschen einmal offen und mutig an der Seite Israels stehen werden im Kampf für ein jüdisches Jersualem. Ein Traum, ein Wunsch oder eine Illusion?

Die Probleme kamen schneller, als ich erwartet hatte. Deshalb gab ich meine Arbeit in der Aluminiumfabrik auf und widmete mich ganz dem Kampf für die Befreiung Israels, dem Kampf gegen die Briten. Am 30. November 1947, einen Tag nach dem Beschluß der Vereinten Nationen, Palästina zu teilen und zwei Staaten zu gründen, einen arabischen und einen israelischen, erklärten die Araber, daß sie diesen Beschluß ablehnten, die Juden aus Palästina verjagen und einen muslimischen Staat ausrufen würden. Schon am gleichen Tag begann der "Befreiungskrieg". Es wurde ein grausamer Krieg auf Leben und Tod. Ich erinnerte mich an die Worte des bekannten Geschichtsforschers, Prof. Dr. Joseph Klausner: "Es gibt Momente im Leben eines Volkes, in welchen die Kriterien gut und schlecht, Mitleid und Grausamkeit verwischt werden, dann herrscht im Volke nur ein Kriterium, der Wille zum Überleben."

Der Oberste Arabische Rat rief am gleichen Tag zu einem dreitägigen Generalstreik auf. Assam Pascha, der Generalsekretär der Arabischen Liga, erklärte in Kairo öffentlich: "Hier wird gegen die Juden ein Vernichtungskrieg und ein Ausrottungskrieg geführt, der nur mit der Vernichtung der Mongolen oder der Kreuzritter zu vergleichen sein wird."

Die ersten drei Opfer wurden am gleichen Tag gemeldet. Ein Bus, der von Tel Aviv nach Netanja fuhr, wurde überfallen, und drei Israelis wurden getötet. So begann der Krieg zwischen 1,5 Millionen Arabern (und nicht Millionen von Arabern, die es in Palästina nie gab, und wie es doch oft in deutschen Medien heißt) und 650.000 Juden, die damals in Palästina lebten. Den Juden standen ca. 2.000 Mitglieder der Palmach, Kommandoeinheiten der "HAGANA", und ca. 9.000 weitere Rekruten zwischen 18 und 30 Jahren zur Verfügung. Die Untergrundorganisationen "EZEL" und "LECHI" zählten zu der Zeit ca. 4.000 Kämpfer.

Die Bewaffnung der Juden war bedauernswert. Sie hatten keine schweren Waffen, keine Panzer, keine Flugzeuge, keine schweren Haubitzen oder Kanonen, nicht mal Mörser waren vorhanden. Eine gewisse Anzahl von leichteren Gewehren befanden sich in den Arsenalen. Es war schwer, zu diesen geheimen Arsenalen zu gelangen, weil die Briten, die ihr Mandat noch ausübten, die Israelis daran hinderten. Das britische Imperium spielte eine traurige, miese Rolle, dessen Zynismus manchmal an die Nazis erinnerte. So erklärte der stellvertretende britische Außenminister im Parlament, daß es den Juden in Palästina verboten sei, die Chauffeure der Lastwagen mit Gewehren zu bewaffnen. Warum? Weil man sich im Falle eines arabischen Überfalls mit Gewehren sowieso nicht verteidigen könne. Das war Nazi-Zynismus, auch wenn er diesmal nicht in Berlin, sondern in London ersonnen wurde. So wurde auf einer Pressekonferenz der Regierungssprecher gefragt, warum die Mandatsmacht die jüdischen Ambulanzen nicht mit Panzerwagen begleitete.

Antwort: "Wieso sollten wir Ambulanzen mit Panzern begleiten? In normalen, zivlisierten Verhältnissen versteht es sich von selbst, daß Ambulanzen nicht angegriffen werden."

Von den zivilisierten Verhältnissen gab es bald darauf eine Kostprobe. Eine jüdische Kolonne von Autobussen, die Krankenschwestern und Ärzte zum jüdischen Universitätskrankenhaus Adassa brachten, wurde aus dem Hinterhalt überfallen. Diese Kolonne wurde nicht

von britischen Panzerwagen begleitet, weil “unter zivilisierten Leuten Ambulanzen nicht überfallen werden”. 77 Personen starben, unter ihnen der Direktor des Krankenhauses, 20 wurden verwundet. Es besteht kein Zweifel, daß die Briten den Zeitpunkt des Passierens der Kolonne den Arabern gemeldet hatten.
Die britische “zivilisierte Art”, mit den Juden umzugehen, machte auch keinen Halt vor der gerechten Rechtsprechung der Gerichte des britischen Imperiums. Am 27. April 1942 wurden zwei Israelis (Palästinajuden) vor ein Militärgericht in Jerusalem gestellt. Schon die ersten Maßnahmen dieses Gerichtes wiesen auf den Ausgang des Prozesses hin. Anstatt ins Gerichtsgebäude wurden die Angeklagten in das Militärcamp Allenby in Jerusalem gebracht. Sie wurden in einem Panzerwagen, an Händen und Füßen gekettet, zum Gericht gebracht. Die Angeklagten wurden von je einem Anwalt und einem Hilfsanwalt vertreten. Der Staatsanwalt wurde von zwei Assistenten unterstützt. Vor dem Beginn der Verhandlung erklärte der Staatsanwalt: “Aus Gründen, die ich hier nicht erwähnen kann, bitte ich das Gericht, diese Sitzung als geschlossene Sitzung zu erklären, die Türen zu schließen, die Assistenten der Anwälte zu entlassen (die Assistenten des Staatsanwalts selbstverständlich nicht) und den Gerichtsdolmetscher (einen Juden) aus dem Saal zu weisen.” Ohne sich mit den anderen Richtern zu beraten, akzeptierte der Vorsitzende den Antrag. Die Proteste der Verteidiger wurden nicht zur Kenntnis genommen.
Im Laufe des Prozesses stellte sich heraus, daß zwei der fünf Richter, Mitglieder des britischen Geheimdienstes “CID”, direkt in den Fall verwickelt waren. Hier eine Aussage eines Zeugen: “Am 27. Januar ging ich zusammen mit Officer Morton (Geheimpolizei) und noch einem Sergeanten in das dritte Obergeschoß des Hauses. Wir klingelten bei der Familie Messer, dort sollten wir drei Verdächtige festnehmen. Wir stießen die Tür vom Korridor, die zugeschlossen war, auf. Dort befanden sich drei junge Männer. Zwei von ihnen lagen auf einer Couch, der dritte saß auf einem Stuhl vor dem Fenster. Officer Morton befahl: ‚Nicht aufstehen!‘ Einer machte aber eine verdächtige Bewegung. Es sah danach aus, als ob er aufstehen wollte. Wir schossen sofort, alle drei wurden getroffen.” Auf die Frage einer der Verteidiger, ob es stimme, daß Officer Morton auf einen der Angeklagten, nachdem er schon getroffen wurde und mit erhobenen Händen dastand, geschossen hatte, meinte der Zeuge:

"Möglich. Ich kann mich nicht erinnern." Die Polizei behauptete, eine Pistole der Firma Browning und fünf Patronen gefunden zu haben. Die Angeklagten behaupteten, daß ihnen die Polizei die Waffen während der Verhaftung im Zimmer untergeschoben hätte (zu dieser Zeit ein beliebter Trick der britischen Geheimpolizei). Bei Vorlage der Beweisstücke waren diese nicht gekennzeichnet. Auf die Frage der Verteidiger, wieso es möglich sei, daß Beweisstücke vorgelegt wurden, die nicht gekennzeichnet seien und warum so etwas das Gericht zuließ, meinte der Vorsitzende: "Bei so viel Beweismaterial muß wirklich nicht alles so genau genommen werden." Keine Beweise, und trotzdem lautete das Urteil "lebenslänglich".

Unter dem Schutz der Briten kamen mehr und mehr Banden, mit regulären Soldaten vermischt, aus den Nachbarländern Palästinas herüber. Die Briten taten nicht nur nichts dagegen, manchmal begleiteten sie diese bewaffneten Banden sogar, wenn sie jüdische Siedlungen passieren mußten. Die arabischen Überfälle auf jüdische Siedlungen mehrten sich. Vor allem in den Grenzgebieten in Jerusalem und Jaffa kam es immer häufiger zu Zwischenfällen mit Arabern. Arabische Heckenschützen postierten sich auf hohen Gebäuden, vor allem auf den Moscheen in Jaffa und Jerusalem, und schossen auf jedes bewegliche Ziel. In Tel Aviv ging ich die Allenbystraße hinunter. Dicht vor mir spazierte ein Paar, ein Mann und eine Frau. Auf einmal stürzte der Mann. Ich schaffte es noch, ihn aufzufangen, er war schwer und bewegte sich nicht. Ich legte ihn hin, der Mann war tot. Die Kugel eines Scharfschützen hatte ihn direkt in den Kopf getroffen.

Am 25. April, nach fünfmonatigen Dauerüberfällen arabischer Banden an den Grenzen von Tel Aviv, startete der "EZEL" seine Offensive gegen Jaffa. Jaffa war damals die größte rein arabische Stadt in Palästina und der zweitwichtigste Hafen. Sie zählte 100.000 Einwohner, davon waren 90 Prozent Araber. Zwei Tage lang dauerten die Kämpfe an der Grenze zwischen Tel Aviv und Jaffa. Am zweiten Tage gelang es dem "EZEL", die arabische Verteidigung zu durchbrechen. Auch die "HAGANA" schloß sich dem Angriff an. Zwei Tage später standen die jüdischen Einheiten im Zentrum von Jaffa.

Die Reaktion der britischen Verwaltung und des Militärgouverneurs ließ nicht lange auf sich warten. Am 28. April begann die britische Artillerie, die israelischen Stellungen zu beschießen. Britische Soldaten drangen in Jaffa ein und stellten sich zwischen die Fronten. Diese britische Operation dauerte ungefähr zwei Wochen. Am 12. Mai kam ein Vorschlag des britischen Militärgouverneurs, zwischen Juden und Arabern zu vermitteln. Das war einige Tage, bevor die Briten Palästina verlassen mußten. Die Briten konnten den Arabern nicht mehr helfen. Noch am gleichen Tag, am 12. Mai, nachdem die Juden den britischen Vorschlag abgelehnt hatten, verließ das britische Militär Jaffa. Daraufhin ergaben sich die arabische Verwaltung, das Militär und das oberste Militärkomitee zur Verteidigung Jaffas und unterschrieben einen Kapitulationsvertrag.

Die Juden schlugen den Arabern vor, ihre militärische Ausrüstung abzugeben und die Stadt nicht zu verlassen. Aber der Aufruf der Arabischen Liga lautete, daß überall dort, wo die Juden hingekommen waren, die Araber gehen mußten. Daraufhin wurde vereinbart, daß die israelischen Truppen, die Jaffa inzwischen vollständig besetzt hatten, die Araber an ihrem Rückzug nicht hindern würden. Etwas über 5.000 Araber folgten dem Aufruf der Arabischen Liga nicht, blieben in ihren Häusern und leben bis heute dort. Am 14. Mai verließen die Briten Palästina. Die Araber verloren ihre Beschützer. In fast allen Städten übergaben die Briten ihre Festungen, Polizeistationen und Militärcamps den Arabern. Sie hinterließen auch große Mengen Waffen und Munition. Dieser 14. Mai, der Tag, an dem die Briten Palästina verließen, wurde zum Tag der großen Wende. In Jerusalem gelang es den Briten nicht, alle ihre befestigten Stellungen den Arabern zu übergeben. Hier hatten die Briten keine Chance. Sie hatten selbst Angst, ihre Stellungen zu verlassen. Die Juden mußten ihnen versprechen, daß sie ihnen den Rückzug aus Jerusalem freihalten würden. Am 14. Mai, an dem Tag, als Ben-Gurion die Gründung des Staates Israel ausrief, war fast das ganze Territorium, das den Juden zugewiesen worden war, in jüdischen Händen. Fast 300.000 Araber verließen dieses Territorium auf Weisung der Arabischen Liga und des Muftis von Jerusalem. Die Araber, die in ihren Dörfern und Städten blieben, wurden durch den Mufti zu Verrätern erklärt. Dieser Tag, der 14. Mai 1948, markierte das Ende von Palästina und die Geburt des Staates Israel.

Das war meine sechste und endgültige Befreiung.

Heute bezeichnen die Araber diesen Tag als den Tag der arabischen Katastrophe – übrigens ein Begriff, der von deutschen Medien geprägt wurde. Diese Bezeichnung für die palästinensische Situation ist treffend. Die Katastrophe aber haben die Palästinenser und ihre ara-

bischen Brüder sich selbst zuzuschreiben. Am 14. Mai 1948 hatten sie verweigert, einen palästinensischen Staat auszurufen und zu etablieren. Die palästinensische Führung erklärte statt dessen den Krieg, forderte die Vernichtung Israels und rief die arabische Bevölkerung Palästinas zum Verlassen der Gebiete des israelischen Staates auf.
Die arabische Führung schaffte bewußt ein Flüchtlingsproblem, das bis heute ein zu verachtendes Werkzeug in den Händen der arabischen Politiker zum Leiden der Menschen ist und 50 Jahre lang gepflegt und zynisch und brutal ausgenutzt und als Faustpfand gegen Israel benutzt worden ist.
In meinen Gesprächen mit Deutschen hatte ich immer wieder den Eindruck, daß bei vielen eine vollkommene Unkenntnis über die Geschichte der Juden, Erez Israel und Palästina, herrscht. Intelligente Leute wußten zwar, daß Palästina vor 5.000 Jahren die Heimat der Juden war, aber nicht viel mehr. Ich wurde zum Beispiel gefragt, wieso es denn kein palästinensisches Volk gebe, wo dieses Land doch "Palästina" heiße. Die meisten sahen in der Bezeichnung "Palästina" den Beweis, daß dieses Land arabisch und schon immer von den Palästinensern gleich Arabern bewohnt gewesen sei.
Diese Interpretation ist falsch. Die Bezeichnung "Palästina" ergab sich vielmehr aus historischen Besatzungsgründen. Nach dem Zerfall des Vereinigten Königreichs im Jahr 1925 vor Christus nannte sich der nördliche Teil des früheren Königreiches "Israel", der südliche Teil "Jehuda". Erst als das Königreich wieder vereinigt wurde, wurden beide Teile "Jehuda" genannt. Das war ca. 537 vor Christus. Erst nach der Eroberung des jüdischen Staates durch Asfasianus und Titus nannten sie das gesamte Gebiet "Syrien Palästina". Diesen Namen veranlaßte der Kaiser Hadrianus. Er glaubte, daß die Ausradierung der Namen "Jehuda" und "Israel" eine weitere Entfremdung des jüdischen Volkes von seinen Heimatquellen bedeuten würde.
Nach dem Barkochwa-Aufstand wurde der Name "Syrien Palästina" fallengelassen. Seit damals heißt das Gebiet des früheren jüdischen Königreiches nur "Palästina"; und so blieb es bis zur Gründung des Staates Israel.
Das geschah fast genau 2.000 Jahre später, 1947 – damals wurde das freie Land Erez Israel auf einem Teil Palästinas wieder hergestellt. Am Tag der Proklamation des jüdischen Staates herrschte Freude nicht nur in Israel, die ganze Welt hatte mit angehaltenem Atem auf diese Erklärung gewartet; und die Sympathiekundgebungen ließen

nicht lange auf sich warten. Nur zwei Parteien hofften noch auf eine Wende. Da waren die Araber, die sich mit dem Beschluß der Vereinten Nationen nicht abfinden wollten und die Teilung Palästinas nicht akzeptierten und aus diesem Grund keinen eigenen Staat ausriefen. Und die Briten, die noch immer hofften, daß die Juden nicht in der Lage sein würden, sich gegen die Araber zu behaupten.
Wie schon erwähnt, taten die Briten alles, um in der kurzen Zeit zwischen dem UN-Beschluß und der Proklamation des israelischen Staates den Arabern zu einer militärischen Vormachtstellung zu verhelfen, indem sie ihnen große Mengen Waffen und Munition übergaben, ihnen statt den Juden ihre Verteidigungspositionen überließen. Aber das alleine genügte den Briten nicht. Sie hatten auch alle möglichen politischen, wirtschaftlichen Schritte und Sabotageaktionen unternommen, die das Entstehen eines jüdischen Staates noch in den letzten Minuten verhindern sollten. Es war den Vereinten Nationen klar, daß einiges unternommen werden mußte, um eine geregelte Übergabe der Macht zu erreichen.
Die Briten zeigten keine Neigung, eine geordnete Übergabe der Macht vorzunehmen. Es kamen deswegen eine ganze Reihe von Vorschlägen von seiten der Vereinten Nationen. Sie wollten eine Sonderkommission nach Palästina schicken. Am 21. Dezember wies Sir Alexander Kadogan diesen Wunsch der Vereinten Nationen zurück. Er sagte, daß eine Aufteilung der Vollmachten zwischen Großbritannien und den Vereinten Nationen zu Unklarheiten führen würde. Solange London in Palästina das Mandat innehatte, wollte London alleine regieren. Einer Unterkommission, die die Vereinten Nationen als Beobachter nach Palästina schicken wollten, verweigerten die Briten die Einreise. England könne nicht erlauben, daß die Tätigkeit der Administration eingeschränkt würde. Deshalb sollte die UN-Kommission erst einige Tage vor dem Abzug der britischen Soldaten nach Palästina kommen. Das war die amtliche Ausrede der Briten.
Nachdem die Briten jeden Vorschlag zurückgewiesen hatten, schlugen die Vereinten Nationen, die ein Blutbad befürchteten, vor, eine Miliz von Arabern und Juden zu schaffen. Dies verweigerten die Briten kategorisch. Ein Mitglied der Kommission der Vereinten Nationen sagte daraufhin: “Die Briten haben in Palästina ein Vakuum geschaffen, aber nicht einmal das wollen sie freiwillig übergeben.”

So kam es, daß die britische Regierung und die britische Nationalbank beschlossen, am 22. Februar 1948 das palästinensische Pfund und Palästina aus dem Sterling-Block auszuschließen. Dieser Beschluß wurde auf tückische Weise und ohne jede Vorwarnung im letzten Moment bekanntgegeben. England hielt alle Wertpapiere, die die palästinensischen Juden in britischen Banken angelegt hatten, zurück und sperrte alle Sparkonten. Das war ein ungeheurer Vertrauensbruch, in der zivilisierten Welt – ein Wort, das Großbritannien gern im Mund führte – ohne Beispiel.
Außerdem hatte die britische Kolonialverwaltung einige Monate vor der Machtübernahme durch die Regierung des Staates Israel, zwischen Oktober und November 1947, die Reserven des palästinensischen Finanzministeriums an verschiedene moslemische Verbände überwiesen. So waren am Tage des Rückzugs der britischen Armee aus Palästina auch die Kassen leer. Die Briten hatten unter anderem auch dadurch berechtigten Grund, anzunehmen, daß ein israelischer Staat keine drei Monate überleben würde. Jedenfalls hatten sie alles getan, was zu einem schnellen Zusammenbruch des jungen Staates führen sollte.
Dazu gehörte auch die Schließung der Ölraffinerien in Haifa im April. Da diese Raffinerien den Bedarf Palästinas an Benzin und anderen Erdölprodukten deckten, stand das Land vor leeren Treibstofflagern. Am 25. April schloß die britische Administration Palästinas den Flughafen in Lud; das war der einzige Flughafen, auf dem größere viermotorige Maschinen landen konnten. Dadurch wurde der zukünftige Staat Israel von der Außenwelt abgeschnitten; Israel war von fünf arabischen Ländern umkreist und hatte nur Zugang zum Mittelmeer. So konnte sich der britische Gouverneur für Palästina, Sir Alan Cunningham, am 14. Mai 1948 tatsächlich rühmen, beim Abzug aus Palästina ein perfektes Vakuum hinterlassen zu haben.
Am 15. Mai 1948 übernahm eine Übergangsregierung die Amtsgeschäfte im neu gegründeten Staate Erez Israel. Die britische Regierung und ihre militärische Führung, so auch Montgomery, der vorausgesagt hatte, die Juden würden den Arabern nicht einmal eine Woche widerstehen können, täuschten sich gewaltig. Sie hatten zwar alles in ihrer Macht stehende getan, um das Entstehen des Staates Israel zu sabotieren, aber es hatte nichts genützt. Die britische Politik in Palästina schlug ebenso fehl wie in den Kolonialgebieten.

Zwischen Januar und dem 14. Mai 1948 hatte sich die jüdische Bevölkerung Palästinas auf den Tag der Befreiung vorbereitet. Das begann mit der Registrierung der jüdischen Jugend in Palästina. Alle Jugendlichen zwischen 17 und 25 Jahren folgten dem Aufruf der jüdischen Behörden. Diese Registrierung war eine verdeckte Vorbereitung für deren Mobilisierung. In Zeitungsannoncen wurden die Jugendlichen aufgefordert, sich registrieren zu lassen, um der künftigen israelischen "Polizei" zu dienen. Es meldeten sich natürlich auch diejenigen, die eine Ausbildung zum Polizeioffizier anstrebten. Ende Februar wurden alle Israelis zwischen 17 und 40 Jahren aufgefordert, das Land nicht zu verlassen. Weitere Maßnahmen zur Sicherung der zivilen Verwaltung wurden eingeleitet. Sir Alan Cunninghams Träume hatten sich, Gott sei Dank, als Schäume erwiesen.
Am 16. Mai 1947 übernahm die israelische Übergangsregierung alle Funktionen eines selbständigen Staates. Entsprechend früheren Erklärungen der Untergrundorganisationen "EZEL" und "LECHI", bekannt unter dem Namen "STERN", wurde schon am ersten Tag nach der Proklamation des Staates Israel beschlossen, das Leben im Untergrund aufzugeben und unsere Kräfte in den Dienst des Staates zu stellen. Jeder von uns sollte zum israelischen Militär eingezogen werden. Ausgenommen waren unsere Einheiten in Jerusalem. Um den Beschluß vorzubereiten, saßen wir schon am zweiten Abend nach der Proklamation des Staates zusammen und planten Wege und Formen, wie unsere Leute sich beim Militär melden und wie es in Jerusalem weitergehen sollte.
Die Untergrundorganisation "LECHI" war so konspirativ strukturiert, daß sich meistens nur zwei Leute kannten. Damit war es auf einmal vorbei. An jenem Abend saßen wir, acht oder zehn Leute, die sich schon in den letzten Monaten der Kämpfe gegen die Araber kennengelernt hatten, aber doch noch ein konspiratives Leben führen mußten, solange die Briten im Lande waren, zusammen. Wir diskutierten über unsere Zukunft, darüber, wie es weitergehen würde. Und wir stellten uns die Frage, wie es gewesen wäre, wenn die Untergrundorganisationen anders gehandelt hätten, als wir gehandelt hatten. Wären wir schon an diesem Tag, dem 16. Mai 1947, an der gleichen Stelle? Wären die Vereinten Nationen ohne unseren Druck zu dem gleichen Schluß gekommen, wären die Briten ohne unsere Aktionen bereit, freiwillig den Vereinten Nationen das Mandat über Palästina zurückzugeben? Winston Churchill selbst beantwortete

diese Frage. Er erklärte im Januar 1947, es sei "besser, das Mandat über Palästina, das Großbritannien seit April 1920 hat, der UNO zu übergeben, um nicht mehr unerträglich viele Menschenleben und Prestige zu verlieren".

Unser militärischer Kampf, von den Briten "Terroraktionen" genannt, hatte seine Wirkung nicht verfehlt. Ohne den wären wir an jenem Tag in der gleichen Lage wie nach dem Zweiten Weltkrieg, sogar in einer schlimmeren, denn die Briten waren nicht bereit, die überlebenden Juden des Holocausts nach Palästina zu lassen. Leider waren auch unschuldige Menschen gefallen, obwohl wir bemüht waren, nur Militärziele und die Geheimpolizei anzugreifen. Nie haben wir englische Frauen oder Kinder bedroht – geschweige angegriffen. In dem Kampf gegen die Briten war es unvermeidlich, daß unschuldige Menschen ihr Leben verloren. So auch im Fall der Sprengung des Hotels "King David" in Jerusalem. In diesem Hotel residierten die Militärverwaltung von Palästina und der Geheimdienst. Eines der vorrangigen Ziele der Befreiungsbewegung war, diese Kommandostelle zu vernichten. Die Warnung, die telefonisch gegeben wurde, hatten die Briten selbst sabotiert und nicht weitergegeben. Dennoch ist es eine Tatsache, an der es nichts zu deuteln gibt, daß bei dieser Aktion 91 Personen starben. Wie hätte jedes andere Volk auf den "Exodus"-Vorfall im Jahre 1947 reagiert? Der Name dieses Schiffes, der traurige Berühmtheit erlangte, lautete in Hebräisch "Iziat Europa", "das Verlassen von Europa". Nachdem das Schiff die britische Blockade durchbrochen hatte und in Palästina ankam, wurde es von der britischen Marine gekapert und mitsamt den Passagieren und Überlebenden des Holocaust aus Konzentrationslagern wieder nach Deutschland geschickt. Nicht nur ein Hotel, und nicht nur 91 Leute, sondern viel mehr Mut und Selbstbeherrschung muß man haben, um nach solchen Aktionen noch rational zu handeln. Wir bedauerten zutiefst die Katastrophe des Hotels "King David" und taten alles, um eine solche in der Zukunft zu vermeiden.

Der Sieg im Befreiungskrieg wurde in fünf Phasen erreicht. Die ersten zwei Phasen waren am 15. Mai 1947 mit der Ausrufung des freien Staates Israel abgeschlossen. Der Krieg zwischen den Bürgern Palästinas, der Juden gegen Araber, der Araber gegen Juden, war beendet. In den folgenden drei Phasen ging es um den Krieg zwischen "ZAHAL", der israelischen Armee, und den fünf arabischen Ländern, die Israel mit regulären Armeen überfielen. Gleichzeitig zum Einmarsch der regulären arabischen Armeen versuchten größere Gruppierungen von arabischen Kämpfern, meistens Freiwillige aus Nachbarländern, die Verbindungsstraßen zwischen den jüdischen Siedlungen und Städten zu unterbrechen. Die Juden mußten viel Kraft aufbringen, um sich dieser Taktik entgegenzustellen. Im ersten Stadium dieses Krieges behielten die Araber die Oberhand. Die nächste Phase begann im April 1948. Die Juden gingen in die Offensive.

Der Stab der vereinigten jüdischen Streitkräfte änderte seine Taktik. Die aktive Verteidigungstaktik wurde zugunsten einer offensiveren Taktik aufgegeben. Von vielen Verteidigungsstellungen wurden Teile abgezogen und zu einem Stoßtrupp formiert. Als erstes sollte die Stadt Jerusalem befreit werden, dafür sollten erst die Zufahrtswege nach Jerusalem erobert werden.

Der israelische Generalstab war sich voll bewußt, welchen Gefahren er sich aussetzen würde, wenn er Kräfte, die zur Verteidigung der Städte abgestellt waren, abziehen und sie für die Befreiung Jerusalems zusammenführen würde. Innerhalb einiger kurzer Tage wurde eine offensive Brigade zusammengestellt und entsprechend bewaffnet. Es begann die Eroberung der Straße nach Jerusalem. Schwere Kämpfe begleiteten den Vormarsch der Israelis Richtung Jerusalem. Der Weg nach Jerusalem wurde geöffnet, und Kolonnen mit Proviant und Kraftstoff gelangten in die Stadt, die kurz vor dem Verhungern stand. Eine arabische Entlastungsoffensive in Galilea war ein Fehlschlag. Trotz der kleinen Zahl der jüdischen Kämpfer wurden die angreifenden Einheiten des berühmtesten arabischen Feldherrn Kaukadzi so geschlagen, daß er sich zurückziehen mußte, um sich neu zu formieren.

In diesem Abschnitt des Krieges gewannen die Juden die Oberhand. Es war jedoch bei weitem kein endgültiger Sieg. Die jüdischen Kämpfer, die für die Jerusalem-Offensive zusammengezogen wurden, waren erstmals gut bewaffnet. Sie erhielten Waffen, die in größeren Mengen aus dem Ausland gebracht wurden. Die tschechoslowakische Regierung verkaufte Israel größere Mengen an Waffen und Munition, die zu der Zeit lebenswichtig waren und eine entscheidende Rolle bei der Befreiung Jerusalems spielten.

Leider reichten die Kräfte des jungen Staates nicht aus, um die gesamte Stadt Jerusalem zu befreien. Es war nicht einfach, der arabischen Legion, die unter der Führung von britischen Offizieren sehr gut ausgebildet und mit den besten und neuesten Waffen ausgestattet war, mit einer Brigade kaum geschulter Männer die Stirn zu bieten. Dazu bestand noch Anfang April 1948 die Gefahr, daß britische Panzereinheiten oder Fallschirmjäger sich in die Kämpfe einmischten und versuchten, die Israelis nicht nur aufzuhalten, sondern sogar zurückzudrängen.

Am 22. April wurde die gemischte Stadt Haifa von arabischen Banden und irregulärem arabischen Militär befreit. Der jüdische Stadtrat von Haifa wandte sich an die Araber, die Stadt nicht zu verlassen. Die Israelis garantierten ihnen Gleichberechtigung, wenn sie blieben. Gegen diesen eindringlichen Aufruf und Mahnung stand der Aufruf des Muftis von Jerusalem, Hadjamin Husseini, der die Araber aufgefordert hatte, jedes Territorium, das duch die Israelis befreit wurde, araberfrei zu übergeben. Trotzdem hatte der Aufruf von Haifa einen gewissen Erfolg: 3.000 Araber blieben und leben bis heute in Haifa.

Hadjamin Husseini war so von einem Sieg der Araber überzeugt, daß er sein Hauptquartier in der größten jüdischen Stadt in Galilea, in Zefad, einrichtete. Die israelische Offensive im Norden vertrieb die Araber aus vielen kleinen Städtchen und Dörfern und erreichte auch Zefad. Hadjamin Husseini verließ die Stadt und befahl den Arabern, mit ihm zu kommen. In Zefad blieb kein einziger Araber. In diesen Kämpfen fielen die zwei wichtigsten militärischen Befehlshaber der Araber, Hassan Salame und Abdul Kadael Husseini.

Die dritte Phase des Krieges begann einen Tag nach der Proklamation des jüdischen Staates, am 15. Mai 1948. Fünf arabische Staaten überfielen den neu gegründeten Staat. Das junge Staatsgebilde befand sich in einer Gefahr, die uns nicht bewußt war. Wie schon erwähnt, erklärte Feldmarschall Montgomery in London, der Staat Israel könne maximal zwei Wochen durchhalten. Der einzige, der von einer arabischen Intervention in Palästina abriet, war der Chef des ägyptischen Generalstabs. Er sagte, daß die arabischen Länder für einen solchen Feldzug noch nicht gerüstet seien.

Dennoch marschierten ägyptische Divisionen am 16. Mai durch den Sinai und den Gaza-Streifen nach Palästina. Ägyptische Flugzeuge bombardierten Tel Aviv. Trotz des Erfolges der ersten israelischen Offensive standen die Kräfteverhältnisse 1:20 zugunsten der Araber. Auch in puncto Waffen waren die Araber weitgehend überlegen.

Den Syrern und den Irakern gelang es in den ersten Tagen, einige Erfolge zu verzeichnen. Auch die ägyptische Armee drang tief in das

Land ein. Die israelische Armee war damit beschäftigt, die verstreuten Siedlungen und Kibbuzim zu verteidigen. Es blieben nur wenige und gering bewaffnete Einheiten, die sich diesen regulären Armeen entgegenstellen konnten. Die arabische Legion des Königs Abdallah verstärkte ihren Druck auf die Altstadt von Jerusalem, die am 18. Mai in die Hände der Legion fiel. Jüdische Frauen und Kinder wurden verjagt, die Männer in Gefangenschaft nach Jordanien verschleppt. Die Altstadt wurde judenrein. Die Klagemauer fiel in die Hände der Araber. Synagogen und Schulen wurden zerstört. Alle Anzeichen einer jüdischen Besiedlung wurden beseitigt.

Im Kampf gegen die Invasion der fünf arabischen Armeen wurde der größte Teil des Israel zugesprochenen Landes befreit. 1.176 Juden fielen in dieser dritten Phase des Krieges. Am 1. Juni 1948 bombardierten erstmals israelische Flugzeuge die Hauptstadt von Jordanien, Amman (Rabat-Ammon). Die ersten Umrisse einer zukünftigen israelischen Luftwaffe wurden erkennbar.

Am 9. Juli 1948, nach einer vierwöchigen Feuerpause, begann die vierte Phase des Befreiungskrieges. In einer erneuten israelischen Offensive wurde binnen zehn Tagen das ganze Territorium, das dem Staate Israel von den Vereinten Nationen zugesprochen worden war, die Großstädte Lud und Ramle, mit ihnen Hunderte von Dörfern und Siedlungen, befreit. Die Straßen nach Jerusalem wurden endgültig geöffnet. Auch diese Phase war mit großen Verlusten verbunden; allein beim Versuch, die Festung Latrun auf dem Weg nach Jerusalem einzunehmen, mußten die Israelis fünfmal angreifen und verloren dabei über 200 Leute, es gelang den Israelis dennoch nicht, Latrun zu erobern.

Um etwas von der Atmosphäre, von den Gefühlen und der Not dieser Zeit vermitteln zu können, bringe ich einige Zitate aus einem Nachruf, den ich bei der Beerdigung eines Offiziers und Kameraden namens Julius Messing, sechs Tage, nachdem er als Immigrant in Israel angekommen war, sprach.

"... Am Morgen nach seiner Ankunft in Israel stand er in der Baracke des Kommandeurs des 88. Panzer-Bataillons. Diejenigen, die ihn kannten, begrüßten ihn herzlich. Ich machte mit ihm meine erste Bekanntschaft. Eine Stunde später sah man ihn im Overall, mit Lappen und Werkzeugen in den Händen. Er kroch gerade aus seinem Panzer heraus. Am nächsten Morgen stand im Tagesbefehl des Bataillonskommandeurs: ‚Julius Messing übernimmt das Kommando der

Hotchkiss-Panzer-Kompanie'. Drei Tage lang saß Julius in den Panzern. Er prüfte jeden von ihnen, beseitigte Fehler. Es waren gerade drei Tage Feuerpause an den Fronten, er formierte die Kompanie neu, ohne ein Wort Hebräisch zu können, ohne seine neue Heimat nur einmal gesehen zu haben. Eines wußte er: Er hat keine Stunde länger, er hat nur drei Tage zur Verfügung, um seine Kompanie zu organisieren. Die Stadt Petach-Tikva wurde durch Artillerie beschossen. Die Ortschaft Ben-Schemen war umzingelt, und nur einige wenige Kilometer von dem Platz, wo er seine Panzer vorbereitete, konzentrierte der Feind seine Kräfte, die zahlenmäßig weit überlegen waren. Sie bereiten sich zum Angriff vor."

"... Und tatsächlich, nur wenige Tage nach seiner Ankunft in Israel, drei Tage nach seiner Übernahme des Kommandos, begann die Schlacht von neuem. Das 88. Panzerbataillon und die Kompanie von Julius Messing an der Spitze griffen an. Der Flughafen Lod wurde erobert. Die Städte Lod und Ramle fielen. Der Feind befand sich im Rückzug auf breiter Front. Die Schlacht um Bet-Naballa dauerte einige Tage. Die arabische Legion des Königs Abdalla, mit schweren Panzern und Artillerie, leistete erbitterten Widerstand. Das Kommando über die gesamten Panzereinheiten bekam Julius Messing. Während des Durchbruchs traf eine Panzerfaust den Panzer von Julius. Er starb in seinem Panzer. Er fiel in einem Land, von dem er träumte, das er aber nie kennengelernt hat. Er starb auf dem Weg zum Sieg, den er selbst leider nicht erlebte."

Die israelische Offensive vom 19. Juli leitete die fünfte und letzte Phase des Befreiungskrieges ein und dauerte fast ein Jahr. In dieser Phase des Krieges wurden die arabischen Armeen endgültig besiegt. Die Ägypter, die Syrer, die Jordanier und Libanesen wurden mit schweren Verlusten hinter die eigenen Grenzen gejagt. Die Briten, die dem Verfall ihrer Politik hilflos zusehen mußten, versuchten noch im letzten Moment, den Arabern unter die Arme zu greifen. Eine Formation britischer Flugzeuge griff die vorrückenden israelischen Einheiten an. Doch in rascher Folge wurden fünf der britischen Flugzeuge von vier israelischen abgeschossen. Das war eine demütigende Blamage für die Briten.

Insgesamt dauerte der israelische Befreiungskrieg ein Jahr und sieben Monate und endete mit einem Waffenstillstandsabkommen zwischen Israel und seinen arabischen Nachbarn. Das letzte Abkommen wurde mit den Syrern am 17. Juli 1949 unterzeichnet. Am Tag des

Waffenstillstands sagte der Befehlshaber der Armee, Igal Alon, zu seinen Offizieren: "Wir haben diesen Krieg souverän gewonnen. Leider ist der Frieden noch nicht gesichert."

Ich selbst beendete diesen Krieg im Rang eines Majors. Im Alter von 23 Jahren beschloß ich, die Armee zu verlassen und keine Offizierskarriere zu machen. Der Staat Israel etablierte sich im Rahmen der Grenzen, die ihm von den Vereinten Nationen zugewiesen worden waren. Die Schranken, die die Aufnahme der Juden, die den Holocaust überlebt hatten, bisher behinderten, fielen. Eine ungeheure Einwandererflut, nicht nur der Flüchtlinge aus Europa, sondern auch der bedrohten Juden in den arabischen Ländern, setzte ein. Die Welle war so stark, daß der Staat Israel sie fast nicht bewältigen konnte. Aus 600.000 Juden am Anfang des Befreiungskrieges wurde ein Staat von 5,5 Millionen Juden. Das einzige bedrückende Problem, das während des Befreiungskrieges nicht gelöst wurde, war die Teilung der Stadt Jerusalem.

ES GEHT UM JERUSALEM

König David erweiterte die Stadt, erneuerte die Mauern und bereitete den Bau des Tempels vor. Den Baubeginn erlebte er nicht mehr. Der Bau wurde von seinem Sohn Schlomo (Salomon) verwirklicht. In der Zeit von König Salomon erreichte die Hauptstadt den Höhepunkt ihrer Entwicklung. Der Tempelbau vereinigte das ganze Volk Israels.

Im Jahre 598 v. Chr. eroberte Nebukadnezar Jerusalem. Um 587 v. Chr. wurde der Tempel geplündert und verbrannt. 516 v. Chr., 70 Jahre nach der Zerstörung des ersten Tempels, wurde der zweite Tempel eingeweiht.

333 v. Chr. eroberte Alexander der Große Jerusalem. Er ließ in Jerusalem eine jüdische Autonomie gelten. 167 v. Chr. versuchte Antiochus Afifanes, die jüdische Autonomie einzuschränken. Dieser Versuch hatte eine Revolte zur Folge, und damit beginnt auch der Aufstand der Makabim. Nur zwei Jahre später, 164 v. Chr., war Jerusalem wieder frei. Der Tempel wurde sofort erneuert. 230 Jahre später, 70 n. Chr., gelang es den römischen Legionen wieder, die Stadt zu erobern. Als erstes drangen die Römer in den Tempel ein, plünderten und verbrannten ihn. An den Juden wurde ein Massaker verübt. Die Überlebenden taten einen Schwur: “Sollte ich Jerusalem einmal vergessen, so soll meine rechte Hand mir abfallen, sollte ich dich, Jerusalem, nicht mehr erwähnen, so soll ich verstummen.”

Als Reaktion auf einen Aufstand brannten die Römer die Stadt Jerusalem nieder. Sie ließen einen neuen Teil bauen, den sie aber nicht mehr Jerusalem, sondern Ilia-Kapitalina nannten. Erst im 4. Jahrhundert erlaubte Kaiser Julianus den Juden, wieder in Jerusalem zu leben. Da dies gegen den Willen der Christen geschah, nannten sie ihn “Julianus, den Ungläubigen”. Und tatsächlich, nach Julianus´ Tod, vertrieben die Christen die Juden aus Jerusalem und erklärten es zur heiligen christlichen Stadt.

638 n. Chr. eroberten die Araber Israel und verjagten die Christen und Byzantiner aus Jerusalem. Die neuen Besatzer zerstörten ihrerseits die christlichen Kirchen in und um Jerusalem. Anstelle des jüdischen Tempels bauten sie eine Prachtmoschee und erklärten Jerusalem zur heiligen Stadt der Moslems. Die Stadt wurde umbenannt und hieß jetzt El-Kuds, und so nennen die Araber Jerusalem bis heute. Erst viel später wurde die heutige wichtige Moschee Al Aksar ge-

baut. Die Legende, die den Propheten Mohammed mit Jerusalem verbindet, wurde erst viel später verbreitet.
Im Jahre 1099 (was für ein zeitlicher Koinzident) eroberten die Kreuzritter Jerusalem. Diese verjagten sowohl die Moslems als auch die Juden aus der Stadt. 1187 eroberten die Araber die Stadt Jerusalem, Moslems und Juden durften zurückkehren. 30 Jahre später kehrten die Christen nach Jerusalem zurück. Die jüdische Gemeinde wurde ausgerottet. 1244 kamen die Araber wieder nach Jerusalem. Die Stadt wurde durch Juden und Araber besiedelt. Die Stadtmauer wurde das letzte Mal im 16. Jahrhundert durch Sultan Suleiman auf den Fundamenten der alten jüdischen Mauer erneuert.
Ich schreibe dieses Buch in einer Zeit, in der der Status Jerusalems und die Siedlungspolitik Israels in der Weltöffentlichkeit heftig diskutiert werden. Vor allem über den Bau einer neuen Siedlung in Jerusalem, den Bau der Har Homa. Ein Teil der Weltöffentlichkeit versteht diesen israelischen Schritt nicht. Besonders negativ beurteilen dies die Europäer und nachdrücklich die Deutschen. Es geht um Jerusalem, es geht um die Hauptstadt Israels, es geht um die Frage, ob eine Hauptstadt, die einmal wieder vereint wurde, aus irgendeinem Grund wieder geteilt werden soll. Es geht um die Moral, es geht um Gerechtigkeit. Es geht um die Heilige Stadt, die für Juden, Christen und Moslems heilig ist. Ist sie trotz allem gleich, gleich heilig und gleich wichtig für alle drei Religionen?
Der Kampf um Jerusalem begann nicht erst 1997. Schon im Jahr 167 v. Chr. erließ Antiochus die ersten antijüdischen Gesetze in Jerusalem, und im gleichen Jahr wurde der Tempel, das höchste Heiligtum des Judentums, in Jerusalem entweiht.
Die Debatte über den Bau der jüdischen Siedlung Har Homa in Jerusalem hat sich in den letzten Tagen verschärft. Die antiisraelischen Töne werden lauter. Besonders hinterlistig ist die deutsche Politik – Außenminister Kinkel spricht über die deutschen "Sonderbeziehungen" zu Israel und hetzt zu gleicher Zeit die EU-Außenminister zu einer aktiven antiisraelischen Haltung. Ich werde öfters von Bekannten und Freunden angerufen und gefragt: "Nun, was hälst du denn jetzt von eurem Ministerpräsidenten Netanjahu, und was hälst du vom Bau der Siedlung Har Homa? Ist das wirklich notwendig?"
An dieser Stelle muß ich zweierlei bemerken. Erstens, daß diese Fragen gut gemeint sind. Zweitens, daß diese Fragen aus meiner Sicht zwei getrennte Antworten verlangen.

Ich bin seit Netanjahus Amtsantritt von dessen Stil und Vorgehensweise keineswegs begeistert. Noch weniger bin ich "begeistert" von seinen Koalitionspartnern und seiner Abhängigkeit von religiösen Fundamentalisten, obwohl er dieses Erbe von der Regierung Rabin – Peres übernommen hat. Andererseits, und dies zu seiner Verteidigung, hat die Weltöffentlichkeit seit dem ersten Tage nach seiner Wahl eine Haltung gegen ihn eingenommen, so daß es ihm manchmal schwerfallen mag, unter diesem Druck anders zu handeln, als er es tut. Man hat ihm keine Chance gegeben und ihn in eine extreme Ecke getrieben.

Was Jerusalem angeht, ist meine Antwort an meine Freunde klar und eindeutig. Netanjahu tut das, was jede andere Regierung und jeder andere Ministerpräsident in Israel getan hätte. Nehmen wir als Beispiel Shimon Peres in einem Interview mit der Korrespondentin Inge Günter des Kölner Stadt-Anzeiger, die nicht im Verdacht blinder Sympathie für Israel steht. Der Chef der Opposition und Führer der Arbeiterpartei beantwortete die Fragen am 11. März 1997 folgendermaßen: Frage: "Herr Peres, erkennen Sie an, daß es palästinensische Rechte in Jerusalem gibt?"

Peres: "Ohne jeden Zweifel, ja. Sie sind vor allem spiritueller, religiöser Natur. Jerusalem war niemals eine arabische oder palästinensische Hauptstadt. Das jüdische Volk aber besaß zu keiner Zeit eine andere Hauptstadt als Jerusalem. Es macht keinen Sinn, neue Mauern in Jerusalem hochzuziehen, nachdem die Berliner Mauer gefallen ist."

Frage: "Wie sehen Sie das deutsch-israelische Verhältnis?"

Peres: "Man kann die Zukunft normalisieren, nicht die Vergangenheit."

Frage: "Wie sehen Sie die deutsche Außenpolitik in bezug auf Israel?"

Peres: "Deutschland begeht da einen Fehler, denn Iran kann kein Mitglied in der Familie der Nationen sein, solange es ein Kopfgeld auf Salman Rushdie aussetzt. Jetzt hat Teheran den Preis noch erhöht. Für den Iran sind die Israelis so etwas wie ein Salman-Rushdie-Kollektiv. Weder Deutschland noch irgendein anderes Land hat das Recht zu tolerieren, daß der Iran offiziell und auf den Straßen die Vernichtung Israels propagiert."

Diese Aussagen machte nicht der rechte Netanjahu, sondern der in Deutschland beliebte linke Führer der Arbeiterpartei Israels, einer

der Architekten des Friedensprozesses. Shimon Peres war israelischer Ministerpräsident, war Außenminister, war der Initiator der Osloer Verträge. Er muß es wissen. Und trotz dieser Haltung der Opposition und des überwiegenden Teils der israelischen Bevölkerung wird die sogenannte kompromißlose Haltung Netanjahus in der Frage der Souveränität über Jerusalem nur ihm zur Last gelegt. Kein israelischer Politiker wird einer Teilung Jerusalems zustimmen. Und ich werde weiter gefragt, wie ich meine Haltung begründe.
Es sind meist rhetorische Fragen, in denen die Vorbehalte bereits mitschwingen. Eine der am häufigsten gestellten Fragen lautet: "Genügt denn eine historische Relevanz von 2.000 Jahren, um eine Stadt, die in der Zwischenzeit in vielen anderen Händen war, wieder für sich alleine zu beanspruchen?"
Diese Frage ist sehr naiv. Es gibt eine historische Relevanz, auch wenn man versucht, sie in Frage zu stellen. Es stellt sich doch die Frage, ab wann oder wie lange besteht eine historische Relevanz überhaupt? Ist Jerusalem nicht mehr jüdisch, weil es im Laufe von 5.000 Jahren nur mit Unterbrechungen jüdische Hauptstadt war? Oder weil 2.000 Jahre vergangen sind, seitdem es Hauptstadt war, oder nur, weil 300 Jahre vergangen sind?
Wie viele Jahre mußte Berlin die Hauptstadt von Deutschland sein, um eine politische Relevanz zu haben und verlangen zu können, es wieder als Hauptstadt zu vereinen? Ist der Tag der Gründung Berlins ausschlaggebend, oder ist es der Tag, an dem Berlin das erste Mal als die Hauptstadt Deutschlands proklamiert wurde, oder war es vor 50 Jahren, als die Stadt von den Siegermächten geteilt wurde? Wie viele Jahre sind in den Augen dieser Fragesteller relevant, um Berlin wieder als deutsche Hauptstadt zu vereinigen? Und wie viele sind nötig, um den Juden dieses gleiche Recht der Relevanz zuzusprechen?
Dann kommt die zweite sogenannte historische Frage, oder besser gesagt, historische Feststellung: "Jerusalem ist anders als jede andere Stadt. Jerusalem ist heilig, nicht nur einer Religion, sondern drei Religionen, den Juden, den Moslems und den Christen."
Das stimmt wohl, und das akzeptieren wir auch. Nur: Die Gleichheit stimmt absolut nicht. Die Araber selbst nennen ihre Heiligtümer in der Reihenfolge ihrer Bedeutung. Die wichtigste heilige Stadt für einen Moslem ist Mekka, die zweitwichtigste ist Medina, und die drittwichtigste ist Jerusalem. Es gibt auch einige andere Städte, die

nicht weniger wichtig sind, mindestens eine in Syrien und eine in Persien (Iran). Nur ist es leider so, daß die Juden keine drei heiligen Städte haben. Die Juden haben, ebenso wie nur einen Gott, nur eine heilige Stadt, seit ewig die einzige Stadt, und das ist Jerusalem.
Wir sprechen den Moslems das Heiligtum nicht ab. Sie haben das Recht, ihre heiligen Stätten zu besuchen und frei zu nutzen und zu erhalten, aber das hat mit der Hauptstadt Jerusalem nichts zu tun.
Ich könnte mir folgende Lösung für die Jerusalem-Frage vorstellen: Nach Abschluß eines Friedensabkommens zwischen Israelis und Palästinensern, nach Gewährung vollständiger Autonomie wie in den Oslo-Verträgen vorgesehen, überläßt Israel den Palästinensern ein exterritoriales Gebiet von einem Quadratkilometer in Jerusalem. Dort könnte der Präsident Palästinas seinen Amtssitz haben. Dies wäre eine wohlwollende Geste zum Zeichen guter Nachbarschaft seitens Israels. Die Hauptstadt Palästinas könnte Ramalla oder jede andere Stadt sein, das ist Sache der Palästinenser, sich diese auszuwählen. Dies setzt voraus, daß die Palästinenser auf dem Weg zu ihrem Ziel der Autonomie oder sogar eines Staates einsehen, daß sie nicht jede Caprice durch Steinewerfen erreichen können, daß Ruhe in diesem Land eintritt.
Ich glaube auch, daß die Europäer und insbesondere die Deutschen gut beraten wären, wenn sie Jassir Arafat ehrlich klarmachen würden, daß Jerusalem nicht zur Debatte steht, und daß sowohl für Palästina als auch für andere friedensfördernde Länder ein weiteres Verhandeln und ein positives Ergebnis nur dann möglich sind, wenn ihm diese Tatsache klarwird. Ich glaube, die Deutschen brauchen nicht weit nach Argumenten zu suchen. Wenn sie ihre eigenen Argumente der letzten 50 Jahre, die sie zur Vereinigung Berlins genutzt haben, jetzt anwendeten, hätten sie auch gute Chancen, die Palästinenser zu überzeugen. Auch Israel müßte sich für eine solche Lösung bewegen, und es wäre sogar möglich, daß gerade Netanjahu der Friedensbringer wäre.
Was die Christen anbelangt, muß die Frage gestellt werden: Ist Bethlehem heiliger als Jerusalem, oder ist Jerusalem heiliger als Bethlehem? Der Vatikan redet von einer Freistadt Jerusalem, hat aber nie daran gedacht, eine Freistadt Bethlehem zu verlangen. Der Vatikan hat auch nie eine Internationalisierung Jerusalems verlangt, solange die Stadt von Jordanien besetzt war.

Wie gesagt, wir erkennen die Heiligkeit und die Wichtigkeit dieser Stadt auch für das Christentum an, auch die heiligen Stätten der Christen müssen freien und unbegrenzten Zugang für alle Christen der Welt bieten, und so ist es auch. Nur begnügt sich der Vatikan leider nicht damit, für die Freiheit des Zugangs zu den heiligen christlichen Stätten in Jerusalem und Israel einzutreten, sondern bezieht oft eine eindeutig antiisraelische Position, die weit außerhalb legitimer christlich-religiöser Belange liegt und ausgesprochen politi-scher Natur ist. Diese Haltung des Vatikans macht das jüdisch-christliche Zusammenleben nicht gerade leichter.
Die politisch-historische Frage lautet: "Alles schön und gut, aber die Stadt war doch jahrelang geteilt, und die Altstadt gehörte den Palästinensern. Die Israelis haben diese Stadt von den Palästinensern erobert, und jetzt wollen sie sie nicht zurückgeben."
Die Israelis haben den Palästinensern Jerusalem nie abgenommen. Der Befreiungskrieg resultierte aus der Ablehnung des UN-Teilungsplans durch den arabischen Teil der Bevölkerung Palästinas beziehungsweise durch dessen politische Führung. Während des Befreiungskrieges hatten es die Israelis leider nicht geschafft, die ganze Stadt zu befreien, sondern nur das Gebiet bis zu den alten Mauern. Dann besetzte das Königreich Jordanien das Westufer des Jordan und mit ihm die Stadt Jerusalem. Den Juden wurde der Zugang zu ihren heiligen Stätten verboten.
Keiner der Verfechter der Religionsfreiheiten, keiner der heutigen und der gestrigen Moralisten und Vorkämpfer für Toleranz, nicht die, die im Vatikan sitzen, nicht die Europäer und nicht die Politiker der Bundesrepublik, haben sich mit einem einzigen Wort für einen freien Zugang für Juden zu ihren heiligen Stätten in dem durch Jordanien besetzten Jerusalem eingesetzt. Herr Kinkel und seine vorbildlichen Vorgänger kannten den Begriff "Verstoß gegen das Völkerrecht" noch nicht, einen Begriff, den die Bundespolitik 1997 gegen Israel so oft und laut gebrauchte. Israel befreite die Stadt von jordanischer Besatzung während des Sechstagekrieges.
Jordanien ist ein Gebilde des britischen Kolonialismus, das erst nach dem Ersten Weltkrieg entstanden ist und mit Sicherheit keine politischen, historischen oder sonstigen Forderungen an Jerusalem haben kann. Jordanien schuf keinen palästinensischen Staat, und

Jerusalem wurde nicht zur Hauptstadt Palästinas, obwohl es 19 Jahre lang die Gelegenheit dazu gab. Niemand, nicht die pro-palästinensischen Vorkämpfer in Europa und nicht die Vorkämpfer für Menschenrechte, verlangten dies von Jordanien. Jerusalem wurde nach dem Sechstagekrieg vereinigt, und es gibt keine moralischen, historischen oder politischen Gründe, die die Israelis veranlassen könnten, diese Stadt noch einmal zu teilen.

Schließlich kommen meine Freunde auf die Weltöffentlichkeit zu sprechen.

Hätten die Israelis und die Juden auf die Weltöffentlichkeit, ihre Moral, ihr Gewissen, ihre guten Ratschläge, auch die der deutschen Politik gehört, dann hätten sie schon längst alle Selbstmord begehen müssen. Wieviel Rücksicht haben der Bundeskanzler und die Bundesregierung bei der Debatte, ob Regierung und Parlament ihren Sitz nach Berlin verlegen oder die nächsten 50 Jahre weiter in Bonn bleiben sollen, auf die Weltöffentlichkeit genommen? Über 50 Prozent der deutschen Politiker waren gegen den Umzug und gegen die Hauptstadt Berlin als Regierungs- und Parlamentssitz. Sie hatten dagegen praktische, politische und moralische Bedenken, aber vor allem fragten sie, wie die Weltöffentlichkeit reagieren würde. Dann wurde so lange geredet und manipuliert und politisch debattiert, daß jeder Politiker es mit der Angst bekam, als Verräter oder schlechter Deutscher abgestempelt zu werden und sich schämen zu müssen, wenn er nicht für Berlin votierte. Und nur so kam es zustande, daß am 20. Juni 1991 eine kleine Mehrheit von 18 Stimmen im Bundestag für Berlin erreicht wurde, obwohl gute Gründe und das menschliche Gefühl dagegen sprachen. Die Weltöffentlichkeit spielte gar keine Rolle mehr. Länder, aus denen kritische Töne kamen, so auch aus Israel, wurden als Feinde Deutschlands abgestempelt. Wer heute dieses Recht den Israelis verweigert, muß sich schon sagen lassen, daß er sich erst einmal in seinem eigenen Hause umsehen solle.

Diese Zeilen über Jerusalem wurden im Frühjahr 1998 geschrieben. In meinen schlimmsten Träumen hätte ich mir nicht vorstellen können, daß 50 Jahre nach dem Welt-Kataklysmus, den die Deutschen über die Zivilisation gebracht haben, 50 Jahre nach dem Holocaust, ein deutscher Botschafter in Israel der israelischen Regierung eine Note überreichen würde, in der er klarstellt, daß die

EU Jerusalem als "corpus separatum" einstuft. Diese Note überreichte Thedor Wallau, der deutsche Botschafter in Israel, auch in seiner Funktion als Vertreter der EU-Ratspräsidentschaft – ein nach außen elegantes Alibi.

Die EU-Haltung zu Fragen des israelisch-arabischen Konflikts, besonders durch die feige Hetze der deutschen Politiker, war meist nicht besonders israelfreundlich, jedoch wagte kein Außenminister der Europäischen Gemeinschaft während seiner Präsidentschaft, offiziell zu erklären, daß Jerusalem nicht israelisch sei. Noch skandalöser ist die Erklärung, daß nicht nur Ost-Jerusalem, sondern auch die sogenannte Israelische Stadt "Sondergebiet" sei. Dies ist das "neue Deutschland", auch wenn das Gespann Schröder – Fischer heißt. In meiner Phantasie sehe ich schon die "neuen Kreuzritter" in einer Hand die schwarzrotgoldene und in der anderen die Kreuzritter-Flagge, auf ihren humanitären Panzern und Tornados mit dem schwarzen Kreuz an der Spitze des neuen Kollektiv-Imperialismus namens Europa auf dem Wege zur "Befreiung" Jerusalems. Die psychologischen Voraussetzungen dafür werden geschaffen.

HEIRAT UND POLITIK

Eine besonders große Belastung, wenn auch eine willkommene, war die gigantische Einwanderung aus Europa: Allein in den Jahren 1949 bis 1952 kamen über 200.000 Emigranten, wir nannten sie "Olim", Heimkehrer. Zusätzlich kamen wellenweise Heimkehrer aus den arabischen Staaten, da dort der Druck auf die jüdische Bevölkerung zunahm. 90 Prozent der Zuwanderer waren mittellos. 650.000 Israelis mit ihrer von den Briten hinterlassenen maroden Wirtschaft mußten diese Zuwanderer aufnehmen und kulturell und wirtschaftlich integrieren. Einwanderer aus über 60 Ländern mit ganz verschiedenem kulturellen Hintergrund und unterschiedlichem Bildungsniveau. Unter dem Wirrwarr von Sprachen war Deutsch, Polnisch, Russisch, Tschechisch, Serbokroatisch, Ungarisch, Rumänisch, Kirgisisch, Türkisch, Englisch, Französisch, Arabisch, dieses wiederum mit verschiedenen Dialekten, deren Sprecher einander nicht unbedingt verstanden, auch Chinesisch und Indisch, nur eins nicht: Hebräisch. Angesichts dieser Probleme, die Deutschland in den vergangenen Jahren mit den Aussiedlern hatte, frage ich mich: Wie war es möglich, daß ein kleines, armes Land mit 650.000 Einwohnern, und dazu noch im Kriegszustand, eine Einwanderung von 5 Millionen Menschen verkraftet hat? Heute überlegt die Bundesregierung, ob es sich die Bundesrepublik leisten kann, noch ein paar tausend Juden aus Rußland aufzunehmen. Israel hat dagegen die Absicht, in den nächsten zwei Jahren erneut 500.000 russische Emigranten aufzunehmen. Vielleicht können solche Fakten dazu beitragen, daß die Deutschen ihre noch vor einiger Zeit spürbaren Sympathien für Israel nicht leichtfertig aufgeben und sich nicht blind die fragwürdigen Sachzwänge der Bundesregierung zu eigen machen, wie es deutsche Medien in jüngster Zeit häufiger tun.

1950 quittierte ich den Dienst in der Armee, bekam eine Entschädigung, mit der man nicht viel anfangen konnte, und wurde Staatsbeamter, was nicht unbedingt mein Traum war. Aber ich tat auch etwas Erfreuliches, ich heiratete. Obwohl ich formell schon Zivilist war, wurde unsere Hochzeit noch im militärischen Club gefeiert, und alles paßte gut zusammen: Ein junges Paar in einem jungen Land, ein armes Paar in einem armen Land, heiratete. Unser Traum hieß Zukunft. In Israel herrschte damals "Zena", zu deutsch "Bescheidenheit". Gemeint sind Beschränkungen. Der neu entstandene Staat

führte eine strenge Kontrolle der Wirtschaft ein. Es mangelte an allem. Ein Verteilungssystem mit Karten und Punkten wurde eingeführt.
Unser Vermögen reichte gerade aus, um einen dreitürigen Schrank, einen Tisch und vier Stühle zu kaufen, wobei wir den Tisch und die Stühle mit zugeteilten Coupons kauften, weil auf dem freien Markt nichts zu bekommen war. Mit der Wohnung hatten wir mehr Glück; eine Verwandte, die im Kibbuz lebte, hatte von ihrem Bruder ein Häuschen im Zentrum von Tel Aviv geerbt. Die größere Wohnung mit drei Zimmern, Küche und Bad war schon vermietet, ein Appartement mit Kochnische und Dusche aber war noch frei; dieses bezogen wir. Unser Schrank hatte eine dreifache Funktion, er diente als Kleiderschrank, als Haushaltsschrank und als Wand, die das Wohnzimmer von der Kochnische trennte.
Unsere Einzimmerwohnung wurde sehr bald ein Domizil für viele unserer Freunde. Meistens übernachteten sie bei uns, wenn sie auf Militärurlaub waren, oder wenn sie in Haifa am Technikum studierten und nach Tel Aviv kamen. An "Schlafstellen" fehlte es nicht, der Fußboden war relativ groß und das Zimmer nicht üppig möbliert. Eines Tages kamen meine Frau und ich aus dem Theater zurück, als wir schon von weitem sahen, daß Licht in unserer Wohnung brannte. Wir waren sicher, daß wir es ausgemacht hatten. Ich ging auf das Haus zu und schloß vorsichtig die Tür auf. Zu meinem Erstaunen war das Zimmer festlich beleuchtet, der Tisch voll mit Tellern, Gläsern, offenen Konservenbüchsen und anderen Resten eines Gelages. Auf dem Bett lag Kikus, einer unserer besten Freunde, der damals in Haifa studierte. Wir weckten ihn auf und fragten ihn, was das alles zu bedeuten habe. Worauf wir ihm zum Spaß sagten, daß wenn er sich schon so breitmachte und uns das ganze Essen wegaß, er doch wenigstens den Tisch hätte abräumen können. Daraufhin antwortete unser Freund: "Das ist doch das letzte. Ich komme zu euch als Gast, ihr seid nicht da. Nun gut, ich bin bereit, euch das zu verzeihen. Da sitze ich nun alleine und es klingelt, es kommen zwei weitere Freunde und Freundinnen zu euch, die wollten doch euch besuchen! Nicht mich. Ich bin an eurer Stelle ein guter Gastgeber und bitte sie herein, damit nicht genug, ich bewirte sie, stelle alles, was die Küche zu bieten hat, auf den Tisch, und jetzt verlangt ihr, nachdem ich euch einen solchen Dienst erwiesen habe, daß ich auch noch abräume?"

Ende 1951, nach langen Überlegungen, entschloß ich mich endgültig, der von Menachem Begin gegründeten neuen Partei “HERUT” nicht beizutreten. Sie war als Nachfolgerin der Revisionistischen Partei und der “BETAR” von Begin nach dem Befreiungskrieg und nach der Auflösung des “EZEL” ins Leben gerufen worden. Ich hatte meine grundsätzliche politische Einstellung nicht geändert, war aber der Meinung, daß mit der Gründung Israels die Ziele der Revisionistischen Partei und der “BETAR” erreicht wurden. Zwar war ich mir im klaren, daß als Gegengewicht zur regierenden Arbeiterpartei und ihrer Koalition mit den extrem Linken in Israel eine rechte Opposition um der Demokratie willen dringend notwendig war, ich sah aber keinen Platz für mich und meine Ideen in dieser neu gegründeten Partei. Die war mir dann doch zu rechts, mit einem fast fanatischen Glauben an die Führung von Menachem Begin. Dessen Verdienste um Israel standen außer Frage, nur war ich nicht der Typ für fanatischen Glauben und besonders allergisch gegen Personenkult jeder Art.

Ich suchte einen politischen Rahmen, der meinen Ideen entsprach. Von einigen jungen Leuten erfuhr ich, daß sich im Rahmen der Allgemeinen Zionistischen Partei, einer Partei der Mitte, eine Gruppierung von Studenten und sogenannten Jungzionisten mit dem Namen “Israel Hazeira”, auf deutsch “Junges Israel”, zusammengefunden habe. Ich wurde zu einer ihrer Veranstaltungen eingeladen. Das war im Herbst 1951. Danach beteiligte ich mich an den Diskussionen über das politische Programm und über den Aufbau dieser Gruppe. So vergingen zwei oder drei Monate. Die meisten Mitglieder waren Akademiker, junge Anwälte, Ingenieure und Angehörige ähnlicher Berufe, einige Jungunternehmer, aber auch Studenten, Angestellte und Pädagogen. Auf einer Generalversammlung der neu entstandenen Organisation wurde der erste Vorstand gewählt. Unerwartet schlug ein Beteiligter meinen Namen vor. Ich und weitere sechs Kollegen wurden zum Vorstand gewählt. Ich widmete der Organisation viel Zeit und Energie. Nach relativ kurzer Zeit waren wir in allen Filialen der Mutterpartei vertreten. Vier Mitglieder dieses Vorstandes dienten später als Minister in verschiedenen israelischen Regierungen, zwei andere wurden Oberbürgermeister.

Eines Tages, im Frühling 1952, kamen zwei Parteikollegen aus der Filiale Ramat-Gan zu mir nach Hause. Der eine, Michael Barnea, war der Vorsitzende, der andere, Seev Wassermann, der stellvertretende Vorsitzende des "Jungen Israel" in Ramat-Gan. Sie eröffneten mir, daß ich den Vorsitz des "Jungen Israel" in Ramt-Gan übernehmen sollte. Ich wollte meinen Ohren nicht trauen. Das war das erste Mal, daß jemand freiwillig auf seinen Stuhl als Vorsitzender einer Partei verzichtete und anderen den Vorschlag machte, seine Position zu übernehmen. Ich teilte den beiden Besuchern auch mit, daß ich mir diese Sache überlegen müsse.

Einige Wochen nach diesem Besuch trat der alte Vorstand kollektiv zurück und ein neuer wurde gewählt. Ich wurde zum Vorsitzenden. Damals wurde in Israel eine heftige öffentliche Debatte über die Wiedergutmachungszahlungen von seiten der Deutschen an Israel und die Überlebenden des Holocaust geführt. Auch im Vorstand der Organisation wurde dieses Thema diskutiert, die Meinungen waren geteilt. Die Mehrheit war gegen eine Aussöhnung.

Aufgrund realpolitischer Überlegungen war ich sicher, daß eine Aussöhnung zwischen Israel und Deutschland unvermeidlich sei. Ich blieb aber trotzdem Gegner eines Wiedergutmachungsabkommens, wobei ich die Aufrichtigkeit Adenauers in bezug auf Aussöhnung nicht bezweifelte. Mir gefiel aber der Weg nicht. Und schon gar nicht der Begriff "Wiedergutmachung".

Die Oppositionsparteien riefen zu einer neuen Großdemonstration auf. Wir beschlossen, eine Protestversammlung unserer Mitglieder abzuhalten. Ich war einer der Sprecher. Ich sprach über meine Haltung zur eventuellen Aussöhnung mit Deutschland und kurz über meine Vergangenheit, sowohl unter der deutschen nationalsozialistischen Herrschaft als auch unter der russisch-stalinistischen. Ich ließ keinen Zweifel an meiner antisowjetischen, antikommunistischen Haltung. Zu gleicher Zeit war ich der Meinung, daß das neue Deutschland unter Adenauer eine eigene deutsch-nationale Politik verfolge und durch gezielte und übertriebene antisowjetische Propaganda den Westen gewinnen wolle, auch wenn sich dies nicht unbedingt mit den legitimen Interessen des Westens und des Friedens deckte. Trotz meiner skeptischen Bemerkungen sei ich der Meinung, daß sich Israel als kleines und junges Land mit der Tatsache der Wiedergeburt Deutschlands werde abfinden müssen und daß es zu einer formellen Aussöhnung kommen werde. Jedenfalls müßten wir abwarten, in welche Richtung die deutsche Demokratie sich entwikkeln werde.

Ich sagte, daß es trotz der dringenden ökonomischen Bedürfnisse Israels ein Fehler wäre, auf ein Wiedergutmachungsabkommen mit Deutschland einzugehen. Ich meinte, daß man Blut nicht mit Geld abwaschen könne. Ich glaubte, daß wir den Deutschen eine Art "Alibi" oder "Strafmilderung" erteilen würden. Ein Wiedergutmachungsabkommen könnte eine negative Auswirkung in Deutschland selbst haben und dort falsch ausgelegt werden. Ich befürchtete, daß die antiisraelischen und antijüdischen Kräfte, von denen es noch sehr viele in Deutschland gab, ein solches Abkommen als Propaganda gegen Juden und gegen Israel einsetzen würden. Ich war überzeugt, daß viele Deutsche dieses Abkommen teils bewußt, teils unbewußt, falsch interpretieren und es als großzügige Geste und nicht als Verpflichtung zur Rückgabe von geraubtem Vermögen ansehen würden.

13 Jahre später erwiesen sich meine Befürchtungen als berechtigt. Mitte der 60er Jahre traf der erste israelische Botschafter in der Bundesrepublik, Asher Ben-Natan, den damaligen deutschen Bundespräsidenten, Heinrich Lübke. Während dieses Gespräches äußerte der israelische Botschafter Bedenken bezüglich der deutschen Politik. Daraufhin sagte der Bundespräsident sinngemäß: daß die Israelis und die Juden still und dankbar sein sollten, nach allem, was Deutschland an Zahlungen an Israel schon geleistet habe und noch leisten würde.

Mein weiteres Argument gegen das Abkommen war die Tatsache, daß Israel von Deutschland kein Geld, sondern Warenlieferungen erhalten sollte. Das würde die junge israelische Wirtschaft von Deutschland abhängig machen. Eigentlich handelte es sich um keine Wiedergutmachung, sondern eher um einen Wirtschaftsplan für die deutsche Industrie.

Ich lehnte besonders den Begriff "Wiedergutmachung", nicht aus semantischen, sondern aus moralischen und politischen Gründen, vehement ab. Meiner Meinung nach war Wiedergutmachung an weniger als vier Prozent von 6 Millionen Ermordeten eine nicht nur sprachliche, sondern eine historische Verfälschung und Absurdität. Wenn die Deutschen tatsächlich im wirtschaftlichen Bereich etwas "Wiedergutmachendes" für Israel leisten wollten, so sollten die Milliarden des arisierten jüdischen Vermögens, wie auch das Gold und andere Wertsachen ohne Erben, dem Staate Israel ausgehändigt

werden. Dadurch würde die sogenannte Wiedergutmachung überflüssig werden.
Ich war der Meinung, daß Ben-Gurion und seine Berater einseitig nur die wirtschaftlichen Vorteile dieses Abkommens und nicht die Nachteile sähen. Kanzler Adenauer dagegen sehe die Möglichkeiten zur Absolution für Deutschland. Gleichzeitig übersehe er den wirtschaftlichen Vorteil für die deutsche Industrie keineswegs. Eine Versöhnung mit Deutschland dürfe nicht mit Geld erkauft werden, sagte ich abschließend.
Heute ist festzustellen, daß das Wiedergutmachungsabkommen eine kräftige Spritze für die deutsche Industrie war. In den 50er Jahren standen die deutsche Industrie und Werften als Folge des amerikanischen Marschall-Planes teils saniert, teils neu aufgebaut, ohne größere Aufträge da. Das Wiedergutmachungsabkommen brachte den Auftrag zum Bau von 30 Schiffen für Israel. Große Passagierdampfer, Frachter jeder Art, ein großes Trockendock und viele Kräne für Häfen. Lokomotiven, Passagier- und Güterwaggons jeder Art wurden bestellt und geliefert. Große Generatoren und Turbinen, Metallverarbeitungsmaschinen und andere Produktionsmaschinen folgten, dazu große Ersatzteilbestellungen außerhalb des Abkommens, aber auch Verbrauchsgüter wie Autos, Radios, Fernseher und andere Elektrogeräte wurden von israelischen Importeuren in Deutschland gegen Barzahlung eingekauft.
Auf einmal sah man in den Schaufenstern der israelischen Städte Produkte von Mercedes, VW, AEG, Siemens, Miele, Grundig und was der deutschen Marken mehr sind. Am charakteristischsten be-schreibt diese Zeit vielleicht folgende Anekdote, die in der Mitte und Ende der 50er Jahre in Israel gern erzählt wurde: “Die israelische Philharmonie, die weltweit bekannt war, gab ein Konzert in Tel Aviv. Ein elegant in dunklem Anzug gekleideter Mann kam spät. Die Türen waren schon geschlossen, das Konzert hatte begonnen. Die Platzanweiserin öffnete leise eine Tür zum Konzertsaal, der Mann solle leise hineingehen, aber erst nach der Pause seinen Platz aufsu-chen. Leise, auf Zehenspitzen, ging er in den Saal und blieb stehen, er hörte dem Orchester schweigend zu. Auf einmal drehte sich der Mann um, ging hinaus, warf krachend die Tür hinter sich zu und stürmte die Treppe hinunter. ‚Was?!‘ murmelte er zu sich selbst, ‚Wagner?! Ein Wagner-Konzert? Unmöglich!‘ Er verließ

schnellen Schrittes das Philharmoniegebäude, lief zur Garage, setzte sich in seinen Mercedes und fuhr nach Hause." Die riesigen Summen, die Deutschland später an Entwicklungsländer gab, machten in Israel klar, wie absurd das Wiedergutmachungsabkommen war. Heute ist Deutschland der wichtigste Handelspartner in Europa. Sowohl Investitionsgüter als auch Verbrauchsgüter werden aus Deutschland importiert. Die Handelsbilanz zwischen beiden Ländern sieht so aus, daß Israel fast zwei Drittel mehr aus Deutschland importiert als umgekehrt. Das muß nichts Ungewöhnliches sein im Handelsverkehr zwischen einem großen Industrieexportland und einem Verbraucherland. Jedoch ist diese Entwicklung zugunsten der deutschen Industrie und zum Nachteil der USA vor allem dem Wiedergutmachungsabkommen zuzuschreiben.

Seit den Debatten über das sogenannte Wiedergutmachungsabkommen sind 45 Jahre vergangen. Inzwischen lebe ich mit Unterbrechungen seit Jahrzehnten in Deutschland und frage mich, was aus heutiger Sicht richtig und was falsch war. Ohne Adenauer hätte sich die deutsch-jüdische Aussöhnung nicht so schnell und so "reibungs-los" vollzogen. Dazu hat das Wiedergutmachungsabkommen entscheidend beigetragen. Die befürchteten negativen Auswirkungen auf die öffentliche Meinung in Deutschland, "Wir haben abgerechnet, wir haben unsere Schuld bezahlt", traten nur zum Teil ein.

Die negative Auswirkung ist, daß die meisten Deutschen tatsächlich überzeugt sind, daß das Wiedergutmachungsabkommen eine volle Entschädigung an den Juden sei. Die in dem Abkommen festgelegte Summe betrug 3 Milliarden US $ in Waren und Dienstleistungen, verteilt auf 12 Jahre. Ein Bruchteil des Vermögens, das das Dritte Reich den ermordeten 6 Millionen Juden geraubt hat. Auch andere Länder haben sich nicht gescheut, von diesem Verdrängungsmechanismus zu profitieren, besonders Schweizer Banken, italienische und deutsche Versicherungen, die mit dem Nazi-Staat paktierten und sich lange Jahre weigerten, die ihnen anvertrauten Gelder auszuzahlen und statt dessen legitime Forderungen als Erpressung bezeichnen. Der bis in die Billiarden reichende Raub umfaßt arisierte Vermögen, beschlagnahmte Fabriken, Transportmittel, Produktionsstellen jeder Art, Rohstoffe und Warenlager, Häuser, Grundstücke, Banken, Verlage, Gold und andere Edelmetalle,

Wertpapiere und Versicherungspolicen, Bankguthaben und Kunstschätze sowie Milliardenwerte des kleineren Privatvermögens von 6 Millionen Menschen. Dazu kommt Vermögen aus öffentlichen jüdischen Einrichtungen wie Synagogen, Gemeindehäusern, Clubs und Sportanlagen, kulturellen Stätten, 214 Schulen, Kinos, Theatern und vieles mehr. Die Rückgabe von ein paar Gebäuden oder der Wiederaufbau einiger Synagogen fällt im Vergleich kaum ins Gewicht. Wenn die Rückgabe öfters dann auch noch unter schwierigen Umständen erstritten werden muß, dann erhält die "Wiedergutmachung" einen bitteren Beigeschmack.
Schließlich ist zu konstatieren, daß mit der Erfüllung des Wiedergutmachungsabkommens von der politischen und moralischen Verpflichtung der Bundesrepublik gegenüber Israel nicht viel mehr als ein Lippenbekenntnis geblieben ist. Es war Adenauer, der die moralische Verpflichtung Deutschlands Israel gegenüber definiert hatte, eine Definition, die der moralisch wichtigste Bestandteil des "Wiedergutmachungsabkommens" war.
Heute sind das Begriffe wie "Neutralität" oder sogar "strenge Neutralität", die die beschworenen besonderen Beziehungen zu Israel ersetzen. Leider ist selbst diese Neutralität bei näherem Hinsehen nicht ganz echt. In der Realität verbergen sich dahinter oft wirtschaftliche oder sogar zweifelhafte politische Interessen, die ausgesprochen antiisraelischen Charakter tragen. Im Nebel der Wiedergutmachungs- und Rentengesetze schlich sich unbemerkt eine Gleichstellung der Opfer und der Täter ein. So bekommen heute 1.300.000 Mitglieder der Nazi-Wehrmacht, 70.000 SS-Mitglieder und weitere Tausende Kriegsverbrecher und deren Nachkommen üppige Renten, die die Renten der Opfer weit überschreiten. Die Söhne der Verbrecher Heinrich Himmler und Hermann Göring, die Witwe des Judenschinders Julius Streicher und Hunderte von verurteilten SS-Verbrechern bekommen Renten, die Tausenden von Opfern bis heute aus "bürokratisch-formellen" Gründen abgesprochen werden. Diese Besserstellung der Täter gegenüber den Opfern kann nicht durch Ausreden abgetan werden. Der Grund liegt tiefer – es gibt eben doch eine Nabelbindung mit der Vergangenheit. 1952 zogen wir in eine eigene Wohnung um. Meine Frau arbeitete im Verteidigungsministerium, ich entschied mich, mich selbständig zu machen. Ich kündigte meine Arbeit und begann, eine

große Tankstelle zu bauen. Eines Tages fuhr ich mit dem Auto zum Verteidigungsministerium, um meine Frau abzuholen. Ich hatte nicht mehr genügend Benzin und fuhr zu einer Tankstelle. Ein junger Mann sah mich an und sagte: "Entschuldigen Sie bitte, wurden Sie nicht früher ‚Jascha' genannt?" "Ja", sagte ich, "das bin ich". "Erkennen Sie mich nicht?" meinte er. "Nein, nicht daß ich wüßte." "In Rowno. Ihnen habe ich zu verdanken, daß ich heute hier bin."

Er fragte, ob wir uns verabreden könnten; er meinte, er habe sich noch nicht richtig bei mir bedankt und das wollte er jetzt nachholen. Es dauerte nur zwei, drei Tage, bis sich der Mann bei uns meldete. Er kam und erzählte uns seine Geschichte. Er hatte damals Rowno verlassen und einiges erlebt auf dem Wege, bis er schließlich in Palästina angekommen war. Er war beim Militär gewesen und arbeitete nun als Tankwart. Er fragte mich, wie es mir ergangen war, und dann: "Warum bauen Sie keine Tankstelle?" Ich sah ihn an und lachte. Und da sagte er: "Ich meine das ganz ernst" "Was soll ich denn damit?" fragte ich. Seiner Meinung nach gab es zwei gute Gründe, sich das ernsthaft zu überlegen. Der erste, weil es ein gutes Geschäft war, weil alle Tankstellen, die es in Israel gab, noch aus der Zeit der Briten stammten. Jetzt sei es an der Zeit, etwas Neues, Modernes zu bauen. Zweitens, weil nur Invaliden oder ehemalige Offiziere die erforderliche Sondergenehmigung für Tankstellen erhalten konnten. Da ich doch befreiter Offizier sei, hätte ich seiner Meinung nach gute Chancen.

Ich war 26 Jahre alt und tat meinen ersten Schritt in die Selbständigkeit. Nach 13 Jahren eines Lebens mit einem goldenen Löffel im Munde, und nach weiteren 13 Jahren eines teils furchtbaren und eines teils abenteuerlichen Lebens, fügte ich mich das erste Mal in das sogenannte anständige, zivilisierte Leben in der freien Marktwirtschaft ein. Nach einem halben Jahr zwischen den verschiedenen Ämtern und mit Hilfe meiner verschiedenen Verbindungen beim Militär und bei den Zivilbehörden gelang es mir, eine Genehmigung für den Bau einer Tankstelle zu bekommen. Ich fand auch ein Grundstück in einer guten Lage an der Ausfallstraße von Tel Aviv Richtung Jerusalem. Zu meinem Partner, der mich auf die Idee gebracht hatte, wählte ich noch zwei weitere Partner, zwei Invaliden aus dem Befreiungskrieg; alle drei überließen mir die Last des Aufbaus dieses Betriebes.

Anfang 1954 stand die erste im Staate Israel privat gebaute Tankstelle. Sie war nicht mit den in Israel üblichen Tankstellen zu vergleichen. Sie war sehr groß, mit mehreren Zufahrten, einer großen Werkstatt, einer Raststätte, Reifenservice usw. Drei Jahre später war ich der Eigentümer vier großer Tankstellen in Israel.

VOR UND NACH DEM SINAI-KRIEG

1955 bis 1957 waren besonders schwere Jahre für Selbständige in Israel. Die Lage an den Grenzen zu unseren Nachbarn war angespannt. Besonders unterstützten damals die Ägypter die Terrorgruppen der Fedahin, die in der Hauptsache aus dem Gaza-Streifen, der von den Ägyptern besetzt war, rekrutiert waren. Sie überfielen kleine Ortschaften und Kibbuzim. Es war nicht immer einfach, diese Ortschaften zu beschützen, da es sich häufig um Siedlungen in der Wüste handelte. Diese Situation verlangte die häufige Mobilisierung von Reserven; vor allem die Jüngeren waren davon betroffen, zu denen ich noch gerechnet wurde.
Die andauernden Unterbrechungen der normalen zivilen Arbeit wirkten sich negativ auf die Wirtschaftlichkeit der Betriebe aus; besonders schlimm wurde die Situation 1956. Ende 1955 unterzeichneten die Ägypter und die Tschechoslowaken ein geheimes Abkommen, das von der Sowjetunion initiiert worden war. Das Schicksal oder der Zufall wollte es, daß ich einer der wenigen Zivilisten in Israel war, der über dieses geheime Abkommen und seinen Inhalt schon kurz nach der Unterzeichnung Bescheid wußte. Dieses Abkommen machte die ägyptische Armee zur größten Streitkraft im Nahen Osten. Die Ägypter bekamen auf einen Schlag 530 Panzer jeder Art, 200 gepanzerte Truppentransporter, 500 Geschütze und 200 Jagdflugzeuge. Weitere 100 Flugzeuge waren Bomber und Transportflugzeuge. Die ägyptische Marine erhielt U-Boote, Torpedoboote und leichte Kreuzer.
Nach diesen Lieferungen und vor allem nach der politischen Auswirkung dieser Zusammenarbeit mit der Sowjetunion fühlte sich Nasser sicher. Am 26. Juli 1956 verstaatlichte er den Suezkanal. Danach folgte als erstes die Sperrung des Kanals für israelische Schiffe und für andere Schiffe, die von Israel kamen oder dorthin fuhren. Außerdem versperrten die Ägypter die Durchfahrt für israelische Schiffe in die Tiran-Engen und stationierten schwere Artillerie in Nasnasrani zur Sicherung dieser Blockade. Durch diese Aktion wurde Israel der Weg zu seinen traditionellen Handelspartnern in Afrika und Asien versperrt. Zur gleichen Zeit verstärkten die Fedahin auf Befehl Ägyptens ihre Überfälle auf Israel. Einigen kleinen Terrorgruppen gelang es, bis auf 20 Kilometer nach Tel Aviv vorzudringen.

Trotz wiederholter Warnungen Israels an Ägypten, der Beschlüsse der Vereinten Nationen und der Warnungen Frankreichs und der USA, stellten die Ägypter den Terror gegen Israel nicht nur nicht ein, sie verstärkten ihn sogar. Unter diesen Umständen beschloß die israelische Regierung, sich aus dem Würgegriff Ägyptens zu befreien. Am 29. Oktober 1956 überschritten israelische Einheiten die Grenze nach Ägypten. Gleichzeitig eroberten israelische Fallschirmjäger die Mitle-Pässe der Sinai-Wüste, den wichtigsten Verteidigungsring in der Wüste Sinai.
Ich wurde schon am 26. Oktober einberufen. Zur Operation, der Durchquerung der Sinai-Halbinsel, also der Sinai-Wüste, mußte die israelische Armee besondere Vorbereitungen treffen. Zu diesem Zweck wurden Einheiten neu geschaffen und mit Geräten ausgestattet, die im letzten Moment aus Frankreich und Deutschland (aus amerikanischem Bestand) eintrafen; ich wurde zum Kommandanten einer dieser Einheiten berufen. Meine Aufgabe war es, mit dem 88. Fallschirmbataillon die Wüste in ihrer ganzen Länge zu durchqueren und in Sherm El-Sheich am Roten Meer mit der 9. Brigade des Generals Iofe zusammenzutreffen. Wir überschritten die israelische Grenze Richtung Abu-Agela, dem Schauplatz heftiger Kämpfe zwischen israelischen und ägyptischen Panzereinheiten. Bei unserer Ankunft war Abu Agela schon in israelischer Hand. Von dort aus ging es weiter Richtung Wüste.
Der Zerfall der ägyptischen Armee war von Tag zu Tag spürbarer. Nach dem dritten Tag in der Wüste fanden wir keine ägyptischen Soldaten mehr, nur ab und zu kamen einige mit erhobenen Händen aus ihren Löchern heraus. Um so mehr Schuhe lagen auf dem ganzen Weg herum, Hunderte, Tausende Paare von Schuhen, ein surrealistisches Bild. Wir stießen in der riesigen Sinai-Wüste auf wenige Oasen, kein Wasser und keine Vegetation, nur Sanddünen und Sandberge. Ich konnte erneut feststellen, daß der Todesengel noch immer mein Schutzengel war.
Es war am dritten Tag unseres Vorrückens in der Sinai-Wüste. Endlose und leblose Dünen. Tagsüber 40 Grad. Um die Mittagszeit befahl ich, zu halten. Die Kolonne stoppte, die Soldaten sprangen aus den Fahrzeugen, kochten schnell Kaffee. Ich setzte mich auf den Rand der künstlich geschaffenen Erhöhung, die sich durch die tiefer liegende Fahrspur ergab, die von den Kettenfahrzeugen und 6 x 6 Fahrzeugen der Kolonne stammte. Mein Funker brachte mir gerade

Kaffee, und um mich bequemer hinzusetzen, stützte ich mich auf meine rechte Hand. Ich stutzte, meine Hand fühlte unter einer dünnen Sandschicht Metall. Mir wurde augenblicklich bewußt: Ich sitze auf einer Mine.

Ich sagte zu den um mich versammelten Offizieren: “Meine Herren, jetzt bitte einen Moment ruhig bleiben, und nicht bewegen. Ich sitze auf einer Mine.”

Vorsichtig, fast zärtlich säuberte ich die Oberfläche der Mine. Ich stand vorsichtig auf und rutschte die Fahrspur herunter. Wir entschärften die Mine, errichteten eine Warntafel, und die Kolonne bewegte sich ihrem Ziel entgegen. Erst später erinnerte ich mich an die Worte unseres Retters, Herrn Wybieratzkis, nach der Durchsuchung in seinem Hause: “Der Todesengel kommt nicht zweimal, und einmal war er schon da. Wenn er euch nicht mitgenommen hat, kommt er nicht wieder.”

Vier Tage dauerte es, bis wir Sherm El-Sheich erreichten. Meine Kolonne, die sich auf eine Länge von fast 5 km erstreckte, beschleunigte auf einmal ohne Befehl ihre Fahrt. Die Soldaten sahen von weitem das stille, blaue Meer. Wie auf Kommando verwandelte sich die einreihige, lange Formation in eine breite, horizontale Formation, und alles rannte Richtung Strand. Zuerst sprangen die Fahrer, dann alle anderen Soldaten von den Fahrzeugen herunter und liefen, die meisten in Uniform, ins Wasser. Leute, die sich über eine Woche nicht anständig gewaschen hatten, von Baden konnte überhaupt keine Rede sein, verlangten nach Wasser und waren nicht mehr aufzuhalten.

Am 5. November 1956 konnten israelische Schiffe wieder frei von Israel nach Afrika und Asien und umgekehrt die Meere überqueren. Auch vom Gaza-Streifen kamen keine Terrorgruppen mehr nach Israel. Sogleich jedoch wurde Druck auf Israel ausgeübt, die eroberten Gebiete im Sinai zu verlassen. Unter dem massiven Druck der UN und der befreundeten Staaten Frankreich und USA war Israel bereit, die Sinai-Halbinsel an Ägypten zurückzugeben. Es stellte aber einige Bedingungen.

Die erste war, die freie Passage durch die Meerengen von Tiran und den Suezkanal durch die Garantien der Vereinten Nationen und durch die Stationierung von Blauhelmen, wie es Kanada vorgeschlagen hatte, zu gewährleisten.

Die zweite Bedingung war die Entmilitarisierung der Sinai-Halbinsel.

Die dritte Bedingung war, daß in Gaza eine reine Zivilverwaltung herrschen sollte, und dort nur Einheiten der Blauhelme stationiert würden. Israel war nicht überzeugt, daß das genügte, bis die Amerikaner Garantien für die Durchführung dieser Bedingungen übernähmen. Schon einige Tage nach dem Rückzug der Israelis von der Halbinsel Sinai schickte Nasser entgegen der Vereinbarung einen Militärgouverneur nach Gaza, und einige Tag später wurden die Blauhelme gebeten, Gaza zu verlassen; das taten sie auch. Die Überfälle der Fedahin begannen von neuem. Die Garantien der befreundeten Großmacht USA hatten soviel Wert wie das Papier, auf dem die Garantien geschrieben waren. So sieht es aus, wenn man die Verteidigung des eigenen Lebens anderen überläßt. Ich hoffe, daß Israel nicht noch einmal eine solche Erfahrung machen wird.
Als letzter israelischer Soldat verließ ich die Halbinsel Sinai; vom Militär wurde ich erst nach fünf Monaten befreit. Für einen Jungunternehmer kam die monatelange Unterbrechung und Abwesenheit fast einer Katastrophe gleich. Im Herbst 1956 war ich gerade mit dem Bau eines Objektes in Ramat-Gan beschäftigt gewesen. Meine Einberufung zum Militär hatte dazu geführt, daß der Bau fast zum Stillstand gekommen war. Für viele andere Menschen war es auch schwer, aber mich und meine Firma hatte es besonders hart getroffen, weil wir noch keine Geldreserven hatten.
Aus Wut beschloß ich, wie schon öfters in meinem Leben, etwas Spontanes zu unternehmen. Ich sagte meiner Frau, daß ich vorhabe, unsere verspätete Hochzeitsreise jetzt, bevor ich mich wieder ins Zivilleben "stürze", durchzuführen. Ich ging in ein Reisebüro, das ich kannte, und erklärte dem Inhaber, daß ich vorhatte, eine Urlaubsreise nach Europa zu unternehmen. Es gäbe, sagte er, eine wunderbare Gelegenheit, eine schöne Reise zu machen. Das israelische Kreuzfahrtschiff "Theodor Herzl" sei gerade von seiner Jungfernreise zurückgekehrt und werde von britischen Millionären für eine Weltreise gechartert. Die Idee als solche gefiel mir sehr gut. Ich erkundigte mich nach den Preisen und erfuhr, daß das Schiff fast vollkommen ausgebucht war und daß es noch zwei Möglichkeiten gab, eine Erste-Klasse-Kabine oder die Dormitorien (Schlafkabinen), in denen Frauen und Männer getrennt in Sechs- bis Acht-Betten-Kabinen schliefen.
Ich fragte nach dem Preis der Erste-Klasse-Kabine. Die Reise sollte nach Zypern, Griechenland, Italien, Spanien, Portugal und England

führen. Der Inhaber des Reisebüros nannte mir den Preis. Ich glaube, ich wurde kreideweiß, als ich die Summe hörte. Ich sagte ihm, daß eine solche Reise nicht in Frage käme und fragte, ob er mir etwas anderes vorschlagen könne. Ich notierte mir einiges und versprach, nach einigen Tagen wiederzukommen.
Mit meiner Frau diskutierte ich die verschiedenen Möglichkeiten. Einer der Vorschläge war, die EXPO in Brüssel zu besichtigen. Wir erwogen alle Angebote, erst zum Schluß erwähnte ich die Schiffsreise in einer Erste-Klasse-Kabine von Tel Aviv nach London. Meine Frau hörte mir zu und sagte: "Ja, wenn du tatsächlich unsere verspätete Hochzeitsreise nachholen willst, dann ist das wirklich eine sehr schöne Reise. Nur eine Bedingung stelle ich: Bitte, verkauf nicht unsere Wohnung für diesen Zweck."
Am nächsten Tag war ich bei unserer Bank, ich fragte den Direktor, der die Tankstellen-Finanzierung betreute, ob ich ein Privatdarlehen aufnehmen könnte, und erzählte ihm, worum es ging. Er meinte lächelnd: Nachdem er mir den großen Kredit für den Bau gegeben hatte, würde es keine Rolle mehr spielen, ob ich ihm ein paar tausend Pfund mehr schulden würde. Ohne meiner Frau ein Wort davon zu sagen, nahm ich dieses Darlehen auf und buchte die Erste-Klasse-Kabine.
Nachdem ich meiner Frau die Quittung über die Anzahlung der Reisekosten gezeigt hatte, sah sie mich skeptisch an und fragte lächelnd, ob ich denn meinen Verstand verloren hätte. Sie meinte, daß die Summe, die ich geliehen hatte, doch nur einen Teil der Kosten dekken würde, ob ich denn nicht daran gedacht hätte, daß wir auch eine entsprechende Garderobe bräuchten.
Unter diesen Umständen überlegten wir, ob es nicht besser wäre, diese Reise zu stornieren. Ich konnte mich mit diesem Gedanken nicht anfreunden.
Wir überlegten wieder und wieder, was wir tun sollten. Trotz einiger Zweifel entschlossen wir uns, die Reise anzutreten. Ich ließ mir von meinem Schneider einen zusätzlichen Anzug nähen, und meine Frau ging zur bekanntesten Schneiderin in Tel Aviv. Sie bestellte sich einige ausgefallene Sachen, unter anderem ein wunderschönes, handbesticktes Kleid mit orientalischen Mustern und einem passenden Mantel. Dieses Kleid schenkte meine Frau später dem "Museum für angewandte Kunst". Ich hatte einen dunkelblauen Anzug, kaufte mir zwei passende Smokinghemden und zwei Fliegen dazu und sagte

mir, daß sich damit die britischen Lords eben abfinden müßten. Wir bekamen eine wunderbare Erste-Klasse-Kabine auf dem neuen Schiff. Eine angenehme Überraschung war, daß der Purser und der Erste Ingenieur gute Freunde von uns waren.

Diese Fahrt auf dem Schiff hatte ihren eigenen Reiz; unser Aufenthalt unter den britischen Millionären brachte für uns eine ganze Menge komischer Situationen mit sich. Wie ich glaube, gelang es uns dennoch, das Spiel der britischen Gentlemen vollkommen mitzuspielen. Die meiste Zeit jedoch verbrachten wir am Pool oder an der Bar.

In London war unsere Kreuzfahrt zu Ende. Wir flogen dann nach Brüssel zur Weltausstellung. Hier besuchten wir unter anderem den Russischen Pavillon, wo der Sputnik und der Weltraumhund Leika zu sehen waren. Dort gab es auch ein russisches Restaurant. Ich sagte zu meiner Frau: "Darauf verzichten wir nicht, das habe ich schon seit langem nicht gegessen." Wir setzten uns an einen Tisch und bestellten alles, was nur russisch klang: Schwarzen Beluga, Kaviar mit Blienen, russischen Borschtsch, verschiedene Fleischgerichte, Fisch und selbstredend Krimsekt. Nach dem fürstlichen Mahl bat ich um die Rechnung. Der Kellner brachte sie, ich betrachtete sie und fragte, ob es sich um belgische Francs handele. Der Kellner meinte: "Nein, das sind Dollar." Ich traute meinen Augen nicht. Jedenfalls war damit ein guter Teil unseres restlichen Budgets für die Reise weg.

Draußen war uns nicht mehr zum Lachen zumute. Auf einmal sagte meine Frau: "Ach, guck mal, ich habe in meinem Strumpf eine Laufmasche. Ich habe keine Ersatzstrümpfe bei mir, wir müssen sehen, ob ich nicht ein Paar Strümpfe kaufen kann." "Nein", sagte ich zu meiner Frau. "Keine Strümpfe. Deine Strümpfe haben wir heute mittag aufgegessen." Über dieses "Strümpfe" haben wir auf der Heimreise noch manches Mal gelacht.

Das war im Sommer 1958. Wir hatten damals schon zwei Kinder und waren dabei, uns eine erfolgreiche und stabile Zukunft aufzubauen. Ich nahm mein Studium an der Universität auf, engagierte mich mehr und mehr in der Parteiarbeit und genoß meine Erfolge. Das ging so bis zum Sommer 1963, als wir beschlossen, im Auftrag der Regierung nach Deutschland zu gehen.

AUF DEM WEG NACH PALÄSTINA MIT DEM DAMPFER „PROVIDANCE“ 1946

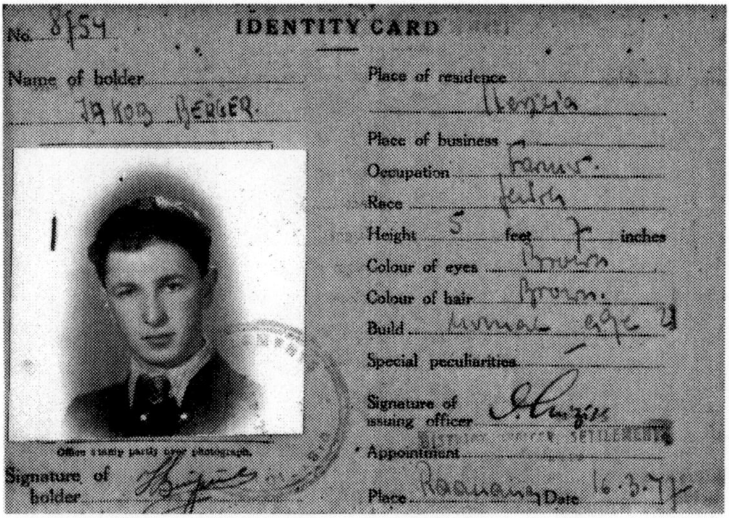

IDENTITY CARD

No. 8754

Name of holder JAKOB BERGER.

Place of residence

Place of business —

Occupation

Race

Height 5 feet 7 inches

Colour of eyes Brown

Colour of hair Brown.

Build normal

Special peculiarities —

Signature of issuing officer

Appointment

Place Date

Office stamp partly over photograph.

Signature of holder

MEIN BRITISCH-PALÄSTINENSISCHER AUSWEIS

MENACHIM BEGIN

JAIR STERN

DAVID RAZIEL

MENACHIM BEGIN ALS SOLDAT IN DER POLNISCHEN ARMEE
IN PALÄSTINA ANKOMMEND AM 20. 4. 1942

DIE HERRSCHER ÜBER PALÄSTINA 1938

DIE ZENTRALE DES BRITISCHEN GEHEIMDIENSTES
GESPRENGT VON „LEHI“ AM 9. 9. 1946

DAS BRENNENDE SCHIFF „ALTALENA“

DER HAFEN VON TEL-AVIV 1934

AUS DIESEM TURM DER MOSCHEE IN JAFFA (links vorne) WURDEN DURCH SCHARFSCHÜTZEN UNZÄHLIGE OPFER IN TEL-AVIV GETÖTET UND VERWUNDET

SOLCHE ALLEINSTEHENDEN UND ABGELEGENEN JÜDISCHEN SIEDLUNGEN MUßTEN GEGEN ARABISCHE ÜBERFÄLLE GESCHÜTZT WERDEN

MOBILMACHUNG

WIR WURDEN ZU EINEM REGULÄREN MILITÄR 1949

UNSERE HOCHZEIT 1950

IN ISRAEL 1950

ALS RESERVEOFFIZIER 1960

MEINE MUTTER IN ISRAEL

IM SUEZ-KRIEG

IN DER SINAI-WÜSTE (SUEZ-KRIEG) NOVEMBER 1957

ES BLIEBEN NUR SCHUHE...

BETENDE JUDEN AN DER KLAGEMAUER 1920

JERUSALEM - DER DAVIDSTURM

SEPHARDISCHE RABBINER IN JERUSALEM 1920

DER SAMARITANISCHE HOHEPRIESTER
MIT DER THORAROLLE

DIE JÜDISCHEN SYNAGOGEN IN DER ALTSTADT VON JERUSALEM
WURDEN VERBRANNT ODER ZERSTÖRT

DER JÜDISCHE FRIEDHOF AM ÖLBERG

GALERIE ALS THERAPIE

Im Herbst 1963 besuchte uns ein befreundetes Ehepaar aus Israel, das sich zu dieser Zeit in Köln aufhielt. Frau R. bat uns um Unterstützung bei den deutschen Behörden, um einen Ausweisungsbescheid gegen eine aus Polen stammende Familie G. rückgängig zu machen. Frau G. und ihre Tochter aus erster Ehe waren Jüdinnen, ihr derzeitiger Ehemann ein polnischer Arzt. Die beiden Frauen waren kurze Zeit zuvor von Warschau nach Paris gekommen. Er war zur gleichen Zeit zu einem Kongreß nach Skandinavien gereist und folgte ihnen von dort nach Paris. Familie G. nutzte diese Gelegenheit, in Paris um Asyl zu bitten, welches ihr die französische Regierung auch genehmigt hatte. Bald stellte sich jedoch heraus, daß Familie G. in Paris keine Chance auf ein geordnetes Leben hatte. Als polnischer Arzt mußte Dr. G. sein Diplom nostrifizieren, was fast einem neuen Studium gleichkam.

Unter diesen Umständen beschloß die Familie G., in Deutschland ein neues Leben anzufangen. Einige Tage nach ihrer Einreise beantragte die Familie Asyl bei den Behörden in Köln. Sie wußten jedoch nicht, daß sich eine Asylgenehmigung in einem europäischen Land nicht auf ein anderes übertragen ließ. Die deutschen Behörden verfügten, daß Familie G. die Bundesrepublik binnen 48 Stunden verlassen mußte. Eine hoffnungslose Situation: Keine Existenzgrundlage in Paris, die Rückkehr nach Polen unmöglich, nachdem in Paris Asylrecht gewährt und französische Staatenlose-Pässe ausgestellt worden waren. Auch Frau G., die in Polen als Kostümbildnerin arbeitete, konnte ihrer Arbeit nicht mehr nachgehen. Sie war verzweifelt.

Ich wußte nicht, wie ich dieser Familie helfen konnte, ich versprach aber, mich zu informieren. Meine Bemühungen, wie auch die eines anderen Bekannten, bei den deutschen Behörden in Köln erwiesen sich als erfolgreich, und nach einigen Tagen wurde der Ausweisungsbeschluß zurückgenommen und der Familie G. ein Asylrecht in Deutschland zugesprochen. Schon einige Tage später wurden ihr deutsche Staatenlosen-Pässe ausgestellt.

Die von uns geleistete Hilfe einerseits und das Bedürfnis nach Freunden und Wärme im fremden Land andererseits – dazu die Sprachkenntnisse meiner Frau – führten zu einer schnellen Freundschaft zwischen ihr und Frau G.

Die Familie G. war ohne Vermögen und mit einer Geldreserve von circa 2.000 Dollar nach Deutschland gekommen. Einziger Besitz waren 20 kleine Papierarbeiten eines polnischen, im Ausland völlig unbekannten Malers. Mit diesem Grundkapital und ohne Sprachkenntnisse sah die Zukunft düster aus. Das gemeinsame Interesse von Frau G. und meiner Frau an Kunst brachte die Damen auf die Idee, in Köln 1964 eine Galerie zu eröffnen. Ich unterstützte diese Idee begeistert, da ich mir davon eine schnellere Eingewöhnung meiner Frau erwartete. Ich hatte nur Bedenken, was die kaufmännische Leitung betraf. Weder meine Frau noch Frau G. waren kaufmännisch versierte Geschäftsfrauen. Wie soll jemand, der im kommunistischen Regime in Polen groß wurde, kaufmännisch versiert sein, fragte ich mich. Es stellte sich schnell heraus, daß meine Befürchtungen unbegründet waren. Frau G. erwies sich als geschickte Kauffrau und besonders wendige Verkäuferin. Die Familie G. brauchte einen Übersetzer, einen Makler, einen Berater, einen Finanzier und einen Bürgen. All diese Funktionen erfüllte ich.

Für die Galerie wählten die Damen den Namen "Haus der Kunst". Einladungen zur Eröffnung, Briefbögen, Umschläge und alles andere wurde gedruckt. Da besuchte Frau K. aus Bensberg die Eröffnungsvorbereitungen, erfuhr den Namen "Haus der Kunst" und fragte erstaunt, ob meine Frau und Frau G. nicht wüßten, daß "Haus der Kunst" der Naziname des Münchner, auf Wunsch Hitlers gebauten Museums sei.

Frau G. war überrascht, meine Frau schockiert. Ein Glück, daß noch kein gedrucktes Material verschickt worden war. Frau K. schlug vor, die Galerie "Galerie Bar-Gera" zu nennen. Das war leider unmöglich, denn mein Status ließ das nicht zu. Wir beschlossen, die Galerie nach der Partnerin, Frau G., zu benennen. Nach meinem Ausscheiden aus dem staatlichen Dienst wurde dies geändert und die Galerie in "Gmurzynska – Bar-Gera" umbenannt.

Schon nach einigen Jahren war die Galerie weltweit bekannt, eine Tatsache, die zu einer weitgehenden Umstellung unseres Lebens führte. Unser Bekannten- und Freundeskreis vergrößerte sich um Kreise, die mit der Berufstätigkeit meiner Frau zu tun hatten. Ihre intensive Betätigung als Galeristin verdrängte ihre Erinnerungen an die Vergangenheit, und sie konzentrierte sich mehr und mehr auf die Gegenwart. Es entstanden in der Zwischenzeit einige enge Freundschaften, die noch heute bestehen. Aber auch der Kreis der Bekannt-

schaften erweiterte sich. Es waren meist Künstler, Kunsthistoriker, Sammler, Leute, mit denen wir engere Beziehungen pflegten, soweit wir wußten, daß sie nicht von der Vergangenheit belastet waren.
1966 lud der nordrhein-westfälische Ministerpräsident meine Frau und mich zu seinem Geburtstag ein. Wir kannten nur wenige der geladenen Gäste. Im Souterrain des Hauses war eine Bar, in der einige jüngere Leute standen. Ich näherte mich ihnen und merkte, daß meine Anwesenheit das Gespräch unterbrach. Einer der Anwesenden fragte, ob ich etwas trinken wollte, und ich fragte zurück, ob ich störte.
“Aber nein”, meinte er. “Absolut nicht. Wir erzählen gerade jüdische Witze.”
Ich versicherte ihm, daß ich nicht ganz humorlos sei und gerne Witze höre.
Darauf sagte einer der Anwesenden: “Wenn das so ist, erzähle ich meinen Witz weiter.” Er: “Israel feiert jedes Jahr den Tag der Befreiung, auf Hebräisch JomHazmaut, mit einer großen militärischen Parade. Auf den Tribünen befinden sich viele wichtige Gäste, auch viele Touristen. Unter diesen Gästen ist auch ein deutscher Jude, der seinerzeit aus Deutschland vertrieben wurde. Neben ihm sitzt ein Tourist aus Amerika. Vor den Tribünen paradieren eindrucksvoll junge und stramme israelische Soldaten und Soldatinnen. Besonders eindrucksvoll ist eine Kompanie Fallschirmjäger. Daraufhin sagt der Amerikaner zu seinem Nachbarn: ‚Wissen Sie, ich bewundere diese Jungs, sie marschieren noch eindrucksvoller als unsere Marines.‘ Der deutsche Jude guckt den Amerikaner einen Moment lang an und antwortet: ‚Ach, ja. Ich glaube, die marschieren sogar noch besser als unsere SS.‘”
Einige der Leute an der Bar schwiegen, einige lachten. Ich überlegte, wie ich reagieren sollte und sagte zu den Anwesenden: “Darf ich auch einen jüdischen Witz erzählen?” “Aber selbstverständlich, bitte erzählen Sie.” “In Hamburg”, begann ich, “lebte einst ein bekannter Reeder. 1935 beschloß er, Deutschland zu verlassen, da er Jude war. Er überließ alles Hitler und verließ Deutschland Richtung Amerika. Auf dem Weg nach Amerika beschloß er, einen Umweg über Palästina zu machen, immerhin war Palästina ein Ort, wo Juden lebten. Das wollte er sich einmal ansehen. Damals baute die junge Stadt Tel Aviv gerade ihren Hafen, den ersten jüdischen Hafen in der neuen Geschichte, den ersten nach 5.000 Jahren; der Bürgermeister von Tel

Aviv, Herr Disingov, empfing persönlich den Hamburger Gast. Da es sich um einen bekannten Reeder handelte, führte ihn der Oberbürgermeister zur Hafenbaustelle. Sie fuhren am Strand entlang. Plötzlich stoppte der Oberbürgermeister. Vor ihnen standen zwei hölzerne Baracken und, etwa zehn Meter weit ins Meer greifend, ein hölzerner Kran. Der Oberbürgermeister wandte sich an seinen Gast und fragte: ‚Wie gefällt Ihnen denn unser neuer Hafen?‘ Der Gast aus Deutschland sah sich um, nach rechts, nach links, sah sich noch einmal um und antwortete: ‚Herr Disingov, gebe Gott, daß Hamburg in Kürze auch so aussehen möge.‘”
Einige Zuhörer lachten, einige schwiegen, ich war unter den letzteren.
Es ist eigenartig, wie das menschliche Unterbewußtsein funktioniert. Meine Frau konzentrierte sich bei ihrer Arbeit unbewußt auf die Werke von verfolgten Künstlern. Es fing mit den Künstlern der “entarteten Kunst” an, mit Werken von Otto Nebel, Robert Michel, Ella Bergmann, Gerd Arntz, Thomas Ring, Peter Röhl, Carl Buchheister, Rudolf Jahns und vielen anderen. Einige lebten nicht mehr, andere wollten nicht glauben, daß sich noch jemand für ihre Kunst interessierte.
In Bern in der Schweiz besuchte ich mit meiner Frau den Maler Otto Nebel. Er hatte nach dem Krieg eine Rückkehr nach Deutschland abgelehnt. Meine Frau erzählte ihm von der Galerie und ihrem Versuch, die Avantgarde der 20er und 30er Jahre, die von Hitler verboten und verfolgt worden war und der nach dem Krieg leider keine Wiedergeburt in Deutschland vergönnt war, aus der Vergessenheit zu holen. Sie und ihre Partnerin in der Galerie hätten vor, die Konstruktivisten der 20er und 30er Jahre auszustellen, und bat Otto Nebel, einige Arbeiten zur Verfügung zu stellen.
Otto Nebel war überwältigt. Er wollte seinen Augen und Ohren nicht trauen. Vor uns stand ein alter Mann mit Tränen in den Augen, der uns immer wieder fragte, ob es tatsächlich wahr war, was ihm gesagt wurde. “Wie ist das möglich, wo mich doch alle vergessen haben und sich niemand für meine Kunst interessiert? Wieso gerade Sie? Sie sind doch noch nicht einmal Deutsche.” Otto Nebel lebte in Armut, seine Frau lag im Krankenhaus, und er hatte kaum das Nötigste zum Leben. Nach Deutschland wollte er jedoch nicht zurück. Um dem Maler zu helfen, entschieden sich meine Frau und ihre Partnerin, einige seiner Werke noch vor der Ausstellung zu erwerben.

Auf der Suche nach Avantgarde-Künstlern der 20er und 30er Jahre, nach Künstlern aus dem Umkreis des Bauhauses und "Sturm", stieß meine Frau auf Robert Michel und Ella Bergmann. Später erfuhr sie, daß beide in Königstein im Taunus lebten. Meine Frau rief an und bat um ein Treffen. Michel lehnte schroff ab: "Mich kennt niemand mehr, und mich braucht niemand mehr. Bitte, lassen Sie mich in Ruhe." Es war nichts zu machen. Meine Frau entschloß sich, ein paar Kataloge der Galerie zu schicken und rief einige Zeit später wieder an. Sie begann das Gespräch mit dem Hinweis auf die Notwendigkeit, die Vergangenheit wachzuhalten, und erzählte, daß sie selbst eine schlimme Zeit der Verfolgung durchgemacht hatte. Ein völlig gewandelter Robert Michel war plötzlich am Telefon. Er willigte in ein Treffen ein.
Eines Sonntags fuhren wir nach Königstein. Wir fanden unter der angegebenen Adresse eine alte Mühle, umgeben von einer hohen Mauer mit einem großen Tor. Als wir klingelten, rannten zwei bellende Hunde auf uns zu, dann kam uns ein alter, hinkender Mann entgegen. Das war Robert Michel. Wir blieben bei ihm von elf Uhr morgens bis zwölf Uhr nachts und lernten einen ungeheuer interessanten und weltgewandten Künstler kennen, dem man stundenlang zuhören konnte. Sein Wissen über Kunst und Künstler, besonders der 20er und 30er Jahre, war ungeheuer. Er war befreundet mit Kurt Schwitters, verheiratet mit Ella Bergmann, der Regisseurin und Kinomatografin, Grafikerin und Malerin. Außerdem war er einer der ersten deutschen Piloten des Ersten Weltkrieges und fanatischer Antifaschist. Aus diesem Treffen entwickelte sich eine besondere Freundschaft. In dem Vorwort zu einem Michel-Bergmann-Katalog, den meine Frau herausbrachte, wurde sie von Robert Michel "Liebe Mutter Kenda" genannt. Robert Michel mußte ungefähr 75 Jahre alt gewesen sein, meine Frau war damals 45. Gefragt, was unter dem Begriff "Mutter Kenda" zu verstehen sei, antwortete Robert Michel: "Ich habe mir schon immer so eine Mutter gewünscht."
Weitere verfolgte und in Vergessenheit geratene Kunst und Künstler waren das Hauptanliegen meiner Frau. Ob die durch Stalin verbotene Avantgarde der 20er Jahre oder die der 60er, die deutsche „entartete Kunst“ oder die verfolgte spanische Avantgarde, sie alle wurden konsequent der Öffentlichkeit vorgestellt.
Eine erste große Ausstellung der unter Franco verfolgten Künstler wurde in ihrer Galerie gleich nach Francos Tod gezeigt. Danach kam

das Kapitel der russischen Nonkonformisten. Das Leben meiner Frau war im Unterbewußtsein von Verfolgung und der Vergangenheit begleitet und den verfolgten Künstlern großenteils gewidmet. Dieses besondere Merkmal ihrer Tätigkeit wurde durch die deutsche, aber auch durch die internationale Presse hervorgehoben.

NRZ, Kölner Kunstereignis mit Kühn und Rau. Von Heiner Stachelhaus:
"Von einem Kölner Kunstereignis allerersten Ranges ist zu berichten, von einem Kunstereignis, das freilich über die Grenzen der Domstadt hinaus bundesweite Ausstrahlung hat und internationales Interesse beanspruchen kann: von der Ausstellung ‚Deutsche Avantgarde 1915–1935' (Konstruktivismus), die am Mittwoch abend in der Galerie Gmurzynska – Bar-Gera in Anwesenheit von NRW-Ministerpräsident Heinz Kühn und Wissenschaftsminister Johannes Rau eröffnet wurde ... Dieser Brückenschlag, man kann es ohne jede Übertreibung sagen, ist eine bewundernswerte Leistung der Galerie-Partnerinnen Gmurzynska und Bar-Gera ..."

Süddeutsche Zeitung, "Spanische Avantgarde 1920–1938" in der Galerie Bar-Gera, Köln:
"...Aber dieses spanische ‚Kapitel' fehlte bislang selbst in den Büchern, die, wie etwa das von Haftmann, einen zuverlässigen Überblick über das Moderne geben. Darum ist die anthologische Ausstellung der Galerie Bar-Gera in Köln, die von einem sehr informativen Katalog begleitet wird, als kunsthistorischer Beitrag hoch zu bewerten."

Mannheimer Morgen, "Russische Avantgarde 1910–1930" in der Kölner Galerie Bar-Gera:
"Seit einem Jahrzehnt bemüht sich die Kölner Galeristin Bar-Gera erfolgreich, die Kunst der russischen Konstruktivisten und Suprematisten um Tatlin und Malewitsch in ihrer ganzen Bedeutung erkennbar zu machen ..."

Die NRZ, Interesse an Kunst und Mensch Kenda Bar-Gera: Ausstellen, wofür man sich engagieren kann. Von Horst Baumanns: "In ihrer Kindheit hat sich Kenda Bar-Gera nicht träumen lassen, daß sie einmal als erfolgreiche Galeristin in Köln tätig sein würde. So erfolgreich, daß die Ausstellungen am Mauritiussteinweg nicht nur über Köln, sondern auch über die Bundesrepublik hinaus vielfache Resonanz finden."

Schon Mitte der 60er Jahre besuchten zwei tschechische Kunsthistoriker öfters die Galerie. Zu dieser Zeit bereiteten sie ein Buch über Malewitsch vor und reisten deswegen öfters nach Moskau.
Meine Frau hatte infolge ihrer Beschäftigung mit der russischen Avantgarde ein besonderes Interesse, mit Kennern der russischen Szene der 20er und 30er Jahre in stetigem Kontakt zu bleiben.
Während eines dieser Gespräche berichteten die zwei über ein zu dieser Zeit im Westen noch unbekanntes Phänomen. In der Sowjetunion existierte eine Künstler-Opposition zu dem verordneten sozialistischen Realismus, eine sogenannte nonkonformistische Bewegung. Nach den Worten der Prager Kunsthistoriker arbeiteten diese Künstler im Untergrund, und ihre Werke durften nicht ausgestellt werden. Die beiden Kunsthistoriker aus Prag hatten auch ein paar kleine Papierarbeiten mitgebracht. Da mich persönlich der politische Aspekt mehr interessierte als der künstlerische, fiel es mir schwer zu glauben, daß in Moskau schon in den 50er und 60er Jahren eine Untergrundbewegung möglich war. Wir sahen uns die mitgebrachten Arbeiten an und baten die Prager "Emissäre", uns bei nächster Gelegenheit mehr Arbeiten und Informationen über die nonkonformistische Bewegung zu beschaffen.
Es vergingen einige Monate, bis die beiden "Emissäre" wieder in die Galerie kamen. Diesmal hatten sie eine größere Anzahl von Arbeiten im Gepäck, insgesamt 25 Blätter von fünf Künstlern. Diese Werke waren der Beweis, daß es in Moskau Künstler gab, die sich von der offiziellen russischen Kunst des Sozialistischen Realismus abgewandt hatten. Künstler, die frei und sogar regimekritisch arbeiteten. Für mich war das einfach unglaublich.

GEMÜSEBOMBER FÜR DEUTSCHLAND

Es war 1975. Wir lebten schon seit 12 Jahren in Deutschland. Während eines Aufenthaltes in Israel traf ich den früheren Chef der israelischen Luftwaffe, der auch als Held des Sechstagekrieges bekannt ist. Es war der General Hod. Er erzählte mir von seiner Idee, eine Luftfrachtgesellschaft zu gründen, um sogenannte "weiche Waren", das heißt schnell verderbliche Waren wie Blumen, Früchte und Gemüse, aus Israel nach Europa zu transportieren. Um marktgerechte Transportkosten für die Agrarprodukte zu gestalten, mußten die Großraumflugzeuge vom Typ Jumbo 747 auf ihrem Rückflug mit mindestens 100 Tonnen Industriegütern beladen werden.

Hod erzählte, daß eine Erlaubnis zur Gründung einer Fluggesellschaft von der israelischen Regierung wahrscheinlich zu bekommen sei. Dafür mußten allerdings Landegenehmigungen für die betreffenden europäischen Flughäfen vorliegen. Offenbar gewann mein Gesprächspartner den Eindruck, daß mir die wirtschaftlichen und juristischen Fragen eines solchen Vorhabens nicht völlig fremd waren. Er fragte mich, ob ich bereit sei, an dieser Gründungspartnerschaft teilzunehmen und dazu meinen Beitrag zu leisten. Ich sagte General Hod, daß ich, sobald ich wieder in Deutschland sei, mir die Sache genau überlegen werde.

Nach meiner Rückkehr nach Köln war mein erster Schritt, Informationen über mögliche Frachtgüter, vor allem über Preise, die zu erzielen wären, zu sammeln. In dieser Angelegenheit setzte ich mich mit einigen großen deutschen und ausländischen Spediteuren in Verbindung. Von den verschiedenen Handelskammern trug ich Material zusammen, welche Exporte damals von Deutschland und Europa nach Israel gingen. Das gleiche versuchte ich auch für Italien, Frankreich, Holland und Belgien herauszufinden. Nachdem ich mir einen gewissen Überblick verschafft hatte, ging ich das zweite Problem, die Formalitäten und Landegenehmigungen in Deutschland und anderen Staaten Europas, an.

Als erstes bat ich um ein Treffen mit Heinz Kühn, dem Ministerpräsidenten von Nordrhein-Westfalen. Ministerpräsident Kühn begrüßte die Idee. Er meinte, daß es nicht nur eine Hilfe für Israel sei, sondern eine wichtige wirtschaftliche Komponente für Deutschland und vor allem für Nordrhein-Westfalen. Er empfahl mir, Hans Runau, den Staatssekretär im Verkehrsministerium, zu konsultieren. Bei diesem stieß die Initiative auf ebensolche Zustimmung wie bei Kühn. Er wollte mir aber nicht vorenthalten, daß ich mit einer ganzen Reihe von Schwierigkeiten bei den Behörden rechnen mußte. Ich benachrichtigte General Hod, daß ich einverstanden sei, mit ihm zusammen diese Fluggesellschaft aufzubauen. Ich flog daraufhin nach Israel und blieb einige Tage, die wir mit der Ausarbeitung detaillierter Pläne verbrachten.

Nach meiner Rückkehr folgte der Marathonlauf von einem Bonner Amt zum anderen. Abteilungsleiter, Unterabteilungsleiter, Beamte aller Art bekamen drei- bis viermal in der Woche Besuch von mir. Das Verkehrsministerium, das Amt für zivile Luftfahrt und alle anderen, die was zu sagen hatten. Eine der härteren Nüsse, die es zu knacken galt, war der Widerstand der Lufthansa. Das war für mich selbstverständlich, da wir in Israel seitens der El Al auch nicht gerade mit offenen Armen aufgenommen wurden. Die schwierige Situation des Flughafens Köln-Bonn spielte bei unserem Vorhaben auch eine wesentliche Rolle.

1976 bekamen wir eine begrenzte Landeerlaubnis auf dem Köln-Bonner Flughafen, anfangs 140 bis 150 Flüge jährlich. Ein Wohlwollen Israel gegenüber war hier nicht zu übersehen. Die ersten Flüge der Jumbo-Jets, am Kölner Flughafen noch eine Seltenheit, waren am Anfang eine Attraktion. In der Presse fand der Start unseres Unternehmens ein breites Echo. "Die Gemüsebomber aus Israel kommen täglich", lautete eine der vielen Schlagzeilen, oder: "Israelis machten den Flughafen Köln-Bonn zum zweitgrößten Frachtflughafen Deutschlands" – "Flughafen Wahn aufgepäppelt".

Aus dieser Anfangszeit unseres Luftfrachtunternehmens stammt eine deutsch-israelische Begegnung der heiteren Art. Es war ein heißer Sommer. Zur Unterzeichnung des Vertrages mit dem Flughafen kamen einige Herren aus Israel. Als erster kam General Hod aus dem Flugzeug. Er trug einen Anzug und Krawatte. Ich glaube, das war das erste Mal, daß ich ihn so sah. Auch die anderen trugen Anzüge und Krawatten. Ein Kleinbus brachte uns zum Verwaltungsgebäude. Wir fuhren mit dem Aufzug nach oben. Die Tür des Sitzungsraumes war offen, und die Generaldirektoren des Flughafens, Professor Grebe und Herr Diederich, traten heraus, um uns zu begrüßen. Beide in weißen offenen Hemden mit kurzen Ärmeln. Im ersten Moment der Begrüßung hatte ich darauf nicht geachtet, aber ein paar Minuten später, im Sitzungssaal, wo alle deutschen Mitstreiter nur in Hemden mit kurzen Ärmeln ohne Jacken und Krawatten saßen, bemerkte ich die Absurdität dieser Situation. Auch die Deutschen merkten das. Wir lachten alle. Es war ein guter Anfang für die Cargo Airlines (CAL).

Ein oder zwei Monate, nachdem wir mit unserer Cargo Airlines regelmäßig den Köln-Bonner Flughafen angeflogen hatten, erklärte uns das Innenministerium, daß sich einige Bewohner aus der Gegend von Bensberg über Fluglärm in der Nacht beschwert hätten. Unsere Flugzeuge kamen meist zwischen vier und fünf Uhr morgens an und zogen in dieser Gegend ihre Landeschleifen. Allerdings waren unsere zwei Flugzeuge schon mit Triebwerken der jüngsten Generation, mit sogenannten "leisen" Triebwerken, ausgerüstet. Selbstverständlich mußten wir diesen Beschwerden nachgehen und dem Ministerium Frage und Antwort stehen. Während der Nachforschungen über genaue Flugzeiten, Flughöhen und so weiter stellte sich heraus, daß auch ein Postflugzeug den Flughafen Köln-Bonn nachts anflog, und zwar eine Stunde früher als unseres. Ich verlangte, daß die Leute, die sich beschwerten, eine genaue Zeitangabe machten, und es wurde tatsächlich die Ankunftszeit des Postflugzeuges angegeben. Jahrelang war dieses Postflugzeug auf dem Flughafen gelandet und hatte niemanden gestört. Erst, nachdem die Zeitungen groß über die "Gemüsebomber" berichtet hatten, wachten die Leute nachts auf und konnten nicht schlafen. Das Geräusch, das Zeitungen machen, kann manchmal schlimmer sein als das von Flugzeugen!

Die mit Gemüse und Blumen vollgepackten Jumbos landeten zweimal täglich. Der Flughafen Köln-Bonn konnte den Frachtanteil an seinem Gesamtumsatz auf 68 Prozent vergrößern. Der durchschnittliche Frachtanteil auf deutschen Flughäfen betrug 21 Prozent! Dies war fast ein Weltrekord. Es brauchte etwas Zeit, bis die Flughafengesellschaft das neue Personal geschult hatte, um die Frachtmaschinen schnell und reibungslos zu be- und entladen. Spezielle Hallen zur Lagerung der Blumen und Weichprodukte mußten gebaut werden. Ich richtete mein Büro im Hauptgebäude des Flughafens ein und stellte Personal ein. Mein durchschnittlicher Arbeitstag hatte 15 bis 16 Stunden. Ich fuhr jeden Morgen um vier Uhr zum Flughafen, um während der Landung der Flugzeuge, meist so gegen fünf, dabeizusein. Es war eine Menge Papierkrieg zu bewältigen. Dazu kamen die Suche nach entsprechendem Personal, Verhandlungen mit Spediteuren und andere Routineangelegenheiten.

Hauptsächlich war ich mit der Suche nach Rückfracht beschäftigt, die die Jumbos von Deutschland und anderen Ländern Europas nach Israel mitnehmen konnten. Ohne solche Fracht hatte die Fluggesellschaft keine Chance, zu überleben. Dafür war ich mehrmals wöchentlich unterwegs, die Kurzstrecken mit dem Auto, die übrigen im Flugzeug. Diese Reisen durch fast ganz Europa raubten viel Zeit und Engergie. Schon bei der Gründung der Fluggesellschaft hatten wir die Idee, Autoimporte nach Israel zu übernehmen. Das Problem bestand im Volumen der Autos, pro Flug konnte nur eine relativ geringe Stückzahl mitgenommen werden. Zwei junge israelische Ingenieure, die die "CAL" engagierte, versuchten, dieses Problem zu lösen. Sie konstruierten ein aus Aluminiumröhren bestehendes Gestell, womit die Autos zweistöckig im Flugzeugrumpf transportiert werden konnten.
Dieses Gestell mußte einerseits extrem stabil sein, um die Autos zu halten, und selbst so verankert sein, daß die Autos auch bei Start und Landung nicht verrutschten. Andererseits fielen geschweißte Aluminiumteile aus, weil das Gestell möglichst schnell zu demontieren sein mußte. Die abgebauten Gestelle mußten so wenig Platz und Gewicht wie möglich in den zurückfliegenden Flugzeugen einnehmen. Schließlich stand ein Gestell, das alle diese Anforderungen erfüllte, fertig da. Es wurde von Fachleuten aller anderen Gesellschaften bewundert. Ich versuchte, meine Idee des Autotransportes nach Israel verschiedenen Autoherstellern in Europa zu verkaufen.
Die Firma Renault in Frankreich wagte den Schritt als erste. Mehrmals wöchentlich kamen Autotransporte aus dem Werk Mülhausen in Köln an. Der Flughafen Köln-Bonn wurde zu einem Riesenparkplatz von Neuwagen. Es dauerte etwas länger, bis ich die deutsche Industrie überzeugen konnte, die ersten Versuche von Flugtransporten für Autos mit uns zu machen. Einige waren sehr skeptisch. Ein Vorstandsmitglied eines der größten deutschen Automobilunternehmens sagte zu mir, nachdem er mir genau zugehört hatte: "Sagen Sie, Herr Bar-Gera, glauben Sie tatsächlich, daß das möglich ist, Hunderte oder Tausende von Autos in der Luft zu transportieren? Dafür gibt es entweder LKWs oder Schiffe. Die Autos auf dem Luftweg zu transportieren, soweit sind wir noch nicht."
Diese Skepsis dauerte nicht länger als zwei Monate. Dann mußte auch dieser Automobilhersteller zugeben, daß das der beste Weg sei, und gab seine Autos zum Tansport an uns.

Nach kurzer Zeit stellte ich fest, daß ein Mensch seine eigenen Fähigkeiten überschätzen kann. Die Fluggesellschaft CAL entwickelte sich rasant. Im ersten Winter kamen wir auf drei, manchmal sogar auf vier Flüge täglich. Ich hatte eine neue Idee. Einige Flugzeuge sollten auf dem Rückweg nach Israel einen Zwischenstopp in Teheran einlegen und Fracht für den Iran mitnehmen. Diese Idee war gut, aber nicht leicht durchzuführen. Es ging um Landerechte, die nur die Lufthansa oder die Air Iran hatten.
Nach einigen Anstrengungen gelang es mir, ein Abkommen mit der Air Iran zu treffen, so daß wir begannen, Fracht, meistens aus Amsterdam, in den Iran zu fliegen. Es waren meistens Jumbos mit Millionen von Eiern, Hühnern und Küken; nur ab und zu auch Industrieerzeugnisse. Nach über einem halben Jahr übertriebenen Arbeitseinsatzes bekam ich eine Thrombose im rechten Auge. Ich mußte einige Wochen das Bett hüten und verlor 70 Prozent meiner Sehkraft im Auge. Nach sechs Wochen saß ich wieder an meinem Arbeitsplatz am Flughafen Köln-Bonn.
Ein Nebenprodukt der Liaison Köln – Teheran – Tel Aviv ergab sich 1977. Die Kaiserin Farah Diba eröffnete in Teheran das neue Museum für moderne Kunst mit einer Ausstellung amerikanischer Pop-Art aus der Sammlung Ludwig. Meine Frau kam während des Empfangs mit Professor Ludwig ins Gespräch. Dabei schlug sie vor, die Ausstellung auch im Museum Tel Aviv zu zeigen. Ludwigs Begeisterung war mäßig. Zu dem Gespräch stießen Herr. Dr. Bott, Prof. Dr. Becker und Frau Dr. Weiß, alle drei Direktoren Kölner beziehungsweise Aachener Museen. Diese befürworteten die Idee und überzeugten Professor Ludwig, einer Ausstellung in Tel Aviv zuzustimmen.
Mark Scheps, der damalige Direktor des Museums Tel Aviv, von meiner Frau gefragt, ob er Interesse habe, die Pop-Art-Sammlung in Tel Aviv zu zeigen, meinte ironisch: “Interesse schon, aber vielleicht kannst du mir auch verraten, wie man sie bekommt.” Meine Frau “verriet” es und tat auch mehr.

Im Mai 1979 wurde die Ausstellung im Museum von Tel Aviv eröffnet. Es war das erste Mal, daß eine deutsche Sammlung in Israel gezeigt wurde. Mein Beitrag zu dieser Kooperation zwischen Deutschland und Israel war, daß die Fluggesellschaft CAL den Transport der Kunstgegenstände als Sponsor übernahm. Diese Ausstellung war der Anstoß dazu, daß Mark Scheps Jahre später Direktor des Museums Ludwig in Köln wurde.

DAS ALTE DEUTSCHLAND IST TOT – ES LEBE DAS NEUE – DER RÜCKZUG

Auch bei meinen anderen Tätigkeiten wurde mir immer wieder bestätigt, daß im Deutschland von heute eine Generation von Israelfreunden lebt. Es war immer schwer festzustellen, wie groß und wie stabil dieser Kreis war und inwieweit er auch die deutsche Politik beeinflußte. Auch in der "großen Politik" hatte die Bundesrepublik damals ein offenes Ohr für die Anliegen Israels. Ich habe jedenfalls sehr viel Hilfe und Wohlwollen erfahren. Eines Tages im Jahre 1972 besuchte uns Professor Dr. André De Vries, der Rektor der Universität Tel Aviv. Während unseres Gesprächs stellte sich heraus, daß die Universität Tel Aviv es begrüßen würde, wenn man eine aktive und enge Zusammenarbeit zwischen deutschen und israelischen Wissenschaftlern zustande bringen könnte. Wir äußerten, daß es möglich sein müsse, deutsche Wissenschaftler für eine Zusammenarbeit mit israelischen Kollegen zu begeistern. Daraufhin meinte De Vries, halb scherzend und halb im Ernst: "Na, wie wäre es, wenn Sie so etwas auf die Beine stellen würden?"

Ich sah meine Frau an, und sie mich. Meine Frau antwortete als erste: "Ja, es wäre nicht unmöglich, aber dafür müssen wir schon ein bißchen mehr wissen, was ihr wollt, was ihr erwartet." Einige Tage später wandten wir uns an einige Bekannte, von denen wir glaubten, daß sie die Richtigen für so ein Kuratorium wären. Wir unterhielten uns darüber, wie immer, erst mal mit unserem engsten Freundeskreis, vor allem mit dem schon erwähnten Will Könemann. Meine Frau sprach Professor Gustav Stein, den Vorsitzenden des Kulturausschusses des Verbandes der Deutschen Industrie, an. Ich sprach mit Professor Stern, der derzeit Rektor der Kölner Universität war, mit Professor Priester von der Universität Bonn und einigen anderen. Niemand hatte Bedenken, alle waren bereit, mitzumachen. Innerhalb eines Monats hatten wir eine lange Liste von Wissenschaftlern, die bereit waren, ins Kuratorium einzutreten. Also legten wir einen Termin für die offizielle Gründung fest.

Professor De Vries mit zwei anderen Professoren und dem Direktor der wissenschaftlichen Koordinationsstelle der Universität Tel Aviv kamen für diesen Tag nach Deutschland. Über 20 Wissenschaftler, Manager und Professoren kamen zur ersten konstituierenden Versammlung. Ein Grundstein für eine breit angelegte wissenschaftliche

Zusammenarbeit zwischen deutschen und israelischen Forschern wurde gelegt. Gustav Stein wurde zum Präsidenten des Kuratoriums gewählt. Die Gesellschaft existiert unter anderer Bezeichnung bis heute.

Es gab auch viele andere Kooperationen mit Israel. Auch solche, die nicht immer für die Öffentlichkeit bestimmt waren. Von dem Konstrukteur des ersten israelischen Panzers erfuhr ich, daß Israel Schwierigkeiten hatte, einige Komponenten für diesen Panzer im Ausland zu bekommen. Ich sprach mit einem guten Bekannten, dem Vorsitzenden eines großen Rüstungskonzerns Deutschlands, darüber. Dieser Freund Israels setzte sich persönlich dafür ein. Israel bekam dadurch die dringend notwendige Unterstützung. Weder ich noch andere setzten sich dafür ein, um wirtschaftlichen Vorteil zu bekommen. Dies sind nur kleine Beispiele für positive Erfahrungen mit der deutsch-israelischen Zusammenarbeit, an denen ich persönlich beteiligt war. Auch in der "großen Politik" in Fragen der Assoziierung Israels mit den EU-Staaten und Finanzkooperationen war die Politik der Bundesrepublik israelfreundlich – dies änderte sich in den letzten Jahren permanent zum negativen.

Das ist die andere Seite meiner späteren Erfahrungen mit dem neuen Deutschland. Meine Skepsis, was die Aufrichtigkeit der deutschen Politik gegenüber Israel, und besonders die Haltung einiger einflußreicher Politiker, betrifft, hat sich in den letzten Jahren nicht nur nicht aufgelöst, sondern wurde verstärkt. Ich habe eine traurige Vision einer unsichtbaren Hand, die nach jeder positiven Tat Deutschlands gegenüber den Juden oder Israel sofort tätig wird, um ein breites deutsches Wohlwollen den Juden und Israel gegenüber in eine scheinbar neutrale, aber in Wirklichkeit negative Einstellung zu verwandeln.

Wenn ein Begriff wie die "Gnade der späten Geburt" zu einer philosophischen Selbstverständlichkeit wird, ist es auch kein Wunder, wenn ein Bundeskanzler zum 40. Jubiläum des Zusammenbruchs Deutschlands ein inneres Bedürfnis fühlt, sich mit Gefallenen der SS oder Waffen-SS zu solidarisieren. Daß es ihm dabei gelang, einen senilen amerikanischen Präsidenten zu überreden, ihm bei dieser Feier zu assistieren, macht die Sache nicht etwa besser. Ein Jahr später wurde der österreichische Präsident Kurt Waldheim, ein früherer Nazi-Offizier, dessen Hand bei grausamen Nazi-Verbrechen mit im Spiel war, nach Deutschland eingeladen, und obwohl die ganze freie

Welt Abstand von ihm nahm und die westlichen Demokratien jeden Kontakt zum österreichischen Präsidialamt abbrachen, wurde er vom Bundeskanzler empfangen. Dieser wies die Kritik aus dem In- und Ausland mit folgenden Sätzen zurück: "Mit wem ich mich in München gemeinsam mit meinem Freund Max Streibl treffe, das bestimme ich als Bundeskanzler. Da brauche ich keinen Rat, da brauche ich kein Ratschläge."

Hätte der Bundeskanzler statt dessen folgendes gesagt: "Mit wem ich mich in München privat treffe, ist meine private Sache. Da brauche ich keine Ratschläge", dann wäre so eine Aussage zwar traurig genug, aber man kann keinem Menschen seine Gefühle diktieren. Wenn der Bundeskanzler aber diese seine Haltung, diese Verbindung zur Vergangenheit, der Bundesrepublik aufdrängt und seine eigene Fraktion und der Bundestag nicht dagegen protestiert, zeigt das doch, daß "etwas faul im Staate Dänemark" ist.

Ich habe mich deshalb gewundert, als ich das erste Mal über die Pläne der Berliner Gruppe um Lea Rosh gelesen habe. Möglicherweise oder sogar mit Sicherheit ist das ein grandioser Plan, der auch erschrecken kann, aber was kann schon groß genug sein, um das Gedenken an 6 Millionen Ermordete lebendig zu halten. Und im Vergleich zu der Größe der Gräber der Mörder der SS auf dem Bitburger Friedhof wirkt das geplante Berliner Mahnmal unwesentlich. Was mich aber wunderte, war, daß Lea Rosh, eine sehr intelligente und politisch reife Frau, nicht voraussah, daß im neuen Deutschland – im Deutschland von heute – so ein Projekt fast unmöglich zu machen ist.

Daß vielen Menschen ein groß dimensioniertes Mahnmal und die damit verbundene Konfrontation mit der eigenen Vergangenheit einen Schrecken einjagt, daß sie versuchen, diese Idee zu torpedieren und bei ihrer Polemik alle möglichen intellektuellen, pseudointellektuellen, psychologischen und moralischen („Gleichbehandlung“ aller Verfolgten des Naziregimes!) Gründe anführen, ist traurig, aber vielleicht verzeihlich. Daß aber viele Mitglieder der ursprüngliche Kommission nicht den Mut haben, dem Bundeskanzler zu widersprechen und sich seinem Veto unterwerfen, ist in der deutschen politischen Atmosphäre von heute kein Wunder. Wir hören auf den Demokrator. Nun ist ein Demokrator nicht gleich ein Diktator – in Deutschland aber gefährlich. Er darf seine Kritiker,

besonders solche, die aus jüdischen Kreisen kommen, beschimpfen, beleidigen, die252 Wahrheit verdrehen und dann noch die Kritiker der Lüge bezichtigen.
Steckt in diesem Bundekanzler ein „Judenallergiker" oder ist er nur ein Ignorant mit diktatorischen Zügen, der sein Herrschaftssystem unbegrenzt ausübt, wobei die „Judenallergie" dabei nur ein Nebenprodukt ist? Niemand wagt es, ihm zu widersprechen, leider auch nicht einige meiner Glaubensgenossen – sie haben aus der traurigen Geschichte dieses Jahrhunderts nichts dazugelernt.
Die unwürdige Diskussion über die "künstlerische Gestaltung" wirft unweigerlich die Frage auf: Soll hier ein Mahnmal für das Jahrtausendverbrechen oder ein Jahrhundertkunstmonument entstehen? Das erste will man nicht, das zweite kann man nicht. Was aber diese Politiker tatsächlich wollen, ist, das Ganze aus der Welt zu schaffen. Und wenn das nicht geht, dann soll das Mahnmal so klein und so abstrakt wie möglich gehalten werden. Dazu werden im Endeffekt die unzähligen Kommissionen, die verschiedenen Vetos, die hochintellektuellen Vorschläge – Mahnmal für 6 Millionen bestialisch Ermordete gleich Museum gleich Forschungsinstitut gleich Bücherwand – wie es von einem Volk der "Dichter und Denker" zu erwarten ist, führen. Es ist traurig, fast undenkbar, was sich diese "Denker" alles gegen ein solches Holocaust-Mahnmal an Ausreden einfallen lassen: Den einen erschreckt ein großes Mahnmal, weil das zu einem "Pissoir" inmitten Berlins werden könnte, ein anderer will die Mahnmale am Ort des Geschehens haben, mit anderen Worten: in 16 Ländern Europas, nur nicht in seiner Stadt Berlin, als ob der OB von Berlin, Herr Diepgen, nicht ein "Enkel der Täter" und Berlin kein Tatort gewesen war.
Und zuletzt wurde die Lösung gefunden, sie kam aus den Reihen der Gewissensträger – ein bescheidenes Mahnmal mit unbescheidenen, starken Worten – sogar in Hebräisch. "Du sollst nicht töten" – eins von den jüdischen 10 Geboten. Dieses Gebot ist kein neues. Es war den 80 Millionen Deutschen schon 1933 genauso wie heute bekannt, half aber den 6 Millionen Ermordeten kaum. So ein Mahnmal sollte eigentlich in jeder deutschen Stadt stehen – mit dem unglückseligen Berliner Mahnmal hat das nichts zu tun, auch wenn im Endeffekt das Mahnmal erreicht wird, bleibt

ein bitterer Nachgeschmack gerade da, wo er am wenigsten gebraucht wird.

"Es gibt keinen Weg, um den Opfern des Holocaust Gerechtigkeit zu verschaffen. Man kann ihnen aber einen kleinen Teil ihrer Ehre wieder zurückgeben." Das sagte kein Bundesminister, kein Bundeskanzler, das sagte Präsident Clinton. Die Deutschen denken anders. Ob die Deutschen so ein Mahnmal brauchen oder wollen, ist eine rein deutsche Gewissensangelegenheit. Ich finde es fatal und zynisch (und nicht ohne provokative Absicht), daß man in diese traurige, unwürdige Diskussion auch noch Juden und besonders "deutsche Juden", und mögen sie Professorentitel tragen oder Philosophen oder Pseudophilosophen sein, hineingezogen hat.

Es war leichter, 6 Millionen Juden zu begraben, als den Holocaust zu Grabe zu tragen. Die Art der Diskussion über das Berliner Mahnmal ist nur eine logische Folge der eigenartigen Wege der Bundesrepublik zur Bewältigung des Jahrtausendverbrechens. Dem Gesetz zur "Auschwitzlüge" wird der "Ausgewogenheit" halber eine "Vertreibungslüge" an die Seite gestellt. Die deutsche Justiz, die so viele Schwierigkeiten hatte, trotz Hunderten von Zeugen, SS-Täter schnell zu verurteilen, hatte dagegen kein Problem damit, den Stasi-Chef Mielke zu 6 Jahren Gefängnis im "Schnellverfahren" zu verurteilen, für einen Mord, den er vor fast 70 Jahren begangen haben soll. Aber wer darf schon an der deutschen Justiz zweifeln? Die Richter berufen sich immer wieder auf ihre Unabhängigkeit und beweisen sie auch. Aus diesem Grunde wird dem Chef der Nationaldemokratischen Partei Deutschlands, NPD, durch das Gericht bestätigt, daß er eine "verantwortungsbewußte Persönlichkeit mit klaren Grundsätzen" ist.

Das alles konnte nicht ohne Wirkung bleiben. Die Medien passen sich langsam "dem Willen des Volkes" an. Am 21./22. Dezember 1996 veröffentlichte der Kölner Stadt-Anzeiger einen Hetz-Artikel gegen die israelische Regierung. Unter anderem hieß es: "Möllemanns mutige Forderung": "Der FDP-Politiker Möllemann, er heißt auch in Nahost Minenhund des damaligen Außenministers Genscher, redete Klartext, als er forderte, die Weltgemeinschaft müsse gegen Israel, genauso wie gegen Serbien, Sanktionen androhen und notfalls auch verhängen." Ich frage mich,

was für ein gestörtes Verhältnis zur Demokratie und Geschichte muß einer haben, der diese Sätze schreibt?
Sich gerade auf Möllemann in Fragen Israels zu berufen, ist das gleiche, als wenn ich mich auf Honecker beriefe, um zu beweisen, daß die Bundesrepublik ein Nazi-Staat ist. Möllemann ist bekannt als Juden- und Israelfeind, als ein Freund und bedingungsloser Unterstützer von Arafat, auch als Arafat noch der bekannteste und gefährlichste Terrorist war. Möllemanns menschlicher Ruf gehört auch nicht zu den besten, und er gerade soll derjenige sein, der der Welt Ratschläge gibt, wie man sich gegenüber Israel zu verhalten hat? Auch der Gedanke an die Blockade – ein anderes Wort für "Ghetto" – und die Erinnerung an die Zusammenarbeit Möllemanns mit Genscher ist typisch für eine politische Stumpfheit, die man nur hier, und in bezug auf Israel, finden kann.
Schließlich waren es die deutsche Politik und Genscher, die den größten Teil der politischen Verantwortung und Schuld für die Ausweitung und das jahrelange Sich-Hinziehen des blutigen Krieges im ehemaligen Jugoslawien trugen. (Eine Meinung, die, um nur einen zu nennen, auch der frühere US-Außenminister Christopher öffentlich vertritt.) Dieser Möllemann soll also ein Richter in Sachen Israel werden. Israel ist nicht Jugoslawien, und wenn sich diese Ratgeber vorstellen, daß Palästina für Deutschland ein zweites Kroatien sein kann, wo Arafat die Rolle des Neofaschisten und Antisemiten Tudjman zufiele, dann kann ich nur eins sagen: Armes Deutschland, bis du schon tatsächlich reif, eine eigene Außenpolitik zu führen?
Dieses Kapitel wurde 1998 geschrieben. Heute, im März 1999, wäh-rend der Korrekturlesung, erfolgt eine weitere Entwicklung in den deutsch-israelischen Beziehungen, die leider meinen Pessimismus noch weitgehend übersteigt.
Meine Frau und ich führten öfters mit Freunden und Bekannten Gespräche über das deutsch-israelische und deutsch-jüdische Verhältnis. Meistens waren das aufschlußreiche Gespräche und Diskussionen, die offen und ehrlich geführt wurden. Sowohl die deutsche Seite als auch meine Frau und ich – meist als die einzigen anwesenden Juden oder Israelis – sprachen Kritik oder Vorbehalte offen aus, was ich sehr schätze.

Bei einem solchen Treffen erklärte ich, daß eines meiner schweren Probleme in Deutschland sei, nicht nur eine doppelte, sondern sogar eine dreifache Buchführung beherrschen zu müssen. Erstens, eine Buchführung zwischen mir – als Jude und Israeli – und der deutschen Vergangenheit. Zweitens, eine Buchführung zwischen mir und dem heutigen Deutschland. Darunter verstehe ich als erstes das "private" Deutschland, die deutschen Freunde und die Israel-Gutgesinnten, sowie die Rechtsradikalen, Neonazis und Fremdenhasser. Drittens, eine Buchführung zwischen den Juden und Israel und dem offiziellen, dem politischen Deutschland.

Bei der ersten Buchführung steht die Bilanz im Minus, in roten Zahlen, was noch lange so bleiben wird. Die zweite Buchführung wird geführt mit einem Teil der Deutschen, die die Vergangenheit nicht verdrängen und Israel und den Juden wohlwollend gegenüberstehen. Des weiteren gehören hierzu Leute, die grundsätzlich liberal und wirkliche Demokraten sind, von denen es zum Glück noch relativ viele gibt. Ein Deutscher muß kein Philosemit sein, um ehrlich daran zu glauben, daß Deutschland noch für viele Generationen den Juden und Israel gegenüber in einer Schuld stehen wird. Diese moralische Schuld versuchen die deutschen Medien durch eine Zuweisung einer israelischen Schuld gegenüber den Arabern zu vermindern oder gewissermaßen zu rechtfertigen.

Vor einigen Jahren kam es noch dann und wann zu Situationen, in denen meine deutschen Freunde ein weitergehendes Verständnis für verschiedene Haltungen der israelischen Regierung hatten als ich. Beispielsweise war ich in den 70er Jahren der Meinung, daß die Politik Golda Meirs taub und blind war für Versuche, eine politische Lösung im Nahen Osten zu finden. Ich hielt das für einen politischen Fehler und ein historisches Versäumnis und verglich Golda Meirs Haltung mit der Haltung Konrad Adenauers zu der Kreml-Note aus dem März 1952, in welcher der Kreml die Wiedervereinigung Deutschlands unter gewissen Bedingungen vorschlug. Adenauer ging darauf nicht ein. Ich bin heute mehr denn je überzeugt, daß Deutschland schon 45 Jahre früher hätte vereinigt werden können, genauso wie die israelische Besatzung in Teilen des Westjordanlands und vor allem im Gaza-Streifen schon viel früher hätte beendet werden können und man damit möglicherweise auch einem Frieden nähergekommen wäre.

Einige meiner deutschen Freunde waren der Meinung, daß ich einen Teil der Realitäten übersehe und daß die Haltung von Golda Meir notwendig und verständlich sei, da die arabischen Staaten von einer Anerkennung Israels zu jener Zeit nichts wissen wollten. So war auch der größte Teil unserer Freunde, vor allem derjenigen, die die Golanhöhen nach dem Sechstagekrieg in Israel besucht hatten, der Meinung, daß die Golanhöhen aus Sicherheitsgründen nie wieder an Syrien abgegeben werden sollten. Dies waren keine Ansichten aus "Wohlwollen", sondern feste Überzeugungen, die nicht nur von Freunden und Bekannten vertreten wurden, sondern bei einem großen Teil der deutschen Bevölkerung und der Medien so oder ähnlich anzutreffen waren.

Die Bilanz meiner zweiten Buchhaltung bekam also insgesamt eine gute Note. Ich sagte damals bei meinen Erläuterungen meiner "drei Buchführungen", daß diese zweite Bilanz auf jeden Fall mit schwarzen Zahlen geschrieben wird, wobei man selbstverständlich über die Höhe des "Guthabens" diskutieren könnte. Insgesamt ist es jedoch eine positive Bilanz, was vor allem der jüngeren Generation und dem Geist der 50er bis 70er Jahre zuzuschreiben ist. Was mich erschreckte, war – und ist – der behutsame und dabei immer stärkere Rückzug von dieser positiven Haltung, besonders bei den Medien, wodurch eine neue, negative Grundeinstellung gegenüber Israel erzeugt wurde.

Die Bilanz der dritten, der Buchführung zwischen den Juden und Israel und dem offiziellen, dem politischen Deutschland, fällt schlimmer aus. Hier wechselten Aktiva und Passiva ständig. Dieses Verhältnis erreichte Tiefen und Höhen, manchmal erschreckende Tiefen. Ich werde sogar folgendes sagen: Diese Bilanz ähnelt sehr der offiziellen Handelsbilanz zwischen Israel und der Bundesrepublik. In dieser Handelsbilanz importiert Israel aus Deutschland zwei Drittel mehr, als die Deutschen in Israel einkaufen. So ähnlich sieht meine Bilanz auch aus. Im besten Fall ist tatsächlich nur ein Drittel der deutschen Politik als Sonderbeziehung zu Israel anzusehen. Die anderen zwei Drittel kann man als ein sogenanntes neutrales Verhältnis mit teilweise feindseligem Beigeschmack charakterisieren.

Eine ermunternde Rolle spielen die bedingungslosen Freunde Israels in der deutschen Gesellschaft, die leider nur eine Minderheit, aber eine beachtliche Minderheit darstellen. Diese Minderheit ist fast in allen Bevölkerungsgruppen zu finden, in den Gewerkschaften, in den Länderregierungen, unter den Bundestagsabgeordneten, Diplomaten, Kommunalpolitikern, Wissenschaftlern, in den zwei großen deutschen Volksparteien CDU und SPD und in der deutschen Jugend. Leider wird deren Zahl immer geringer. Dies geschieht als Folge einer kontinuierlichen und immer stärker werdenden negativen politischen Kritik und Medienberichterstattung mit einseitigen und unangemessenen Darstellungen des arabisch-israelischen Konflikts. Hier ist von einer sogenannten Sonderbeziehung zu Israel nichts mehr zu merken. Ob sich die Politik und Medien ihrer Verantwortung gegenüber der Geschichte und der Folgen voll bewußt sind, wage ich zu bezweifeln.

Zu meiner Kritik, vor allem, was die Medien anbelangt, bekomme ich manchmal zu hören: "Ihr seid überempfindlich, euch darf man nichts sagen, nicht mal die Wahrheit, und Kritik schon gar nicht."

Ja, liebe Leser, das ist tatsächlich ein Problem, aber mehr eures als meines. Wenn ich euch die Wahrheit ins Gesicht sage, heißt es sofort: "Schon wieder die bösen Deutschen, schon wieder Auschwitz, schon wieder Holocaust – wie lange noch?"

Langsam fühle ich mich in Deutschland, als wäre ich der Schuldige, und nicht die anderen.

Vielleicht ist es genau das, was ein Herr Walser bezweckt.

NINA KANDINSKI UND KENDA BAR-GERA

von links: HERR LASSAIGNE, DR. SCHMITT-ROST,
KENDA BAR-GERA WÄHREND DER ERÖFFNUNG DER
AUSSTELLUNG „KANDINSKY“ IN DER GALERIE, 27. 4. 1973

von links: PROF. DR. DIETER RONTE, PROF. HANS MAYER UND KENDA BARGERA WÄHREND DER AUSSTELLUNG „AUTONOMIE PHOTOGRAPHIE" IN DER GALERIE, 22. 2. 1980

von links: PROF. DR. WERNER SCHMALENBACH UND DER MINISTERPRÄSIDENT VON NRW HANS KÜHN

von links: JAKOB BAR-GERA, GENERAL HOD, DIE FLUGHAFENDIREKTOREN
WOLFGANG DIEDERICH UND PROFESSOR GREBE

SITZUNG DES VORSTANDES DER GESELLSCHAFT ZUR FÖRDERUNG DER WISSENSCHAFTLICHEN ZUSAMMENARBEIT MIT DER UNIVERSITÄT TEL-AVIV

MIT DEM EX-BUNDESKANZLER BEI SEINEM BESUCH IN ISRAEL

MIT DEM PRÄSIDENTEN VON NAMIBIA

AUF DIPLOMATISCHEM PARKETT

SCHINDLERS LISTE – UMGANG MIT DER VERGANGENHEIT

Im Mai 1995 kam der Film "Schindlers Liste" von Stephen Spielberg in die Kinos. Dadurch wurde eine neue Diskussion über den Holocaust angestoßen. Der Film erschien gerade rechtzeitig zum 50. Jahrestag des Zusammenbruchs Hitler-Deutschlands und des Sieges der Alliierten über den Faschismus. Meine Frau und ich beschlossen, uns den Film nicht anzusehen, weil wir uns weigerten, über die Nazi-Zeit zu sprechen und uns unsere Erlebnisse zu vergegenwärtigen. So verhielten wir uns all die Jahre lang, auch unseren Kindern gegenüber.
Die meisten Überlebenden wahren konsequentes Schweigen über ihre Erlebnisse, einerseits aus Scham, andererseits, um die Kinder mit diesen schrecklichen Erlebnissen nicht zu belasten. Einige schwiegen, um bei den Kindern keine Haßgefühle hervorzurufen. Ich habe mich meiner Ohnmacht, meiner erzwungenen Erniedrigungen, meines Lebens angesichts des Todes niemals geschämt. Ich habe die Tyrannei des deutschen Nationalsozialismus, seine Unmenschlichkeit, eher verachtet, als daß ich mich deswegen geschämt hätte.
Soweit es die Kinder-Belastung angeht, halte ich die damalige Haltung für falsch. Damals aber waren die Emotionen zu stark. Soweit es um den Grund geht, keinen Haß bei den Kindern zu erzeugen, gestehe ich, daß dieses Argument für mich nicht existierte, da bei mir selbst dieser Haß als bewußte rationale Einstellung (wenn es einen rationalen Haß überhaupt gibt) nicht vorhanden war oder ist. Ein weiterer sehr wichtiger Grund für mein Schweigen war die Schwierigkeit, die ungeheure Belastung meiner Erlebnisse in einer glaubwürdigen Form darzustellen.
Eines Tages erzählte mir meine Frau, daß sie in der Zeitung über einige Schulen gelesen habe, die bei der jüdischen Gemeinde in Köln angefragt haben, ob es Zeitzeugen gebe, die bereit seien, in die Schulen zu kommen und mit den Kindern über ihre Erlebnisse zu sprechen, nachdem die Schüler den Film "Schindlers Liste" gesehen haben. Meine Frau hatte sich für diesen Zweck zur Verfügung gestellt. Kurz darauf bekam sie einen Anruf von der Direktorin der Schule in Holweide. Meine Frau vereinbarte einen Termin. Ich wollte meinen Ohren nicht trauen. Sie sah meine Verwunderung und sagte: "Es ist meine Pflicht, das zu tun. Denn wenn es heute Leute gibt, vor allem

junge Leute, Schüler, die mir zuhören wollen, dann bin ich bereit, mein Schweigen zu brechen."
Es war nicht leicht für uns, besonders für meine Frau, sich den Film "Schindlers Liste" anzusehen. Am nächsten Tage gingen wir in eine Matinee-Vorstellung. Wir sahen uns den Film schweigend an. Wir wurden in eine traurige, vergangene Wirklichkeit zurückgeführt. Erst abends sprachen wir über den Film. Wir hatten beide Erinnerungen, die mit Episoden des Films fast identisch waren, und beide das Gefühl, eine bedrückende Last, die das Schweigen der vergangenen Jahre mit sich gebracht hatte, langsam zu beherrschen. Wir fühlten, daß das Gespräch mehr und mehr frei wurde, daß Erinnerungen frei wurden, daß man darüber auch reden konnte. Bis tief in die Nacht hinein redeten wir über den Film und über die Zeit, die er uns wieder in so lebendiger Weise vorführte.
Es war kurz vor neun Uhr morgens, als meine Frau von einer Lehrerin abgeholt wurde. Ich nahm an, daß meine Frau gegen die Mittagszeit zurück sein würde und erwartete sie voller Spannung.
Sie erzählte mir den Ablauf dieses Tages.
Sie kamen in die Klasse, deren Schüler zwischen 14 und 17 Jahre alt waren. Die Klassenlehrerin und die Direktorin stellten meine Frau vor und überließen ihr die Weiterführung des Gespräches. Meine Frau fing an, über ihre Kindheit zu erzählen, über ihre Schulzeit bis zum Kriegsausbruch 1939, über die Besetzung ihrer Heimatstadt Lodz durch die Deutschen. Es herrschte völlige Stille in der Klasse.
Nach zwei Stunden fragte die Lehrerin die Kinder, ob sie eine Pause machen wollten. Die Antwort war eindeutig: "Nein, keine Pause. Bitte, erzählen Sie weiter." Meine Frau erzählte weitere zwei Stunden. Vier Stunden lang erzählte sie über ihr Leben und ihre Erlebnisse. Niemand rührte sich von seinem Platz. Am Ende ihrer Erzählung fragte meine Frau die Kinder, ob sie davon nichts wußten, ob sie niemals davon gehört hätten. Ein Teil verneinte. Ein anderer Teil sagte: "Ja, wir haben schon was gehört, wir wußten, daß die Deutschen, daß Hitler abscheuliche Verbrechen begangen hatten, daß die Nationalsozialisten Verbrecher waren. Wir wußten aber nicht, in welchem Ausmaß und wie schlimm das war. Das sahen wir zum ersten Mal im Film, und das hören wir das erste Mal von Ihnen." Nur zwei oder drei Schüler sagten, sie hätten versucht, ihre Eltern oder Großeltern danach zu fragen. Niemand war bereit, ihnen weitere Auskünfte zu geben.

Nach einigen Tagen wurde meine Frau wieder mit Jugendlichen, diesmal mit einer 3. Klasse, konfrontiert, die auch den Film gesehen hatten. Es wiederholte sich das gleiche wie bei ihrem ersten Besuch in der Schule. Zum Schluß fragte meine Frau, ob jemand Fragen habe. Ein Junge fragte: "Und was machen Sie denn mit den Arabern?" Die Klasse wurde unruhig, aber meine Frau beantwortete seine Frage. Der Junge stammte aus der ehemaligen DDR. Nach diesen zwei Tagen war meine Frau aufgeregt und unruhig. Sie wollte nicht glauben, wie wenig die deutsche Jugend über den Holocaust und über den Nazi-Staat wußte.

Sie meinte, die Bundesrepublik begehe durch ihr Schweigen ein schweres Verbrechen an ihren eigenen Kindern. Ein solches Unwissen bei den Schülern hatten wir nicht erwartet. Unsere Freunde, mit denen wir darüber redeten, sagten, daß es ein großes Versäumnis sei. Meine Frau korrigierte: "Redet von einem unverzeihlichen Betrug der Geschichte und den Generationen gegenüber."

Die größte Überraschung kam erst später. Eines Tages rief die Lehrerin der Schule in Holweide bei meiner Frau an und fragte, ob sie sich mit Vertretern der vier verschiedenen Klassen bei ihr bedanken könnten. Sie wollten dafür an einem Vormittag zu uns kommen. Meine Frau bejahte. An dem vereinbarten Vormittag kamen sechs Jungen und Mädchen zu uns nach Hause und überreichten meiner Frau ein Buch mit einem selbst gestalteten Umschlag. Es enthielt 30 Briefe von einzelnen Schülern und zwei Kollektivbriefe, die zwei Klassen gemeinsam verfaßt hatten. Es war rührend, mit diesen Kindern zu sprechen.

Die Kinder hörten nicht auf, sich bei meiner Frau zu bedanken und unterstrichen immer wieder, wie wichtig dieses Treffen und das Gespräch für sie waren. Sie entschuldigten sich immer wieder für den Vorfall mit dem Jungen aus der DDR und sagten meiner Frau, daß, wenn sie etwas Gutes tun wolle für die Jugend, sie doch weitermachen und so oft wie möglich mit Schülern sprechen solle. Später haben wir die Briefe gelesen. Es war rührend.

Nach dem Lesen dieser Briefe begreift man, wie falsch es ist, die Geschichte unter den Teppich zu kehren und die Wahrheiten zu verschweigen. Geschichte kann man nicht für lange Zeit manipulieren. Diese Politik der deutschen Regierungen und eines großen Teils der deutschen Kulturträger wird Deutschland teuer zu stehen kommen. Seelische Belastungen künftiger Generationen werden die Folge sein.

Diese nicht manipulierten Aussagen von 50 oder 60 Jugendlichen, die aus verschiedenen Schichten der Bevölkerung kommen, können doch nicht einfach ignoriert werden.
Einige Briefe:
“Liebe Frau Bar-Gera, wir haben uns sehr über Ihren Besuch gefreut. Sie haben sich vielleicht gewundert, daß wir nicht so viele Fragen gestellt haben, wie Sie es angenommen hatten. Wir waren sprachlos über das, was Sie uns erzählt haben. Es hat uns sehr beeindruckt, daß Sie uns (fremden Menschen) Ihr Leben so offen erzählen konnten. Sie haben gesagt: ‚Wer eine Seele rettet, rettet die ganze Welt.‘ So haben auch Sie in unserer Klasse nicht nur einen Schüler erreicht, sondern alle. Wir haben uns über uns selber gewundert, daß wir zweieinhalb Zeitstunden ruhig auf unseren Plätzen sitzen bleiben konnten. Das war das erste Mal, daß unsere Klasse bei einem Gespräch so ruhig geblieben ist. Hier sind noch einige spontane Äußerungen von uns unmittelbar nach Ihrem Besuch: ‚Das war wichtiger als 1.000 Geschichtsstunden‘, ‚Jetzt kann ich besser mit anderen sprechen, weil ich jetzt weiß, wovon ich spreche‘, ‚Wenn sie (Frau Bar-Gera) die Kraft hätte, wäre es gut, wenn sie auch an andere Schulen ginge. Da, wo mehr Rechte sind‘.”

“Liebe Frau Bar-Gera! Ihr Besuch bei uns hat einen tiefen Eindruck auf mich gemacht. Ich fand es sehr mutig von Ihnen, über die Vergangenheit zu sprechen, ich selber hätte das nicht fertiggebracht. Ich wohne seit vier Jahren in Köln, vorher lebte ich in der ehemaligen DDR. In den Ferien fahre ich immer zu Besuch dort hin, und da werde ich sehr oft mit Rechtsradikalismus konfrontiert. Viele Jugendliche dort sind ‚rechts‘. Mich hat das schon immer sehr erschreckt, und als Sie heute bei uns waren, ist mir bewußt geworden, daß ich dagegen etwas unternehmen muß. Wenn ich das nächste Mal zu Besuch fahre, werde ich versuchen, mit einigen von ihnen zu reden. Den Spruch, den Sie sagten: ‚Rettet man ein Leben, rettet man die ganze Welt‘, hat mich sehr beeindruckt. Ich werde ihn mir im Gedächtnis halten und versuchen, mit ihm durchs Leben zu gehen.”
“Liebe Frau Bar-Gera! Ich weiß echt nicht, wie ich sagen soll, wie jeder andere, aber ich war sehr traurig, als Sie uns das erzählt hatten, ich konnte nicht weinen, weil, mir war es peinlich, vor allen zu heulen. Ich fand von Ihnen so toll, Sie lieben trotz allem die Menschen, ich könnte das nicht machen. Sie sind trotz allem hoffnungsvoll, das

könnte ich auch nicht machen. ‚HASS' bringt nichts, haben Sie gesagt, aber man kann ja nicht einen lieben, der mir was Böses angetan hat. Ich bin ein Ausländer, ‚Türkin', wir reden zu Hause nie über Juden, deswegen habe ich mich nicht für die Vergangenheit interessiert, mir war nicht jeder wichtig, aber heute verstehe ich das, warum nicht die anderen? Die sind doch auch Menschen wie wir, heute war das noch verständlich, warum das so ist. Ich fand Sie hervorragend, das erste Mal in meinem Leben habe ich eine Dame gesehen wie Sie, vielleicht glauben Sie das nicht, aber das ist so. Sie haben das alles offen gesagt, (Wir lieben Menschen). Ich hoffe, daß Sie jetzt ein wunderschönes Welt haben, wenigstens ein Zuhause, daß Sie sagen können, hier ist mein Heimatland, das wünsche ich von Herzen. Gülhan Ding."

MANAGER, SAMMLER, RUHESTÄNDLER

Die durch meine Frau 1966 entstandenen Kontakte zu den tschechischen Kunsthistorikern wurden gepflegt. Durch sie bekamen wir Nachrichten über das, was sich in der Sowjetunion im künstlerischen Bereich und besonders in der Nonkonformisten-Bewegung abspielte. Zusätzlich zu den recht wenigen Arbeiten, die wir von den beiden aus Moskau bekamen, erhielten wir vor allem mehr und mehr Informationen über die Künstler selbst, über ihre Arbeiten und über ihre Motive. Meine Frau und ich beschlossen, uns dieser Künstler anzunehmen und ihre Arbeiten zu sammeln. Wir hatten unterschiedliche Motivationen. Meine Frau interessierte sich für die künstlerische und kunsthistorische Seite dieses sowjetischen Phänomens. Mich interessierte die Tatsache, daß in der Sowjetunion überhaupt eine verbotene Untergrundbewegung existieren konnte. Erst glaubte ich nicht daran, aber die Beweise wurden immer stärker und eindeutiger. Ich beschloß daher, mir noch mehr Material über dieses fast unglaubliche Phänomen zu beschaffen und zu sammeln.
Daß ich Sammler wurde, habe ich zwei Gründen zu verdanken. Erstens meiner Frau, für sie war das ein normales berufliches Interesse, und zweitens dem politischen Aspekt dieses Phänomens. Ich glaube, daß dieser Weg, ein Sammler zu werden, etwas neues war. Ich teile die Sammler in vier verschiedene Gruppen ein. Die erste Gruppe besteht aus den Sammlungserben. Sie üben meistens keinen neuen Einfluß auf die übernommene Sammlung aus, da sie meist kein großes Interesse für Kunst haben und nicht bereit sind, die Sammlungen zu erweitern oder weiterzuführen. Da es sich oft um mehrere Erben handelt, werden die Sammlungen versteigert oder auf anderem Wege verkauft. Jedenfalls zerfallen diese Sammlungen und verschwinden aus der Welt der Sammler. In Ausnahmefällen werden solche Sammlungen Museen überlassen. Solche Sammlungen werden wenigstens für Generationen bewahrt.
Zur zweiten Gruppe gehören die Sammler, die ein Interesse an Kunst und meistens auch entsprechende Kenntnisse mitbringen. Es handelt sich hier oft um junge Leute, die die Kunst lieben, aber wenig Geld haben. Es reicht meistens nicht aus für den Kauf von Bildern. Diese Sammler fangen oft mit Grafik an. Sie zahlen ihre gekauften Sachen ab und nehmen neue Kredite auf. Nach 20, 30 Jahren entstehen so große und qualitativ gute Sammlungen.

Die dritte Gruppe besteht ebenfalls aus Kunstliebhabern, sie fangen aber erst dann mit dem Sammeln an, wenn sie einen gewissen wirtschaftlichen Status erreicht haben, und stellen dann in relativ kurzer Zeit ihre Sammlungen zusammen. Aus dieser Gruppe kommen, wie aus der zweiten Gruppe, die großen zukünftigen Sammler.
Die vierte Gruppe kauft Kunst aus finanziellem Überfluß. Meistens nach den Launen des Marktes, und bekräftigten dadurch ihren gesellschaftlichen Status. In vielen Fällen spielen hier auch spekulative Gründe eine Rolle. Das Entstehen meiner Sammlung gehört zu keiner dieser Gruppen. Soweit es um meine Frau geht, ist es nicht erstaunlich, wenn eine Galeristin auch Sammlerin wird. Allerdings zeigt die Praxis, daß nur in Ausnahmefällen Galeristen zu Sammlern werden. Sie haben zwar immer Bilder, hinterlassen auch Bilder, aber meist sind das keine Sammlungen. Trotzdem war auch für unsere Sammlung die Rolle meiner Frau entscheidend. Ohne ihre Tätigkeit als Galeristin hätten wir wahrscheinlich den russischen Nonkonformismus und seine Untergrundbewegung nicht kennengelernt. Dazu kommt noch die Tatsache meines damaligen totalen Desinteresses an bildender Kunst. Die Liebe meiner Frau für die Kunst hatte ich zu schätzen gewußt, habe aber selbst kein Interesse für Malerei entwikkeln können. 1951 fuhr ich nach Europa. Unter anderem war ich auch in Amsterdam. Ich erinnerte mich, daß ich an unserem Hochzeitstag nach Hause zurückkehren würde, und beschloß, meine Frau zu überraschen. In Amsterdam kam ich an einer Galerie vorbei. Ich sah dort ein schönes Ölbild, es waren Rosen in einem schönen, großen, goldenen Rahmen. Ich fragte, was das Bild kostete. Es war nicht billig.
Dieses Rosengemälde habe ich unbewußt aus dem Grund gekauft, weil meine Frau vor Freunden immer behauptet hatte, daß ich ihr nie Blumen brächte. Ich kehrte von meiner Reise nach Hause zurück und überreichte das Bild samt Zertifikat meiner Frau. Sie spielte ihre Rolle wunderbar, war begeistert und bedankte sich. Erst später erfuhr ich, was sie gedacht hatte, und ich sehe es heute auch so.
Aus dem Zusammenwirken von künstlerischem Interesse und sozialpolitischem Engagement entstand die Sammlung "Die Nonkonformisten – Zweite russische Avantgarde 1955 bis 1988 – Sammlung Bar-Gera". Am Anfang bekamen wir Adressen von zwei Künstlern in Moskau. Der eine war Michail Grobman, der inzwischen in Israel lebt, der andere Vitali Stesin, der jetzt in Wien lebt. Ich nahm alle

meine Kenntnisse der russischen Sprache zusammen, um auf kleinen Papierfetzen zwei kurze Mitteilungen zu schreiben. Ich korrigierte mein Russisch und nahm mir viel Zeit, die Schrift kleiner und kleiner zu bekommen. Diese beiden Briefchen waren, nach dem Zusammenlegen, viel kleiner als eine Briefmarke.

An eine Fahrt meinerseits nach Moskau war nicht zu denken. Ich hätte kaum ein Visum bekommen. Meine Frau versuchte, aufgrund ihres Handels mit der russischen Kunst ein Visum zu bekommen. Die Anträge wurden nie beantwortet.

Wir fanden in München eine Studentin, die früher in Moskau studierte. Wir schlugen ihr vor, nach Moskau zu reisen und dort für uns Kontakte mit Künstlern herzustellen. Sie war einverstanden.

Ein fast unüberwindbares Problem war, daß es zu gefährlich war, die Leute, von denen wir die Adressen hatten, zu Hause aufzusuchen. Der einzige Weg war, diese Leute anzurufen, doch nicht vom Hotel aus, sondern von einer Telefonzelle aus. Dafür brauchte man Zweikopekenstücke, die wir nicht bekommen konnten. Endlich gelang es uns, in einem russischen Restaurant Zweikopekenstücke zu bekommen, und die junge deutsche Studentin fuhr nach Moskau.

Zu jener Zeit kannten wir die Namen von ungefähr zwölf oder vierzehn Künstlern. Sieben oder acht kannten wir von den Arbeiten, die wir gekauft hatten. Die anderen Namen kannten wir von den Erwähnungen der beiden Kunsthistoriker. In meinen Briefen an Mischa Grobman und Vitali Stesin brachte ich zum Ausdruck, daß wir Interesse hatten, Werke der "Nonkonformisten" zu kaufen. Nach einer Woche kehrte das Mädchen aus Moskau zurück. Sie brachte, obwohl das nicht vorgesehen war, einige winzige Papierarbeiten mit sich. Das Wichtigste jedoch war, daß sie uns Briefe von Künstlern mitbrachte, in denen diese ihre Zusammenarbeit mit uns begeistert begrüßten. Der erste direkte Kontakt zu den Künstlern des sowjetischen Untergrunds war hergestellt.

So geschah es, daß wir 25 Jahre lang die verbotene russische Kunst sammelten. Wir sammelten im "verborgenen", fast so, wie die Künstler in Rußland arbeiteten, wir aber nicht, weil wir etwas befürchteten oder zu verbergen hatten, sondern aus dem Grund, daß sich zu der Zeit niemand für diese Kunst interessierte, politisch nicht und noch weniger künstlerisch. Wir sammelten diese Kunst, ohne daß wir die Künstler persönlich kannten, ohne daß wir die Möglichkeit hatten, die Kunstwerke selbst auszuwählen.

Es ist schwer, diesen Vorgang anderen zu beschreiben. Wir kontaktierten 25 Jahre lang mit Leuten, wir kannten ihre Namen, ihre familiären Verhältnisse, wir kannten auch ihre Kinder, wir wußten mehr oder weniger, wie es ihnen finanziell ging, wir wußten, wie sie lebten, welche Wohnungen sie bewohnten. Manche Familien von vier bis sechs Personen lebten in einem Zimmer in den berüchtigten Kommunalwohnungen. Wir kannten die Größe ihrer Ateliers. Sie wurden mit der Zeit so etwas wie in der Ferne lebende Familienangehörige. Wir sprachen über jeden von ihnen, wie man von Menschen spricht, die man schon seit Jahren kennt, von Menschen, mit denen man in einer familiären Beziehung steht. Wir wußten, wann einer von ihnen ins Krankenhaus eingeliefert wurde. Wir wußten, wann er aus dem Krankenhaus entlassen wurde. Wir wußten, wann geheime Ausstellungen in Privatwohnungen abgehalten wurden.

Und so wurde Deutschland für uns zu einer Brücke zwischen unserer gefühlsmäßigen Bindung an Rußland und dem Glauben, daß auch dort noch die Freiheit siegen werd.

Gegen Ende der 50er Jahre begann in Moskau die Epoche der “Nach-Stalin-Zeit”, also des scheinbaren “Tauwetters”. Eine kleine Schar von Künstlern meldete sich zu Wort. Diese Künstler wandten sich mit ihrem Schaffen gegen die Tendenz, die in den offiziellen Ausstellungsräumen vorherrschte. Sie verspotteten den sozialistischen Realismus. Sie spürten die Möglichkeit, das Leben der Kunst in unverfälschtem, ungetrübtem Sinne zu leben, wie es ihre großen Vorläufer getan hatten, verurteilten sich selbst zu einer bescheidenen Existenz, versetzten sich in Gedanken in die Ateliers von Montmarte. Aus den Zimmern in den Kommunalwohnungen oder Baracken errichteten sie im Geiste Salons. Sie verzichteten auf ihr materielles Wohlergehen um ihrer Kunst willen. Ungefähr 30 bildende Künstler, dazu einige Schriftsteller, zählten zu den Nonkonformisten, von insgesamt 10.000 bildenden Künstlern, die in der Sowjetunion tätig waren. Sie wurden durch ihre Absage an die geltenden künstlerischen Regeln zu Außenseitern, erhielten keine staatlichen Aufträge und konnten sich auf keinen Kunstmarkt stützen, weil es den in der damaligen UdSSR nicht gab.

Um die Künstler Jewgenij Kropownitzki und Oskar Rabin bildete sich ein Freundeskreis, der sich nach dem Ort seiner Zusammenkünfte, Lionossowo, “Lionossowo-Kreis” nannte. Dazu gehörten von Anfang an die Künstler Oskar Rabin, Jewgenij Kropownitzki,

Frau Olga Potopova-Kropownitzkaja , Wladimir Nemuchin und seine Frau Lidia Masterkowa, Edick Steinberg, Anatoli Swerew, Alexander Charitonow und die Dichter Cholin und Sabgir. Hier wurde nicht die eine oder andere ästhetische Plattform verabsolutiert. Das Moment des freien, unabhängigen Schaffens wurde höher gewertet als das Resultat selbst. Leben, um zu atmen; atmen, das hieß, ein Bild zu malen und es nur als Mittel zu verkaufen, um das nächste Bild malen zu können. Sie waren nicht darauf aus, Meisterwerke zu schaffen, sondern bestrebt, im kreativen Prozeß zu leben.
1974, nach jahrzehntelanger verweigerter Öffentlichkeit, beschlossen die Nonkonformisten, eine zensurfreie Ausstellung auf einem offenen Gelände zwischen den neu errichteten Wohnhäusern zu erzwingen. Es handelte sich um die seinerzeit berühmt-berüchtigte "Bulldozer-Ausstellung", so genannt, weil sie mit Einsatz von Wasserwerfern und Bulldozern aufgelöst wurde.
Je mehr wir die Motivation der Künstler kennenlernten – und das war unter den damaligen Umständen nicht einfach –, desto mehr engagierten wir uns. Es war sehr schwer, den Künstlern zu helfen, Geld zu überweisen oder Medikamente zu schicken. Vieles erreichte sie nicht. Noch schwerer aber war es, die Kunstwerke in den Westen zu bringen. Einige wurden beschlagnahmt, was uns aber niemals entmutigte. Für die Künstler war das wichtigste, daß ihre Werke ins Ausland gelangten. Der finanzielle Aspekt stand dabei immer erst an zweiter Stelle. Heute wissen wir, daß die Künstler das Geld bitter nötig hatten. Es herrschte in ihren Reihen eine Euphorie der "großen Freiheit". Es ging nicht um den einzelnen, es ging um die Sache.
Der nonkonformistische Schriftsteller Pasternak formulierte es so: "Berühmt zu sein ist nicht schön. Das erhebt nicht in die Höhe. Man braucht kein Archiv anzulegen, um seine Manuskripte zu zitieren. Das Ziel des Schöpfertums ist Selbstaufgabe, nicht Aufsehen, nicht Erfolg. Schädlich ist es, nichts zu wissen, und dabei in aller Munde zu sein. Aber man muß leben, ohne sich etwas anzumaßen. Man muß so leben, daß man letzten Endes die Liebe des Raumes auf sich zieht, den Ruf der Zukunft hört."
Der heute 73 Jahre alte und inzwischen weltberühmte Künstler Wladimir Nemuchin legte damals ein ähnliches Credo der Bescheidenheit ab: "Jemand sagte mir, schreib doch deine

Biographie. Ich begann, merkte aber bald, daß ich mehr von anderen als von mir selbst erzählte. Es fällt mir schwer, über mich selbst zu sprechen. Für mich sind gerade diejenigen besonders lebendig, die nicht mehr unter uns sind. Bald wurde mir klar, daß es nicht meine Aufgabe ist, meine eigene Biographie zu verfassen, und daß dies erst nach einem langen gelebten Leben und angesichts des Allwissens des Todes möglich sei. So werde ich mich auf einige Daten aus meinem Leben beschränken. Sie sind gänzlich frei von Anspruch auf Selbstdarstellung und der Suche nach dem eigenen Platz in der Geschichte."

DIE SOWJETUNION IST TOT – WIEDERSEHEN MIT RUSSLAND

Erst Ende der 80er Jahre traute ich mich das erstemal, nach 45 Jahren nach Rußland zu fahren. Ich flog von Köln aus nach Leningrad. Diese Fahrt hatte nichts mit der Sammlerei zu tun, es war eine reine Erkundungsreise. Es war mir klar, daß in der Sowjetunion, die ich aus den 40er Jahren kannte, eine Menge geschehen war. Stalin war nicht mehr da, auch die Zeiten von Chruschtschow und Breschnew waren vorbei. Ich hatte zwar aus der Ferne die Entwicklung in der Sowjetunion beobachtet, aber eher oberflächlich und soweit es meine eigenen Interessen betraf. Es war schwer, sich ein genaues Bild zu machen, vor allem für mich, der in seiner Jugend unter dem stalinistischen Regime so viel erlebt und mitgemacht hatte.
Mit Spannung erwartete ich die Landung in Leningrad. Am Flughafen erwartete mich ein Mitglied des Stadtrates der Stadt Leningrad und ein Vertreter einer großen russischen Handelsgesellschaft. Wir fuhren zum Hotel "Pribalitjskaja", wo ich einquartiert wurde. Nach etwa einstündigem Gespräch verabschiedeten sich meine Gastgeber, und wir verabredeten uns für den nächsten Tag um zehn Uhr morgens. Ich ging auf mein Zimmer, machte mich frisch, ging hinunter und betrachtete den riesigen Komplex. Irgendwie war für mich alles unwirklich. Einiges erinnerte mich an die Vergangenheit, trotzdem war alles anders. Schon das Gefühl, daß man eine andere, bessere, freiere Luft einatmete, wirkte beruhigend.
Am Eingang zum Hotel stand bewaffnete Miliz. Im Hotel selbst mußte man auch eine Prozedur über sich ergehen lassen. Der Paß und das Visum wurden weggenommen, man bekam einen Passierschein, mit dem man sich ausweisen mußte, wenn man von der Empfangshalle zum Hotellift gehen wollte. Auf jeder Etage saß eine sogenannte "Dischurna", eine Diensthabende. Bei ihr mußte man den Passierschein abgeben, und man bekam gegen den Passierschein den Zimmerschlüssel. Trotz allem hatte ich nicht mehr das Gefühl der Angst und des Schreckens, das ich in den Jahren 1939 bis 1941 in der Sowjetunion immer hatte.
Ich verließ das Hotel und ging etwas zu Fuß. Es gab in dieser Gegend keine Geschäfte, keine Läden, keine Büros. Ich ging zurück, nahm ein Taxi und ließ mich zur Hauptstraße, zum Newskjprospekt, fahren.

Mit gemischten Gefühlen, aber auch mit gemischten Eindrücken, spazierte ich den Newskjprospekt hinunter. Es gab viele Prachthäuser, mit wunderschönen Fassaden, phantastischen Stuckarbeiten und Skulpturen, und gleich daneben verfallene Häuser, alle in weißgrauem- oder in grün-türkis verstaubtem Ton. Die Fensterscheiben der Häuser waren undurchsichtig, als ob man sie seit der Revolution nicht mehr gereinigt hätte. Im Parterre der Häuser waren Läden. Ich betrat einen solchen Laden. Er erinnerte in seiner Größe an einen westlichen Supermarkt. Doch dieser Laden war fast völlig leer. In den Regalen an den Wänden standen entweder Attrappen, oder es waren einige Dosen so aufgestellt, daß sie ein ganzes Regal füllen sollten. Auf der Theke lagen zwei Sorten von Würsten und einige Fleischkonservenbüchsen. Es sah deprimierend aus. Wo immer ich einen solchen Laden besuchte, sie waren alle riesengroß und fast leer.

In einer Bäckerei, einer sogenannten "Bulotschnaja", gab es eine Sorte Standardbrot, zwei Sorten Weißbrot und wenige Konditorwaren. Ich sah zu, wie die Ware verkauft wurde. Die Leute gingen erst zur Kasse, bezahlten und erhielten einen Schein, damit gingen sie zum Verkäufer und bekamen die Ware. Das Brot wurde ihnen ohne jede Verpackung in die Hand gedrückt. Bevor ich zum Hotel zurückfuhr, wollte ich zu Abend essen. Es dauerte sehr lange, bis ich ein Restaurant gefunden hatte. Die Tür war geöffnet, ich ging hinein. An einem Tisch saßen zwei Frauen und ein Mann. Ich fragte, ob ich etwas zu Essen bekommen könnte. "Nein, das können Sie leider nicht, heute ist unser ‚Sanitartag'", sagte der Mann. Ich verstand zwar nicht, was er damit meinte, aber mir genügte die Antwort. Ich fuhr ins Hotel zurück und ging dort ins Restaurant. Das Hotelrestaurant war riesengroß, es saßen einige Leute an ihren Tischen, und es spielte auch ein Trio. Ich bestellte zunächst eine Vorspeise mit Kaviar, danach einen Borschtsch; von dem Borschtsch hatte ich schon geträumt seit dem Tage, an dem ich wußte, daß ich nach Rußland fliegen würde. Zum Kaviar bestellte ich selbstverständlich gleich einen Wodka. Ich beendete das Abendessen mit einer "Morozina", einem Eis. Im großen und ganzen war das warme Abendessen zwischen "es geht" und erträglich gewesen. Ich bezahlte und rechnete um, was es gekostet hatte. Es waren kaum drei Mark. Ich zahlte in Rubel, die ich offiziell am Fughafen gewechselt hatte. Hätte ich auf dem Schwarzmarkt getauscht, hätte das Abendessen noch einmal die Hälfte weniger gekostet.

Auf dem Weg in mein Zimmer hielt der Aufzug im vierten Obergeschoß, ein Gast trat heraus. In dem Moment merkte ich, daß dort eine Tafel mit der Aufschrift "Bar" angebracht war. Es war alles andere als das, was wir uns unter einer Bar vorstellen. Zwei größere Räume mit einer kleinen Verkaufstheke. Auf der Theke stand eine Glasvitrine, in der verschiedene Süßigkeiten, Schokolade und Pralinen, wie auch zwei oder drei Sorten Kuchen waren. In dieser "Bar" konnte man Tee oder Kaffee bestellen. Bedienen mußte man sich selbst.

Am nächsten Morgen wurde ich von meinen Gastgebern im Hotel abgeholt. Es war halb elf morgens. Im Wagen warteten eine Dame und der Abgeordnete Meronow. Es wurde mir gesagt, daß um elf Uhr ein Treffen im Schloß Smolny vorgesehen war. Das Schloß Smolny machte einen starken Eindruck auf mich. Es stand inmitten eines kleinen Parks und sah von außen sehr gepflegt aus. Vor dem Eingang stand eine große Statue von Lenin. Das war kein Zufall, denn von hier aus hatte Lenin seine Staatsgeschäfte sofort nach der Revolution geführt. Wachposten standen vor und in dem Eingang zum Schloß. Mein Begleiter zeigte seinen roten Ausweis und nannte seinen Namen. Der Offizier suchte und fand einen schon vorbereiteten Passierschein, ausgestellt auf meinen Namen. Wir konnten passieren.

Mein Gesprächspartner, ein junger, gutaussehender Mann, war Generaldirektor einer Gesellschaft, die für Geschäftsbeziehungen zwischen Leningrad und dem Ausland zuständig war. Diese Organisation war erst kurze Zeit zuvor ins Leben gerufen worden. Aus den Erklärungen des Generaldirektors war schwer zu entnehmen, wo bei dieser Organisation der private Teil anfing und der staatliche endete oder umgekehrt. Es war klar zu erkennen, daß bei ihnen selbst keine klaren Vorstellungen darüber herrschten. Dieser Mann war vor der Ernennung zum Generaldirektor der sogenannten "privaten Organisation" zuständig für religiöse Fragen im Zentralkomitee der Partei in Leningrad. Er war intelligent und gerissen. Über zwei Stunden dauerte unsere Unterhaltung. Ehrlich gesagt, war ich nach diesen zwei Stunden nicht viel klüger als vorher.

Es wurde für den nächsten Abend ein Treffen mit Herrn Chischa, dem Ersten stellvertretenden Oberbürgermeister von Leningrad, vereinbart. Dieser Chischa war der starke Mann Leningrads, zugleich der Generaldirektor eines großen sowjetischen Elektrokonzerns namens "Svetlana", und hatte großen Einfluß in den höchsten Kreisen der Sowjetunion. Wir verabschiedeten uns von dem Generaldirektor und verließen den Smolny-Palast, nicht ohne daß uns die Treppe gezeigt wurde, auf welcher Schdanow (auf Befehl Stalins) ermordet wurde. Damit war der geschäftliche Teil meines Besuches in Leningrad für diesen Tag erledigt.

Mein ständiger Begleiter, der Abgeordnete Meronow, fragte mich, ob ich Interesse hätte, die Eremitage zu besuchen. Selbstverständlich bejahte ich diese Frage. Er fügte hinzu, daß der Direktor der Eremitage ein guter Freund von ihm sei. Er rief von unterwegs an und vereinbarte ein Treffen mit dem Direktor für drei Uhr nachmittags. Nach einer Mahlzeit in einem Restaurant, das nur für die "Werchuschka" – "hohe Tiere" – und ihre Gäste vorgesehen war, fuhren wir zur Eremitage. Nachdem wir einige Kontrollstellen passiert hatten, traten wir ins Vorzimmer des Generaldirektors des Museums. Wir wurden sofort zu ihm ins Büro weitergeleitet, und es entwickelte sich ein interessantes Gespräch. Ich erzählte ihm von der Tätigkeit meiner Frau, über ihren Spezialbereich, nämlich die russischen Konstruktivisten. Mein Gegenüber hörte zu und stellte viele Fragen. Es war sichtlich interessiert. Dann erzählte ich ihm über die Sammlung der sogenannten "Russischen Nonkonormisten", der bis zu jenem Zeitpunkt in Rußland inoffiziellen Kunst. Sein Unbehagen war ihm deutlich anzusehen. Ich merkte sofort, daß es ihm lieber wäre, über dieses Thema zu schweigen. Unter diesen Umständen sagte ich noch einige belanglose Sätze und beendete damit das Thema.

Die einigen Stunden, die ich in der Eremitage mit der Betrachtung von Kunst verbrachte, überzeugten mich sehr schnell davon, daß ich in Leningrad mindestens einen Tag länger bleiben mußte, und zwar in der Eremitage und im Russischen Museum, dem größten Museum für russische Kunst in der Sowjetunion, wie ich lernte. Ich sah dort alte russische Kunst verschiedener Epochen, besonders des 19. Jahrhunderts. Ich sah sehr viel Kunst des sogenannten sozialistischen Realismus.

Ich wußte, daß in den Depots des Museums große Schätze der Avantgarde des 20. Jahrhunderts lagerten, und ich wußte, daß das Russische Museum zu dieser Zeit kein einziges Werk der Zweiten Russischen Avantgarde des sogenannten Nonkonformismus besaß.

EPILOG

Diese meine erste Reise nach 45 Jahren in die Sowjetunion im Jahre 1988 führte zu einer achtjährigen erfahrungsreichen Beratertätigkeit in Rußland und, was ich besonders hervorhebe, zu den Ausstellungen unserer Sammlung "Die Nonkonformisten – Zweite Russische Avantgarde – Sammlung Bar-Gera" in den russischen Museen, zuerst am 3. 6. 1996, meinem 70. Geburtstag, im Russischen Museum St. Petersburg, danach in der Tretiakov-Galerie in Moskau und im Kunstmuseum von Samara an der Wolga.
Diesen Ausstellungen und ihren Folgen verdanke ich das Entstehen dieses Buches.
Noch wichtiger erscheint mir das andere Ergebnis dieser Reise, gemeint ist die Geburt der Idee: Bau des ersten internationalen Museums für verfolgte Kunst und Künstler, mit angeschlossenem Forschungsinstitut.

EINE SCHÜLERDELEGATION DER SCHULE HOLWEIDE BEDANKT SICH BEI MEINER FRAU FÜR DEN BEITRAG ÜBER DEN HOLOCAUST

MIT DEM MINISTERPRÄSIDENTEN ITZHAK SCHAMIR

MIT DEM OBERRABBINER LAU UND MENACHEM SCHARON

MIT DEM OBERKOMMANDIERENDEN DER RUSSISCHEN LUFTWAFFE
GENERALOBERST DEINEKIN IN MOSKAU

VATER UND SOHN

MIT MEINER FRAU AM EINGANG ZUM
SCHLOSS SMOLNY IN LENINGRAD

IN DER WOHNUNG EINES NONKONFORMISTISCHEN KUNSTHISTORIKERS IN MOSKAU

MUTTER UND TOCHTER

TOCHTER

MIT FRAU KENDA ZU HAUSE IN KÖLN

Fotonachweis:

Archiv: Familie Berger
Archiv: Galerie Bar-Gera
Archiv: Ezel-Bet Jabortinski / Tel Aviv
Foto „Ain Hai“ Arnold Birnfeld / Tel Aviv
Pressestelle Flughafen Köln-Dalchow
Foto: Wim Cox / Köln
Foto Archiv Museum-Samara an der Wolga
Foto Archiv Bayer AG / Leverkusen

Umschlag:
Anatol Brusilowski